现象学视域下文旅融合研究

李成军 著

中国旅游出版社

项目策划：张芸艳
责任编辑：张芸艳
责任印制：钱　宬
封面设计：武爱听

图书在版编目（CIP）数据

现象学视域下文旅融合研究 / 李成军著 . -- 北京：中国旅游出版社，2024. 12. -- ISBN 978-7-5032-7512-8

Ⅰ. F592.3

中国国家版本馆 CIP 数据核字第 2024BK7542 号

书　　名：现象学视域下文旅融合研究

作　　者：李成军
出版发行：中国旅游出版社
（北京静安东里 6 号　邮编：100028）
http://www.cttp.net.cn　E-mail:cttp@mct.gov.cn
营销中心电话：010-57377103，010-57377106
读者服务部电话：010-57377107
排　　版：北京天韵科技有限公司
经　　销：全国各地新华书店
印　　刷：三河市灵山芝兰印刷有限公司
版　　次：2024 年 12 月第 1 版　2024 年 12 月第 1 次印刷
开　　本：720 毫米 ×970 毫米　1/16
印　　张：14
字　　数：222 千
定　　价：59.80 元
ISBN　978-7-5032-7512-8

前言

一般而言，只有进入一定思想谱系中，才能更好地理解处于该谱系中的某种观念和思想体系。同一思想谱系的不同思想体系，往往是对同一根源问题的不同回应。所谓根源问题，即某一特定领域中一定社会发展阶段的根本问题，而相应思想体系则是在一定程度上对该问题所做出的理论回应。不同的理论或学派往往基于不同的出发点和逻辑对该问题会有不同回应。只有抓住根源问题，才能进入相应的思想谱系中，才能洞彻相应的思想体系之源流，才能“直击现象，洞穿事物”。抓住根源问题，进入作者进行思想创作的时代氛围中，读者与作者才能相遇，《论语》《纯粹理性批判》乃至《存在与时间》等莫不如此。

那么，本书的根源问题是什么，这是必须回应的基本问题。一切旅游现象实质上都与人的存在方式有关，而现代旅游活动则与现代人生存所处的现代性境遇有关。可以说，现代性是当今社会讨论人的存在时无法回避的话题。理解现代性背景下人的主体意识的存在状况，是当今时代的基本课题，是这个时代的根源问题。旅游产业是现代性的产物，从另一个方面讲，旅游活动又是人的主体意识对现代性境遇的一种自以为是的局部的短暂的时空逃离或情绪上的反抗。从这个意义上说，现代性境遇下的旅游活动充分展示了人的存在的复杂、矛盾甚至扭曲的状况，可以成为理解人的存在状况的一个窗口。旅游活动过程中人的体验的复杂性正是人的存在状况复杂性的逻辑结果。同样的风景，不同的人会有截然不同的体验，甚至同一个人不同的时间可能会有截然不同的体验。那么，现代性境遇下，人何以理解自身乃至不同人的旅游体验呢？这既是一个心理学问题，也是一个哲学问题。从哲学看，这个问题可以转换为：人理解自身乃至不同人的旅游体验的逻辑起点是什么？这是本书的根源问题。

本书试图从现象学视角对该问题予以回应。现象学的主体性视角无疑对于该问题的哲学思考具有重要启发。与胡塞尔现象学以意识为其哲学中心问题，以严格科学的哲学为理想，追寻一切知识的根源或起源不同，海德格尔现象学以人的存在作为其哲学中心问题，以一个操劳活动中的“我”的意识作为建立起人存在于世的逻辑起点，这是本书对于上述根源问题的回应。而旅游活动则是显现“我”存在的方式，旅游活动的现象学研究对于理解人的存在状况具有重要的意义。操劳中的人与追寻知识根源的人，也即认知中的人，其体验具有不同内容，操劳活动中的体验包含认知，却又能超越认知，而认知中的人却只能是认知。旅游活动体验包含认知，却又超越认知。两者的契合性，是本书借鉴海德格尔现象学作为理论视域的根本原因所在。

形成合理的研究视域是进行旅游活动现象学研究的逻辑前提。采用现象学视角进行旅游研究者不乏其人，但多侧重运用胡塞尔现象学方法进行旅游现象分析或将部分观点运用于旅游研究。本书的基本视角源于海德格尔现象学，但并未拘泥于其具体观点或方法，而试图以此为基础进行延伸，将旅游活动及相关现象置于现象学视域之下进行全新审视。本书有关现象学视域下的旅游研究有以下三个基本概念。

其一，关于旅游活动。本书将现象学视域下的世界视为主体意识的显现过程及其结果，旅游活动所离开的是已揭示的周围世界，其过程就是旅游者进入他者周围世界的过程，也是将这个他者的周围世界重新显现的过程，同时也就是建立起与所进入周围世界的通达关系的过程。本书不以自为的物而以器物作为世界的组建环节，并认为一切器物以合用性（符合主体某种需要的功能）而显现其存在，而旅游活动则以合意性（与旅游意向的一致性关系）而显现自身。旅游活动是作为主体的人的存在方式。

其二，关于旅游体验。旅游体验则是现象学视域下旅游研究的核心概念。本书将旅游体验视为主体意识在旅游活动中显现自身的过程及其结果，具有主客一体的特征。由于本书的研究主题为文旅融合，因而旅游体验除一般意义上的愉悦体验外，还主要涉及文化体验和审美体验两方面内容。当然，广义上说，审美活动是一种文化活动，文化体验可以包含审美体验。本书中，两者内容各自有不同侧重，因而分开阐述。一是文化体验。文化体验具有共在（海德格尔现象学中，此在在操劳活动中与他者照面而形成共在关系）特征。在共在的不同主体所形成的共在世界中，“你”“我”“他”在操劳活动过程中就活动过程以及文化器物的合用性关系达成一致，这是文化体验形成的逻辑前提。旅游活动的文化体验是曾经的器物进入旅游者共在世界的过程及其结果，也是旅游者进入使用者所在共在世界的过程，是器物在其中被旅游者观念还原为自身的过程，由此形成文化记忆与文化认同体验。在这个过程中，器物以景观名义被展示在旅游者共在世界中。二是审美体验。按照海德格尔现象学美学观点，美是真理的现身方式，真理意指真实之本质。进入作为旅游场域的共在世界，意味着旅游者其旅游意向与这个共在世界的某方面一致性关系的建立，这是旅游审美活动的第一步。第二步就是发现旅游景观的真实性。旅游景观的真实其实质就是作为旅游景观的器物或仪式其所是的状态，也即显现其作为周围世界中存在者的存在方式的状态。此即现象学视域下的旅游审美过程。

其三，关于旅游景观。本书认为，食、住、行、游、购、娱等各相关旅游产品首先以旅游景观形式而显现自身的存在。旅游景观以其合用性揭示它自身的存在，却以合意性而显现为旅游活动的一个环节。合意性为激发旅游愉悦、文化体验以及审美体验的逻辑前提。

概言之，本书所谓现象学视域，主要有以下特点。

其一，将“器物”而不是物作为研究主题。物以自为状态而存在，而器物则经过人的主体意识而显现自身的存在，具体即器物以其与人的合用性而显现自身之存在，在旅游场域中以其合意性而显现为旅游景观。本书以合意性与合用性为基本概念建构本书现象学视域下的旅游世界观。

其二，将“意向”作为旅游体验的核心概念，将旅游活动与旅游意向的一致性关系作为旅游愉悦体验、文化体验、审美体验得以生成的逻辑前提，并以之为基础建构本书现象学视域下的旅游体验观。

其三，将“周围世界”“共在世界”作为建构旅游与人的关系的基本概念。其中，周围世界是人的存在的组建环节，而共在世界是不同主体形成共同存在关系的组建环节。旅游作为人的存在方式在周围世界中显现自身，不同旅游者在共在世界中就合意性的一致性建立起某种关联并由此领会到彼此的存在。

基于上述基本概念和现象学视域，本书内容主要包括两部分：一是现象学视域下的文旅融合体验研究，包括基于合意性的文旅融合愉悦体验研究、基于共在世界的文旅融合文化体验研究、基于合意性与真实性的文旅融合审美体验研究。二是现象学视域下的文旅融合产品研究，包括文旅融合符号建构研究、景观叙事研究、景观诠释研究。其中，前者是后者的基础，后者是前者的延伸。

总体而言，本书所谓现象学视域主要基于海德格尔现象学，但也吸收了一些其他哲学思想因素，如康德哲学。无疑，海德格尔现象学与康德哲学在基本逻辑与观点上存在根本性不同，但并不妨碍在吸收两者各自一些因素基础上形成新的现象学理论观点。本书这种尝试无疑是一种新的理论探索，理论建构还比较粗糙，需要在下一步的研究中进行完善。也正是从这个意义上说，本书理论逻辑借鉴海德格尔现象学，却在一定意义上不是“海德格尔现象学”。

李成军

2024 年 8 月

目录

导论 1

1.1 选题缘起

当前，我国正面临由传统社会向现代工业社会甚至局部后工业社会的急剧转型。在这个过程中，现代性如潮水一般由高到低向社会生活各个领域渗透。所谓现代性，吉登斯认为，指社会生活或组织模式的特性，大约 17 世纪出现在欧洲，并且之后不同程度地在世界范围内产生着影响。按照他的观点，这种社会组织模式特征就是时空的脱域机制，即时间和空间分离之后的重新组织方式。具体而言，表现为统一时间所致之时间虚化以及空间虚化。统一时间，也即时间的抽象化，对于时空的组织带来革命性变化。正如他所言，现代性的降临，把空间从场景中分离了出来，并远离了任何给定的面对面的互动情势。①

远距离的可通达性是现代性脱域机制的重要成果。通过完善的航空、铁路、公路、水运等交通设施，人员、物资得以快速流动的同时，现代性将世界不同生活方式的场景串联起来。由此，世界的可通达性被极大延展。脱域机制同时通过将人的生活时空进行精确切割，在工作场域中建立起了流水线，建立了精确的作息制度，在提高效率的同时，将人定在了时空茧房中。“996”的作息，紧迫的截止日期，透支的身体，空虚的灵魂……“世界那么大，我想去看看”这句话的爆火反映的就是当今社会人们走出时空茧房的强大愿望。

世界的可通达性和时空茧房的生存处境为现代社会中人生活方式的重组提供了无限可能。所谓生活方式，是表示工作和休闲的各种具体组合方式的

① 吉登斯．现代性的后果 [M]. 田禾，译．南京：译林出版社，1999：1–16.

集合名词，这一词语正在替换“职业”，并逐渐成为社会关系、社会地位和社会行为的基础。[①] 突破时空茧房的束缚，走向他人的世界，一切人的生活方式都可能成为一切人的景观，就是这种生活方式的特征，即世界的景观化。其中，很有意思的是，与社会生活中现代性带来的同一性不同，个体生活中却试图处处以个体性和新颖性为追求。两者的反差在 20 世纪 70 年代丹尼尔·贝尔（Daniel Bell）对资本主义的文化矛盾中就得以揭示。他认为，现代社会可分解为经济—技术、文化等体系，它们各有自己的独特行为方式。其中，技术—经济体系关系到生产的组织和产品、服务的分配，它构成了社会的职业和科层系统，并涉及技术的工具化运用，其轴心原则是功能理性，注重效率；文化体系即象征形式的领域，它的轴心原则是自我表达和满足。[②] 当然，这里的文化概念，其范围比“一群人特定的生活方式和人造环境”要小，比将文化限定为“个人完美成就”的范围要大，指的是象征形式的领域，具体包括诗歌、小说、绘画或由祈祷、礼拜和仪式所表现的宗教含义。[③] 丹尼尔·贝尔认为，现代文化的特性就是要不断表现并再造“自我”，尽力扩张，寻觅各种经验，不受限制，以达到自我实现和自我满足。文化领域的这种冲动力与技术—经济体系的冲动力一样，都源自现代性对个体自由的释放。但很快，技术—经济体系所释放的功利、理性和物质主义变得枯燥无味和对人性的压抑，现代文化走向了对现代性的批判。[④] 技术—经济体系与文化领域的这种反差反映的是文化领域对现代性在一定意义上的反抗。这种反抗，表现在个体生活中，是现代性战胜非现代社会文化结构的标志，并不是后者的消失，反而是对它的人为保护和重构。非现代社会的文化元素被从它们曾经所处的世界中分离出来，存在于博物馆中或保护设施内。最典型的就是对各类物质和非物质文化遗产的继承和发扬，如对古建筑、民俗音乐和传统医药的

---

① Dean MacCannell. 旅游者：休闲阶层新论 [M]. 张晓萍，等，译 . 桂林：广西师范大学出版社，2008：6.

② 丹尼尔·贝尔 . 资本主义文化矛盾 [M]. 赵一凡，等，译 . 北京：生活·读书·新知三联书店，1989：56–65.

③ 丹尼尔·贝尔 . 资本主义文化矛盾 [M]. 赵一凡，等，译 . 北京：生活·读书·新知三联书店，1989：58.

④ 丹尼尔·贝尔 . 资本主义文化矛盾 [M]. 赵一凡，等，译 . 北京：生活·读书·新知三联书店，1989：61–64.

崇拜，以及民族装饰、礼仪、代表乡村生活的一切器物等。曾经被视为落后的农村生活方式，也被视为乡土文化和乡愁的符号象征，转而成为重要的乡村旅游景观。工业领域中，流水线被安排成了参观对象，产品生产的流程被旅游者对象化为景观。他人的生活，甚至不堪的生活也可能被开发为旅游产品，供人窥视，如贫民窟旅游。它始于维多利亚时代的伦敦，上层阶级、政治家、神职人员、学者、社会改革家、记者、科学家和作家参观了肮脏的伦敦东区。① 据估计，贫民窟每年有超过100万人次的游客。②

世界由此呈现景观化的表象，这在一定意义上成为现代社会的特征。这意味着文化因素成为旅游的最核心的吸引物，是当前文化与旅游融合得以从观念到行业实践的根本所在。能激发人体验的一切都具有成为旅游吸引物的可能性，都可能成为他者的“诗和远方”，这是世界景观化的逻辑前提，是当前这个时代人之存在状态的突出特征。对世界景观化背景下文旅融合现象进行研究，需要对人的旅游体验现象进行深刻理解。旅游现象的硬核是旅游体验，③ 文旅融合现象亦如此。旅游体验的核心内容通常是旅游者离开日常生活地赴旅游地的生活经验。当然，这并非必然为生活空间的离开，有可能仅仅是存在方式的不同。这种经验的理解涉及对日常生活、旅游地生活两类生活中不同存在方式之关系。这种关系的理解基于对于人的存在本身的理解，且这种理解通过科学方法进行研究还不够。伽达默尔认为，经验理论的缺陷在于完全从科学出发看问题。科学研究的目的在于将经验客观化，以使其不包含任何历史要素。自然科学实验通过其方法论程序做到经验的可重复性，即可验证性，以达至科学研究。因此，伽达默尔认为，现代科学在其方法论中只认定，一切经验只有当被证实时才有效，经验的威望依赖于它原则上的可重复性。④ 科学方法，尤其是实验方法体现了视觉在人类对外在世界的认识和建构中的突出地位，也反映了人类历史上对视觉器官特权的认可。Urry 等认为，长期以来，视

① Aditi Ratho .Slum Tourism：Romoting Participatory Development or Busing Poverty for Profit? [J]. ORF Issue Brief，2019（278）：1–8.

② Frenzel，et al .Slum Tourism：State of the Art[J].Tourism Review International，2015（4）：237–252.

③ 谢彦君·旅游体验研究：一种现象学的视角 [M]. 天津：南开大学出版社，2005：2.

④ 汉斯 – 格奥尔格·伽达默尔 . 真理与方法——哲学诠释学的基本特征 [M]. 洪汉鼎，译 . 北京：商务印书馆，2011：490–491.

觉被认为是最高贵的感官，是人类和他们的物理环境之间最具辨别力和最可靠的感官中介。[①] 近代以来西方认识论对视觉的重视，以至于形成福柯所谓“目视的王权”，即“眼睛认识和决定一切、眼睛统治一切”。[②] 此外，科学侧重于纯粹实在的事实，难以应对人类存在的意义问题，这正是科学本身的不足所在。科学本身正大声疾呼一门哲学，以使它能恢复与人所深切关怀事情的联系，而现象学就能满足这种要求。[③] 尤其是现代社会中，现象学视域对于文化领域中自我的显现具有哲学上的意义。文旅融合体验，无疑是自我显现的领域之一。

1.2 研究视域

现象学视域对于这种体验的理解并不局限于方法论，还涉及本体论和认识论。通常，现象学所研究的对象并非自为的客体，而是现象。所谓现象，在胡塞尔看来，有双重意义，即它既是显现者，也被用来表示显现活动本身，表示主观现象。[④] 在海德格尔看来，现象即就其自身显示自身者，也即公开者。[⑤] 所谓自身显示自身者，意味着它们作为显现的东西“标示着”某种不显现自身的东西，如病症。也就是说，它不是一种指引关联，而是作为指引者本身显示自己。[⑥] 而所谓现象学，胡塞尔认为，即现象、展示、意识行为的认识的科学，在这些认识中，这些或那些对象被动地或主动地展示出来，被意识到；而另一方面是关于作为如此展示出来的对象本身的科学。[⑦] 现象学的特点就是它并不描述对象关乎何种实事，而只不过告诉我们如何或者在何种条件下将其展示或显现出来。所谓现象的科学，意味着针对其对象所研究的一切都必须以展示和显现的方式予以表述。凡是如存在者就其本身所显现的那样展示存在者，我们

---

① John Urry，et al.The Tourist Gaze 3.0[M].London：SAG，2011：31.
② 福柯 . 临床医学的诞生 [M]. 刘北成，译 . 南京：译林出版社，2001：97.
③ 赫伯特・施皮格伯格 . 现象学运动 [M]. 王炳文，等，译 . 北京：商务印书馆，1995：3.
④ 胡塞尔 . 现象学的观念 [M]. 倪梁康，译 . 北京：人民出版社，2007：15.
⑤ 海德格尔 . 存在与时间（修订本）[M]. 陈嘉映，等，译 . 上海：商务印书馆，2015：37.
⑥ 海德格尔 . 存在与时间（修订本）[M]. 陈嘉映，等，译 . 上海：商务印书馆，2015：40.
⑦ 胡塞尔 . 现象学的观念 [M]. 倪梁康，译 . 北京：人民出版社，2007：15.

都称之为现象学。[1] 海德格尔认为，一些显现自身者都是存在者。存在者是自明的，但存在的意义却隐藏在晦暗中。[2] 从这个角度看，现象学的现象概念意指这样的显现者，即存在者的存在和这种存在的意义、变式和衍化物，[3] 现象学的研究课题就是存在者的存在的科学，即存在论；[4] 研究方法就是解释，即将存在的本真意义与此在本已存在的基本结构向居于此在本身的存在之领会宣告出来。[5] 所谓此在，即自身领会自身只存在的存在者，"此在总是从它的生存来领会自己本身：总是从它本身的可能性——是它自身或不是它自身——来领会自己本身"，[6] 即存在者的人。由此，此在的现象学就是诠释学。[7]

由上述可知，现象学本体论的特点即将现象而不是事物本身作为经验客体，而现象是具有客观性的主观内容，具有主客一体融合的特点。现象学强调从主体意识出发，以主客一体的视角理解世界，尤其是海德格尔将主体经验视为人存在的本体结构而非认识论，对于深化文旅融合体验研究具有重要的本体论意义。

从认识论看，现象学通常将世界视为以主体意识为逻辑前提的自我显现。胡塞尔认识论关注的首要问题是事物在主体意识中显现自身的可靠性。在胡塞尔看来，一切认识客体并不具有毋庸置疑的本体论存在地位，而需要主观的验证，即主体所认识的仅仅是自身的体验而已，也就是说，在体验中，客体被真实地给予。[8] 胡塞尔认为，现象学并不承认有先在的立场和观点，而仅仅承认认识活动本身存在的存在，"无论我感知、想象、判断、推理，无论这些行为具有可靠性还是不具有可靠性，无论这些行为具有对象还是不具有对象，就感知来说，我感知这些或那些，这一点是绝对明晰和肯定的；就判断来说，我对这个和对那个做出判断，这一点是绝对明晰和肯定的，如此等等"。[9] 归根结底，胡塞尔现象学中认识确立的被给予的逻辑起点就是"我"意识到了认识活动及

① 海德格尔．存在与时间（修订本）[M]. 陈嘉映，等，译．上海：商务印书馆，2015：45.
② 海德格尔．存在与时间（修订本）[M]. 陈嘉映，等，译．上海：商务印书馆，2015：8.
③ 海德格尔．存在与时间（修订本）[M]. 陈嘉映，等，译．上海：商务印书馆，2015：46.
④ 海德格尔．存在与时间（修订本）[M]. 陈嘉映，等，译．上海：商务印书馆，2015：48.
⑤ 海德格尔．存在与时间（修订本）[M]. 陈嘉映，等，译．上海：商务印书馆，2015：48.
⑥ 海德格尔．存在与时间（修订本）[M]. 陈嘉映，等，译．上海：商务印书馆，2015：17.
⑦ 海德格尔．存在与时间（修订本）[M]. 陈嘉映，等，译．上海：商务印书馆，2015：48.
⑧ 胡塞尔．现象学的观念 [M]. 倪梁康，译．北京：人民出版社，2007：5.
① 胡塞尔．现象学的观念 [M]. 倪梁康，译．北京：人民出版社，2007：27.

其对象，这一点是确定无疑的，是给定的、可靠的、不需要怀疑的。而认识客体则只能被当作一种纯粹的直观和把握的对象，并且在这种直观之中，它具有绝对的被给予性。[①] 在胡塞尔现象学中，那个体验的统摄中对被给予之物、对“我”的自我的简单直观的反思，其所得结果就是“现象”，这个现象就是“被理解为我的感知的感知”。[②] 这种主体直观中对客体“感知的感知”是与客体有关涉的纯粹的意识，是在主体的直观中的显现者及其活动过程。为了得到这个纯粹意识，需要进行现象学还原，即认定所有超越之物（没有内在地给予我的东西）都必须给以无效的标志。即它们的实存、它们的有效性不能作为实存和有效性本身，至多只能作为有效性现象。[③]

海德格尔认识论在体现主客一体方面与胡塞尔又有所不同。胡塞尔以纯粹直观作为认识的逻辑前提，而海德格尔则以将此在领会为“我在”作为逻辑前提。海德格尔认为此在是这样一种存在者：它在其存在中有所领会地对这一存在有所作为。[④] 而一旦把存在领会为“我在”的不定式，意味着此在已经“在世界之中”而存在。他认为“在之中”是此在存在形式上的生存论术语，而这个此在具有在世界之中的本质性建构。[⑤] 尽管从逻辑上说，意识到此在的存在为世界建构的逻辑前提，但在时间上，此在的存在却与世界的显现同步，因为从根本上说，此在依寓世界而在。在海德格尔现象学中，世界之为世界，是一个存在论概念，指的是“在世界之中存在”的一个组建环节的结构，[⑥] 即世界是人“在其中”的东西。[⑦] 世界不是一个具体的时空，作为具体时空的存在者的自然不是世界，世界也不是自然的，世界是此在（存在着的人）在生存论上存在于其间的东西，此在是“世界中”的，而自然之万物是“世界内”的。“世界中”显示的是人的生存论的存在方式与状态，而“世界内”显示的是存在论的存在者，在世却是此在的生存论规定性。在海德格尔现象学看来，在世的此在不可避免与世界内万物打交道。世界中万物并不是自为存在的“现成”的客

② 胡塞尔．现象学的观念 [M]. 倪梁康，译．北京：人民出版社，2007：28.
③ 胡塞尔．现象学的观念 [M]. 倪梁康，译．北京：人民出版社，2007：37.
④ 胡塞尔．现象学的观念 [M]. 倪梁康，译．北京：人民出版社，2007：7.
⑤ 海德格尔．存在与时间（修订本）[M]. 陈嘉映，等，译．上海：商务印书馆，2015：71.
⑥ 海德格尔．存在与时间（修订本）[M]. 陈嘉映，等，译．上海：商务印书馆，2015：73.
⑦ 海德格尔．存在与时间（修订本）[M]. 陈嘉映，等，译．上海：商务印书馆，2015：86.
⑧ 海德格尔．存在与时间（修订本）[M]. 陈嘉映，等，译．上海：商务印书馆，2015：86-87.

体，而是在作为存在者的此在的操劳活动过程中以其合用性而显现出来的存在者，即器物。[①] 依据海德格尔现象学，操劳活动是连接万物的客体和作为主体的存在者的此在的中介，一切客体在此在的操劳活动中显现开来，也就是说，在此在的生存论上，通过操劳活动，客体与主体得以合一。

由上述可知，现象学所关注者主要不在于外在于人的客观事实及其规律，而在于对人的主观体验及其形成的逻辑进行阐释。现象学设立的目标不是使关于“实事”的理论成为自己的主题，而是使“实事”如何被给予、如何显现出来的方式和方法成为自己的主题。[②] 因此，从操作方法上看，现象学方法论与内省密切相关。其特点是将所有的偏见和假设、科学理论、态度、不同的观点、模型、僵硬的观点等放在一边，并直接回到个体体验，即回到现象本身对经验进行理解和阐释。[③] 现象学方法论的这种特性为其在文旅融合现象分析中的应用提供了可能。

现象学方法论应用于人文社会科学研究所涉及的理论、概念和过程的发展都源于 20 世纪 70 年代以来 Giorgi 等人的研究成果，他们提供了一个具有操作性的现象学方法论。[④]Giorgi 在 2007 年将胡塞尔现象学研究方法总结为三步骤操作流程：就先验现象学态度做出假设；搜集一个现象学研究实例，不管是否实际或虚构，并运用想象变异，通过直观探索现象本质；仔细描述被发现的本质。其中，第一步的关键就是搁置，即将所有从阅读或其他次要来源所获得的过去知识，以及个人以前有关此类现象的个人经历都排除在外；然后是现象学还原，即须避免像在自然态度中通常发生的那样，假设给定事物的存在。第二步，想象变异意味着一个人以想象的方式对现象不同方面进行了调整，以确定哪些方面对现象的出现是必要的，哪些方面是偶然的。[⑤]1973 年，Colaizzi 提出现象学研究七步法。第一步：每个文本都应该被阅读和重读，以获得对整个内容的一般理解。第二步：对于每一份表现单，都应该提取与所研

---

① 海德格尔．存在与时间（修订本）[M]. 陈嘉映，等，译．上海：商务印书馆，2015：91.

② 彼得·特拉夫尼．海德格尔导论 [M]. 张振华，等，译．上海：商务印书馆，2017：17.

③ Đorđe Čomić，et al.Phenomenology of Tourist Experience[J].Multidisciplinary Research Journal，2015（6）：56–71.

④ Moustakas C. Phenomenological Research Methods[M]. CA：Sage Publications，1994：18.

⑤ Amedeo Giorgi.Concerning the Phenomenological Methods of Husserl and Heidegger and Their Application in Psychology[J].Collection du Cirp，2007（1）：63 –78.

究的现象有关的重要陈述。这些报表必须记录在一个单独的表格上，注明它们的页数和行号。第三步：意义应该从这些重要的陈述中表述出来。第四步：所制定的含义应该被分为类别、主题集群和主题。第五步：研究结果应纳入所研究现象的详尽描述。第六步：应该描述这种现象的基本结构。第七步：应该从研究参与者那里寻求验证研究结果，以比较研究者的描述性结果与他们的经验。①

在 Giorgi 基础上，另一位代表性人物 Clark Moustakas 于 1994 年提出将胡塞尔现象学方法概括为以下步骤：第一步，搁置。其方法主要是内省，即专注于一些特定的情况、人，进行反思性冥想，并回顾“我”现在对这个人、情况或问题的想法和感受，排除偏见。第二步，现象学还原。现象学还原又分为以下几步：一是括号，即将研究重点放在括号中，其他一切都放在一边，以便整个研究过程完全根植于主题和问题；每一个陈述都被视为具有同等价值；删除与主题和问题无关的陈述以及重复或重叠的陈述，只留下视界（现象的纹理意义和不变成分）；二是将视界聚集成主题，并将视界和主题建构成对现象的文本描述。第三步，想象变异，即通过自由想象，从不同角度处理现象，寻找可能的意义，解释所经历的潜在和诱发因素；描述一个现象的基本结构是想象变异的主要任务。操作活动即允许自由幻想，任何观点被允许进入意识。第四步，合成。②

另有学者在 Giorgi 的现象学方法基础上提出可操作的六阶段流程：第一阶段，阅读数据，并搁置所有先入之见和判断；第二阶段，形成参与者画像；第三阶段，形成主题索引；第四阶段，主体索引搜索；第五阶段，形成拓展性经验描述；第六阶段，合成拓展性经验描述。③ 其他还有 Smith Jonathan A（2002）等人对 IPA（Interpretative Phenomenological Analysis）的概念、设计、数据收

---

① Ghada Abu Shosha.EmPloyment of Colaizzi Strategy in Descriptive Phenomenology：A Reflection of a Researcher[J].European Scientific Journal，2012（27）：31–43.

② Moustakas C. Phenomenological Research Methods[M]. CA：Sage Publications，1994：84–103.

① Carl Holroyd.Phenomenological Research Method，Design and Procedure：A Phenomenological Investigation of the Phenomenon of Being-in-Community as Experienced by Two Individuals Who Have Participated in a Community Building Workshop[J].Indo-Pacific Journal of Phenomenology，2001（1）：1–10.

集、数据分析等进行了阐述，并进行了案例研究。[①]Van Manen（2016）认为，现象学主要是一种提问的哲学方法，而不是一种回答、发现或得出确定结论的方法。现象学不一定要遵循标准的社会科学实践，而通过访谈、观察、书面请求等，以反思方式通过有关旅行摄影、摄像、小说或故事进行研究。据此，他对 Emmanuel Levinas 的伦理现象学、Jean–Paul Sartre 的存在现象学、Paul Ricoeur 的批判现象学、Alphonso Lingis 的生态现象学、Jean–Luc Nancy 的碎片化现象学等 26 种现象学方法进行了介绍。他还提出现象学的目的是将生活经验转化为文本表达，文本的效果是反射再现和反思挪用有意义的东西，以促使读者强有力地激活自身的生活经验。由此他提出了具体的操作方法：转向生活经验；调查生活中的经历；反思基本主题；写作和重写；保持牢固和有导向的关系；考虑部分和整体等。[②]

现象学目前已经应用于心理、护理、教育等领域，也越来越被证明对于旅游研究非常有价值。[③]其中，旅游领域中已知的第一次使用“现象学”一词的是 Erik Cohen 的《旅游体验现象学》，该文最早于 1979 年旅游体验研究中引用现象学概念。[④]Cohen 试图以“旅游者与中心”关系的分析框架提出旅游体验的五种模式：娱乐化模式（The Recreational Mode）、多样化模式（The Diversionary Mode）、体验化模式（The Experiential Mode）、试验化模式（The Experimental Mode）、存在主义模式（The Existential Mode）。娱乐化模式中旅游活动类似于电影、戏剧或电视等休闲方式，通过远离中心（自己文化）的日常生活压力，追求快乐以最终加强对中心的坚持。多样化模式中旅游者只是为摆脱日常生活的无聊和无意义，但并非寻找意义，仅仅在一个无中心的空间中移动。体验化模式中旅游者则为摆脱日常生活中无聊和无意义的异化状态，去寻找意义，虽然比娱乐模式或多样化模式更深刻，但并没有产生真正的朝圣般“宗教体验”。试验化模式的特点是人们不再坚持自己文化的精神中心，而是在

---

① Smith Jonathan A，et al.Essentials of Interpretative Phenomenological Analysis[M].Washington：American Psychological Association，2002：1–103.

② Van Manen M. Phenomenology of Practice ：Meaning-giving Methods in Phenomenological Research and Writing [M].New York：Routledge，2016：35–167.

③ Gregory S Szarycz . Some Issues in Tourism Research Phenomenology：A Commentary[J]. Current Issues in Tourism，2009（1）：47–58.

④ Erik Cohen.A Phenomenology of Tourist Experiences[J].Sociology，1979（2）：179–201.

许多不同方向进行选择。从某种意义上说，游客是在“寻找自己”，在一个尝试和错误的过程中，试图发现那种能引起自己共鸣的生活形式。[①]存在主义模式中，旅游者生活在两个世界，一个是日常生活世界，另一个是选择性的中心世界，需通过旅游进行朝圣的精神中心。[②]无疑，Cohen 模型为理解旅游体验，尤其是文化在旅游体验中的影响提供了一个基础性的框架。但 Cohen 模型本身的焦点以及学界关注的焦点并不在现象学上，如 John Ebejer（2014）认为 Cohen 模型中五种模式其实就两种模式，即有意义的和无意义的；[③]Natan Uriely（2005）认为 Cohen 模型是早期旅游体验理论模型的代表之一，即将离开日常生活、追求陌生感和新奇感作为一个关键因素，将旅游的本质认为是对日常活动的暂时逆转；[④]就“经验”和“中心”概念而言，理论上的模糊性尤其明显等。[⑤]

现象学视域下的旅游研究热潮出现在 20 世纪末和 21 世纪初，共有方法论和本体论两种不同的理路。所谓方法论，指的是应用现象学方法分析旅游现象，而本体论则将旅游活动视为现象学研究内容。两者的区别在于，方法论关注的是旅游问题而非现象学问题；而本体论则关注的是旅游领域中的现象学问题，也即哲学问题或应用现象学观点分析旅游活动。

其一，现象学方法论的旅游研究。Masberg and Silverman（1996）运用现象学访谈方法，对旅游者关于文化遗产的意义、遗产旅游经历、遗产旅游体验回忆、遗产旅游收获等方面进行了调查研究。[⑥]在搁置偏见前提下，Tomas Pernecky（2006）应用 Moustakas 的现象学访谈流程收集数据，对新西兰“New Age”旅游体验的复合意义和本质进行现象学阐释。[⑦]Wolff 等（2019）通过叙述性访谈对 9 名外国旅游者参与秘鲁死藤水旅游体验进行现象学观察，并据此

---

① Erik Cohen.A Phenomenology of Tourist Experiences[J].Sociology，1979（2）：179–201.

② Erik Cohen.A Phenomenology of Tourist Experiences[J].Sociology，1979（2）：179–201.

③ John Ebejer.Meaning of Place and the Tourist Experience[C].Tourism Research Symposium & PhD Colloquium.Floriana：Travel and Culture University of Malta，2014.

④ Natan Uriely.The Tourist Experience Conceptual Developments[J].Annals of Tourism Research，2005（1）：199–216.

⑤ Jaap Lengkeek.Leisure Experience and Imagination：Rethinking Cohen's Modes of Tourist Experience[J].International Sociology，2001（2）：173–184.

⑥ Barbara A Masberg，et al .Journal of Travel Research，1996（4）：20–25.

⑦ Tomas Pernecky.Co-creating with the Universe：A Phenomenological Study of New Age Tourists[J].Tourism，2006（2）：127–143.

从个人准备、身体症状、视觉现象、认知和情感现象、个人在迷幻的“世界”和普通现实中的反应，以及对这个过程的评价等进行阐释。①

Philipp Wassler 等人（2020）采用 Giorgi 现象学四步分析流程，即详细阅读整体的意义；相关现象学意义单位的确定；将识别的意义单位转换为现象上有意义的陈述；根据在转录本中最常见的意义单位确定现象的一般结构，对旅游过程中风险的脆弱性体验进行研究等。②Allan De Guzman 等（2021）应用 Giorgi 现象学四步分析流程，即对整体意义的阅读；意义单元的确定；将参与者的日常表达转化为现象敏感的表达；将意义单元转化为一致的陈述等，对导游口头表达与旅游管理学生的情感影响进行研究。③ 其他研究还有应用 Colaizzi 现象学七步法对创意旅游体验进行研究。④Jiyoung Hwang 等（2021）从海德格尔现象学的主客一体的视角出发，以现象学“对世界的理解基本上是基于身体的生活体验”为逻辑前提，对韩国 templestay 游客居住体验进行调查研究。⑤应用 Moustakas 现象学分析框架，通过深入的半结构化访谈来收集数据，对伊斯兰精神目的地旅游体验内容主题进行研究。⑥ 应用 Van Manen 的现象学经验分析框架，以国际游客为对象，调查澳大利亚悉尼岩石历史区旅游体验的本质，形成了大气、物理场所和历史 3 个中心主题、8 个子主题，并将旅游体验的本质确定为亲密感和真实性。⑦ 利用现象学分析，对旅游者旅游体验中的“灵性”概念进行考察。⑧

国内主要从胡塞尔现象学视角分析文旅现象，代表性学者如张骁鸣通过直

① Wolff，et al.Phenomenology of Ayahuasca Experiences in Upper Amazon Vegetalismo Tourism[J]. Journal of Psychedelic Studies，2019（3）：295–307 .

② Philipp Wassler，et al.Living Travel Vulnerability：A Phenomenological Study[J].Tourism Management，2020（76）：1–10.

③ Allan De Guzman，et al. GenuinenessMattersinTourism：A Phenomenology of Filipino Travel Management Students' Emotional Experiences of Tour Guides' Verbalized Hospitality during Destination Immersion[J]. Journal of Quality Assurance in Hospitality & Tourism，2021（3）：267–292.

④ Mohammadmehdi Poursaeed，et al.Phenomenology of Lived Experience of Creative Tourists[J].Journal of Tourism Planning and Development，2021（37）：123–151.

⑤ Jiyoung Hwang，Hyo-Yeun Park.Hermeneutic Phenomenological Understanding of the Inner Journey of Templestay [J].International Journal of Environmental Research and Public Health，2021（15）：1–18.

⑥ Ahsan Kamal，et al. Haq Allah Hu：Tourists' Phenomenological Experiences of Visiting Shrines as Islamic Spiritual Destinations[J].South Asian Journal of Marketing，2022（2）：150–164.

⑦ B Hayllar，et al .The Precinct Experience：A Phenomenological Approach[J]. Tourism Management，2005（4）：517–528.

⑧ Mohammad Hossein Imani Khoshkhoo，et al .The Spirituality in Tourism by Eastern Philosophy and Ethical Codes[J].International Journal of Tourism，2021（1）：59–76.

观面对事实本身来探讨旅行的意义。[①] 张骁鸣（2016）在对胡塞尔、海德格尔、舒茨等有关体验的基本观点或生活世界概念等进行介绍的基础上，提出现象学体验学说对旅游体验研究具有三方面启示：一是形成一个以焦点—边缘的视域结构为基础的生活世界的新研究框架；二是推出一些新的研究命题，如对于旅游的意义的研究；三是引入或创立一些新的研究方法，包括多模态方法和富文本方法等。[②] 邓勇勇等（2023）运用胡塞尔现象学分析方法，构建了本质直观的"悬搁"旅游经验事实、选择一次典型的旅游体验等 7 个步骤，对旅游本质进行分析。[③]

其二，现象学本体论的旅游研究。Smith（2002）试图通过"家园世界"的概念重新审视旅游体验，并提出它是旅游体验的经验起源，包括熟悉的物理环境、图式、社会文化建构等，并认为旅游体验的关键是远离"家园世界"。他试图以五个方面阐述旅游体验的特点：视角的变化（陌生熟悉）、挑战（危险安全）、自由（开放—封闭）、联系（亲密分离）和真实性（真实游客）。[④]Tomas Pernecky（2010）提出一种"在世界中"的旅游研究框架。根据该框架，我们称之为"旅游业"的现象可以被设想为我们进入世界的结果，而旅游研究则告诉我们如何有意义地理解我们的生活以及他人和世界的生活。旅游者承担解释者的作用，而不是一个客观和中立的观察者。[⑤] 受海德格尔栖居概念的启发，Solène Prince（2017）通过对丹麦博恩霍尔姆的艺术和工艺社区的定性研究，探索通过一些身体运动和世俗实践，将任务景观塑造为旅游景观。[⑥]Duncan Light 等（2020）试图通过提出一个受海德格尔"境域"概念启发的居住 / 流动性的理论框架，并提出不仅旅游形式涉及彻底背离（离家，远离日常生活），才能导致存在的真实性，相反，受家庭常规和惯例限制（或旅

---

① 张骁鸣．阐释"旅行的意义"——现象学的视角 [J]. 旅游学刊，2016（11）：14–21.

② 张骁鸣．现象学体验学说及其对旅游体验研究的启示 [J]. 旅游学刊，2016（4）：42–50.

③ 邓勇勇，等．从胡塞尔现象学"直观"视角看旅游的本质 [J]. 旅游学刊，2023，38（11）：153–168.

④ Smith N. A Phenomenological Study of the Experience of Travel[D]. The University of Tennessee，2002.

⑤ Tomas Pernecky.The Being of Tourism[J].The Journal of Tourism and Peace Research，2010（1）：1–15.

⑥ Solène Prince.Dwelling in the Tourist Landscape：Embodiment and Everyday Life among the Craft-artists of Bornholm[J].Tourist Studies，2017（1）：1–20.

游者甚至不离开家）的旅游形式也可以为实现存在主义真实性的时刻创造可能性。因此，对旅行的渴望可以与对栖居的渴望并存，一种家的感觉通过远离家而得到加强。[①]Tim Ingold（2022）基于海德格尔现象学栖居概念，对于建筑景观提出新观点。他认为海德格尔的观点“那是因为我们是居民……建造本身就已经居住了……只有我们能够居住，我们才能建造”，是栖居视角的创始声明。海德格尔此句意在表明，建筑景观显现在人们栖居的活动中。因此，建筑的建造不能被理解为一个简单的转录过程，即最终产品为原材料底物上的预先设计，而应包括所居住之人们全部的生活方式。[②]Catherine Palmer（2023）围绕着海德格尔等人的栖居概念，以卢浮宫、肯尼迪航天中心游客中心等为例，应用海德格尔艺术真理等原理，对采用 XR 技术的博物馆的虚拟旅游体验，尤其是文化体验进行阐释。[③]

国内代表性观点，如曹诗图等（2012）基于海德格尔“诗意地栖居”的观点，提出“诗意地栖居”是旅游的理想追求，其实质是人对生命自由和谐的追求；而旅游的本质则是人对生命自由和谐的追求或异地身心自由的体验；[④] 国内谢彦君（2005）较早试图运用胡塞尔直观现象学视角对旅游体验进行研究，并提出生活世界与旅游世界二分的分析框架；[⑤] 龙江智等（2010）借用胡塞尔生活世界概念以建立一个生活世界与旅游世界两分的旅游体验分析框架，提出旅游世界的生产不在于其物质性而在于主体视角的转换；[⑥] 张斌（2010）则从胡塞尔现象学出发对生活世界与旅游世界二分提出不同看法，认为旅游世界从本源上讲是由形式上不在场但本质上又时时牵拉在场的生活世界及其“资粮”构造并呈现着自身，旅游体验则是在异地场的非谋生实践体验与生活世界积淀的体验相互激荡构成的境域中所构造自身体验；[⑦] 马凌（2022）从当代诠释现象学大师

① Duncan Light，et al .Dwelling-mobility：A Theory of the Existential Pull between Home and Away[J]. Annals of Tourism Research，2020（81）：1–24.

② Tim Ingold. The Perception of the Environment：Essays on Livelihood，Dwelling and Skill（2nd edn）[M].London：Routledge，2022：185–186.

③ Palmer Catherine.Virtual Dwelling and the Phenomenology of Experience：Museum Encounters between Self and World[J]. Humanities，2023（6）：1–17.

④ 曹诗图，等 . 以海德格尔的基础存在论与诗意栖居观解读旅游本质 [J]. 理论月刊，2012（6）：156–175.

⑤ 谢彦君 . 旅游体验研究：一种现象学的视角 [M]. 天津：南开大学出版社，2005：1–40.

⑥ 龙江智，卢昌崇 . 从生活世界到旅游世界：心境的跨越 [J]. 旅游学刊，2010（6）：25–31.

⑦ 张斌 . 基于胡塞尔现象学的旅游体验研究 [J]. 旅游科学，2010（6）：1–8.

保罗·利科的想象学说出发，系统阐释了生活世界中的想象，以及在想象之下的语言理解和世界意义的生成等。[①]

从上述旅游领域中两方面应用来看，应用现象学方法论的旅游研究主要为胡塞尔直观方法，其操作方法主要为搁置、现象学还原、经验的整合等；应用现象学本体论的旅游研究主要依据为海德格尔栖居概念以及胡塞尔生活世界概念。下面，本书试图对两者作进一步梳理，以进一步分析现象学应用于文旅融合研究的可能性。

胡塞尔直观方法的逻辑起点就是任何事物，即所谓的客体，它所显现出来的内容都为心理体验，即都为认识主体之认识，说到底都是现象。所谓现象，在胡塞尔看来，有双重意义，它实际上叫作显现者，却首先被用来表示显现活动本身，表示主观现象。[②]而现象之所以显现出来，就在于它能够建立起经验之被给予性，也即它具有使任何问题都必然迎刃而解的那种明晰性。[③]追求明晰性，也就是为一切知识经验寻找一个确定无疑的根源或来源。[④]这种明晰性来自直观，正如胡塞尔所说，“在进行任何智性的体验和任何一般体验的同时，它们可以被当作一种纯粹的直观和把握的对象，并且在这种直观之中，它是绝对的被给予性”。[⑤]所谓直观就是简单地直观它们，或者从另一种意义上来描述，直接把握、接受或指明一种简单的、具体存在的东西。[⑥]那么，直观何以建立起认识的明晰性呢?

> 无论我感知、想象、判断、推理，无论这些行为具有可靠性还是不具有可靠性，无论这些行为具有对象还是不具有对象，就感知来说，我感知这些或那些，这一点是绝对明晰和肯定的；就判断来说，我对这个和对那个做出判断，这一点是绝对明晰和肯定的，如此等等。[⑦]

---

① 马凌．诗意地迂回：诠释现象学视角下的主体想象与旅游体验 [J]. 旅游学刊，2022（10）：39–49.
② 胡塞尔．现象学的观念 [M]. 倪梁康，译．北京：人民出版社，2007：15.
③ 胡塞尔．胡塞尔选集 [M]. 倪梁康，选编．上海：上海三联书店，1997：44.
④ 赫伯特·施皮格伯格．现象学运动 [M]. 王炳文，等，译．北京：商务印书馆，1995：507.
⑤ 胡塞尔．胡塞尔选集 [M]. 倪梁康，选编．上海：上海三联书店，1997：45.
⑥ 胡塞尔．现象学的观念 [M]. 倪梁康，译．北京：人民出版社，2007：12.
⑦ 胡塞尔．现象学的观念 [M]. 倪梁康，译．北京：人民出版社，2007：27.

由上述可知，直观并非对认识内容做出判断，即对其可靠与否、内容是什么、逻辑关系是什么等问题并不关注，而仅仅关注作为认识主体的“我”与事物在发生着关系，这一点是确定无疑的，也即明晰的。即这个事物已经被理解为一项存在的事物了，但是其存在到底何为，尤其是与主体认识的关系如何、有何意义等则需要进一步在认识过程中建构。也就是说，胡塞尔现象学将认识活动本身抽象化，抽空其具体内容而将主体对认识活动（感知）的意识视为被给予，视为纯粹的直观。笛卡尔的“我思故我在”，[①] 认识的逻辑起点是“我”对“我”存在意识的意识，而胡塞尔认识的逻辑起点则是“我”对意识到正在认识活动的意识。笛卡尔的“我思故我在”具有经验的“我”的成分，而胡塞尔的“我”不是经验的“我”而仅仅为纯粹的“我”，无涉经验内容。所以，胡塞尔认识活动的逻辑起点实际上是纯粹的“直观”，即纯粹意识形式，而不是先验之物。一切先验之物在他看来就是“超越”，所谓“超越”，一是指认识活动过程中非实项含有；二是非绝对被给予，即自明性，只有“直观”才具有绝对的被给予。[②] 在对纯粹现象的直观中，对象不在认识之外，不在意识之外，并且同时是在一个纯粹被直观之物的绝对自身被给予性意义上被给予的。[③]

胡塞尔认为，所有尚未直观的事物即所谓超越之物（没有内在地给予我的东西），都必须给以无效的标志，即它们的实存、它们的有效性不能作为实存和有效性本身，至多只能作为有效性现象。[④] 因而，在实际认识过程中，需要对超越之物进行认识还原，即将认识的一切先验原则以及之前的观念全部抛弃。

> 对各种认识类型都必须进行认识论的还原，即将所有相关的超越都贴上排除的标记或贴上无关紧要的标记、认识论上无效性的标记，这个标记表明：所有这些超越的实存，无论我是否相信它，都与我无

① 笛卡尔．谈谈方法 [M]. 王太庆，译．上海：商务印书馆，2000：27.
② 胡塞尔．现象学的观念 [M]. 倪梁康，译．北京：人民出版社，2007：31–32.
③ 胡塞尔．现象学的观念 [M]. 倪梁康，译．北京：人民出版社，2007：36.
④ 胡塞尔．现象学的观念 [M]. 倪梁康，译．北京：人民出版社，2007：7.

关，这里不是对超越的实存做判断的地方，它根本不被涉及。[①]

有学者认为，胡塞尔所谓认识还原其实就是实现认识的“没有前提”。从逻辑上讲，“没有前提”就是完全拒绝任何信念，是一种从绝对的零开始的认知。但是实际上，在胡塞尔那里“没有前提”所表示的只是企图消除未受彻底审查的前提，或者至少从原则上说是未被提供给这种审查的前提。因此，所涉及的并不是取消全部前提，而只是取消在现象学上未被澄清的、未被证实的以及不能证实的那些前提。[②] 胡塞尔认为，现象学在直观中对事物的纯粹被给予性进行揭示之外，还需要对其本质进行揭示。

> 我们在反思的感知中绝对被给予地具有诸思维，同时我们有意识地体验它们……人们想这样开始，然后我们能够去直观在诸思维中和在诸思维的实项因素中个别化的一般之物，在直观抽象中把握一般性，并且把纯粹建立在这些一般性中的本质联系在直观—关联的思维中构造为自身被给予的实事状态。[③]

由上述可知，事物的本质并不存在于事物本身，而是直观抽象中对事物一般性的把握，是主体对于事物一般性关系的被给予性的建构，即直观—关联的思维中被建构为自身被给予性的实事状态，而并非实存意义上的自为的实事状态。

总体而言，胡塞尔直观现象学方法主要有以下特点。一是主客一体的本体论和认识论。作为本体论的体验，并非纯粹的主观心理建构，也非对象主导的反应，而是基于直观的被给予性基础上的主客一体的认识。作为方法论的认识，胡塞尔现象学既有对象有效性存在的实在性，也有直观给予的主观性。这一点是现象学应用于分析各类体验的本体论基础，是它可以克服二元分离认识论，用以分析旅游体验的理论优势之所在。二是关注体验的普遍联系与本质。

① 胡塞尔．现象学的观念 [M]. 倪梁康，译．北京：人民出版社，2007：31–32.
② 赫伯特·施皮格伯格．现象学运动 [M]. 王炳文，等，译．北京：商务印书馆，1995：131.
③ 胡塞尔．现象学的观念 [M]. 倪梁康，译．北京：人民出版社，2007：62.

这一点在现象学方法的应用中得到了放大。作为主客一体的胡塞尔现象学方法并不关注体验的对错，其核心是关注体验的本质是什么。无论是 Giorgi、Van Manen 还是 Clark Moustakas，其共同点在于通过系列流程，将胡塞尔直观方法可操作化，以寻求各类体验的本质。这些方法的实质就是建立起一整套基于胡塞尔现象学体验内容的本质的分析方法。当然，在胡塞尔现象学方法中，“我”通过直观等各类意识活动而显现自身的存在。一个“意识”的“我”即一个“认识中”的“我”，而不是一个“存在着”的体验的“我”，对于体验的丰富性以及个体性的理解无疑存在不足。这正是胡塞尔现象学方法论解释体验不足之所在。

海德格尔现象学与胡塞尔现象学无疑不同，两者最大的根本差异就在于胡塞尔现象学的中心问题是意识，而海德格尔现象学则是存在者的存在。这种分歧体现在一句话上，海德格尔曾经说过，“在一切存在的事物当中，只有人体验到奇迹中的奇迹：这就是存在者是存在的”，而胡塞尔则认为“奇迹中的奇迹是纯粹自我和纯粹意识”。[①] 海德格尔现象学直接跳过“意识”的“我”，以一个操劳活动中的“我”作为建立起人存在于世的逻辑起点，人自身的存在通过操劳活动得以显现。在海德格尔看来，人存在于世的逻辑前提及依据在于对自身存在的领会，而一切事物存在于世的逻辑前提及依据则是其合用性，其实质就是与作为存在者的人的合用性。在海德格尔现象学中，作为存在者的人并不以一个认知者而体验世界，而是作为一个操劳活动者与世界打交道，并在此过程中，其周围世界得以展开。

胡塞尔现象学方法对于海德格尔来说，是否能够起到预想的作用，即揭示存在者的存在方式或探寻到存在的意义？胡塞尔的现象学还原，就是把某个特定现象是否存在先验的观点或偏见暂时悬搁起来。胡塞尔通过还原，把“存在”置于括号之内并把注意力集中在“纯粹现象”上的时候，他也无法确定他所要悬搁起来的到底是什么东西。换句话说，从海德格尔现象学视角看，胡塞尔通过直观的意识作用所揭示的现象的被给予性并不能揭示存在者的存在方式，也不能解释存在的意义究竟何为。因此，胡塞尔本质的或超验的现象学方法往

① 赫伯特·施皮格伯格．现象学运动 [M]. 王炳文，等，译．北京：商务印书馆，1995：488.

好处讲是无用的，往坏处讲是歪曲真相，因为所涉及的是实存和存在的问题。[①]

海德格尔现象学对存在者存在方式及其意义的追寻对于深化旅游体验的研究具有重要的理论价值。目前，一些学者试图基于海格德尔的栖居概念分析旅游体验。但栖居概念仅仅是海德格尔现象学理论体系的概念之一，建基于此在的存在方式及其意义的现象学理论体系对于旅游体验的研究具有重要的理论指导意义。本书试图做一次尝试，进行一次具有挑战性的理论探索，就是从海德格尔现象学出发，以一种新的理论视角，即从旅游作为此在的存在方式出发，重新审视文旅融合旅游体验，从而挖掘旅游活动作为此在的存在方式对于此在存在的意义。

1.3 研究内容

本书内容主要包括以下几个方面。

第一部分为文旅融合体验的现象学研究，包括以下三方面内容。一是基于主客一体的文旅融合愉悦体验研究：本书提出合意性概念（即旅游意向与旅游活动一致性），研究建立一种在旅游意向中显现而不是“刺激—反应”的文旅愉悦体验分析框架，并以此展开文旅融合愉悦体验研究。二是文旅融合的文化记忆与认同体验研究：基于海德格尔周围世界理论，提出共在世界概念，以显示作为主体存在的旅游者与他者的存在论意义上的逻辑关联，并由此出发进行文化器物的现象学考察，以及主体与文化器物形成文化记忆、文化认同的原理研究等。三是文旅融合审美体验研究：在对海德格尔艺术现象学理论研究基础上，进行基于合意性与艺术现象学的文旅景观审美体验研究，包括共在世界中美的体验的显现的现象学条件及其原理研究；旅游意向与文旅景观一致性关系形成及其原理的研究；文旅景观审美的真实性形成及其原理等。

第二部分为文旅融合景观现象学研究，主要包括三方面内容。一是景观符号体系研究：对卡西尔、皮尔斯、巴尔特、艾柯、路易斯·叶姆斯列夫、赵毅衡等符号学理论以及《资本论》有关商品符号理论、德波的景观社会理论等进

① 赫伯特·施皮格伯格．现象学运动 [M]. 王炳文，等，译．北京：商务印书馆，1995：507.

行系统梳理；文旅消费符号化的现象学原理研究，包括文旅景观象征意义与交换价值研究，象征意义的交换性形成的原理研究；景观符号体系研究，包括文旅符号的要素、构成等符号功能研究。二是景观叙事研究：基于海德格尔现象学的“依寓于世界”文旅景观叙事研究，包括景观与旅游者在共在世界中关系研究；景观在共在世界中显现自身的不同方式及其影响研究；景观时空、主题等叙事策略等。三是景观诠释研究：结合伽达默尔游戏理论对景观本体进行现象学阐释，对旅游活动过程中的表演性行为进行现象学阐释；结合视域融合理论对景观理解的视域融合进行阐释等。

2 文旅融合发展逻辑

在“中国知网”以“文旅融合”为题统计，截至2024年3月27日，共计发表期刊论文3997篇，其中2016年以前文章年发表量为个位数，2016年开始为两位数，2017年为16篇，2018年增长到71篇，2019年骤增到324篇，到2023年为1117篇。从研究主题看，涉及产业研究文章数最多，共计456篇，占11.41%；文旅融合一般研究次之，共255篇，占6.38%。其他主题，乡村振兴172篇，占4.30%；非遗52篇，占1.30%；公共图书馆49篇，占1.23%；旅游者47篇，占1.18%；旅游景区和文创产品都是39篇，占0.98%，① 具体如图2-1所示。

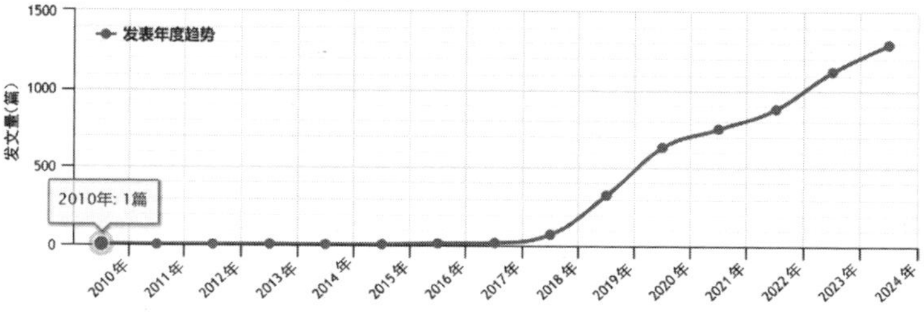

图2-1　2010—2024年“中国知网”有关文旅融合关注度年度分布图

可见，文旅融合话题自2019年以来，在国内开始受到高度关注，相关研究论文开始涌现，研究内容以产业应用以及各领域的文旅融合居多。

2.1 文旅融合概念

“旅”的甲骨文为“”“”，是会意字，上面表示“旗”，下面表示

① https：//kns-cnki-net-s.tczj.net：8118/kvisual8/article/center?language=CHS&uniplatform=NZKPT.

“众人”，意为士兵聚集于飘扬的军旗下。“旅”的金文是“”，为三方面意涵的表达，即“辵，行进”“旗”“众人”，意为部队扛着旗子行军。“旅”的金文又有“”，意为部队扛炮作战。由金文始，“旅”开始表示部队行军之意。“旅”的篆书为“”，《说文解字》的解释为“军之五百人军旅。从㫃从从”。“㫃”即为旗子，“从”为众人。可见，“旅”字由军伍延伸为“行军”，衍生出“人身体空间转移”之意。《周易》中有旅卦，“旅”是此卦之主题，意在说明旅游活动中旅店和旅客的关系。唐代学者孔颖达的《周易正义》对此卦“旅”字的释义是：“旅者，客寄之名，羁旅之称。失其本居而寄他方，谓之为旅。”①可见，这里所谓的“旅”，即通常所指为空间移动之旅行。

“游”字的甲骨文是“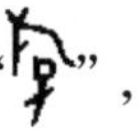”，上面一个“旗子”，下面一个“子”，即小孩，意即飘扬的旗帜“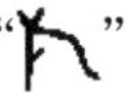”引领一队学子“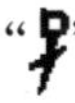”，表示人身体空间的外移。金文“”基本承续甲骨文字形。金文另有写法“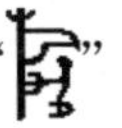”，突出执旗“”游学的学子的手和脚“”。篆书“游”再加“水”（河）另造“游”代替，表示古代学子打着族旗，过河越境，四处参观学习，另以“辵”（行进）代替“水”另造“遊”，表示陆上巡行。《说文解字》：“游，旌旗之流也。从㫃，汓声”。《论语·述而》中孔子提出，立己立人之道是“志于道，据于德，依于仁，游于艺”。②

可见，“旅”字由军旅行军衍生出离家外出之意，而“游”由小孩外出衍生出离家外出之意。两者以此意结合，意即离家外出。一般认为，中国最早使用“旅游”一词的是南北朝诗人沈约。他在《悲哉行》中写道：“旅游媚年春，年春媚游人。徐光旦垂彩，和露晓凝津。时嘤起稚叶，蕙气动初蘋。一朝阻旧国，万里隔良辰。”③诗中说的“旅游”，很明显意指外出踏青，寄情山水、赏景怡情，与当代“旅游”的含义已经接近。

“文”甲骨文为“”，字形像线条“”“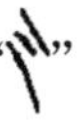”交错形成的图案。金文“”、篆文“”承续简体甲骨文字形。《说文解字》：“文，错画也。凡文之属皆从文。”可见，“文”字即人类用线条交叉刻画的符号。《易·系辞下》载：“物

① 王弼．宋本周易注疏（卷第九·旅）[M]．韩康伯注，孔颖达疏，于天宝点校．北京：中华书局，2018：337.

② 朱熹撰．四书集注 [M]．北京：中华书局，1983：94.

③ 李天元，等．旅游学 [M].4 版．北京：高等教育出版社，2019：8.

相杂，故曰文。”①《礼记·乐记》称：“五色成文而不乱。”②“化”，甲骨文“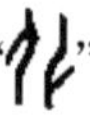”左边为“”，即一个头朝上站立的“人”，右边为“”，一个头朝下的，即入土、入葬的人，表示人由生到死的变化。金文“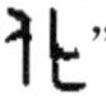”将甲骨文字形中头朝下的“”简化为“”。篆文“”承续金文字形。隶书、楷书“化”将篆文字形中的“”写成单人旁，将篆书字形中的“匕”写成“”。《说文解字》：“化，教行也。从匕，从人，匕亦声。”可见，“化”字义由人之生死自然变化衍生为通过教育实现人之转变。现在，“化”一般意指普通意义上的变化或改变。

“文”“化”两个字合在一起，一般认为最早见于西汉刘向《说苑·指武》：“圣人之治天下也，先文德而后武力。凡武之兴，为不服也，文化不改，然后加诛。”③这里的“文化”，意指“以文教化”，与武力征伐对举。在汉语中，“文化”一词的含义逐渐稳定，意指“以文教化”。

英国著名人类学家、被称为“人类学之父”的泰勒1871年在其名著《原始文化》里，对文化下了一个经典的定义，“文化，或文明，就其广泛的民族学意义来说，包括全部的知识、信仰、艺术、道德、法律、风俗以及作为社会成员的人所掌握和接受的任何其他的才能和习惯的复合体”。④英国著名人类学家马林诺夫斯基指出，文化主要指一套工具及风俗——身体或心灵之习惯，它们都直接或间接满足人类需要。就其内容而言，文化包括物质层面，即物质文化，具体为器物、房屋、船只、武器等，都是文化中最易明白、最易捉摸的一方面，它们决定了文化水准和工作效率；文化还包括精神文化，为种种知识，具体包括道德上、精神上及经济上的价值体系、社会组织方式及语言。⑤

中国学者梁漱溟在其1922年出版的代表性著作《东西文化及其哲学》里指出：“文化并非别的，乃是人类生活的样法……文化与文明有别。所谓文明是我们在生活中的成绩品——譬如中国所制造的器皿和中国政治制度等都是中国文明的一部分。生活中呆实的制作品算是文明，生活上抽象的样法是文化。不过文化与文明也可以说是一个东西的两方面，如一种政治制度亦可以说是一

① 王弼．宋本周易注疏（卷第九·旅）[M]. 韩康伯注，孔颖达疏，于天宝点校．北京：中华书局，2018：465.

② 郑玄注．礼记正义 [M]. 孔颖达疏，龚抗云整理．北京：北京大学出版社，1999：1293.

③ 倪愫襄．文化概念释义 [J]. 学校党建与思想教育，2015（8）：8–11.

④ 爱德华·泰勒．原始文化 [M]. 连树声，译．桂林：广西师范大学出版社，2005：1.

⑤ 马林诺夫斯基．文化论 [M]. 费孝通，译．北京：中国民间文艺出版社，1987：4–14.

民族的制作品——文明，亦可以说是一民族生活的样法——文化。”[①] 他认为文化包括物质生活、社会生活和精神生活三大领域。之后，他在 1949 年出版的《中国文化要义》中提出，文化涵盖了人类各民族如何进行生产，其所有器物、技术及相关之社会制度、宗教信仰、道德习惯、教育设施，乃至语言、衣食、家庭生活等；全部中国文化是一个整体（至少其各部门各方面相关联），它为中国人所享用，亦出于中国人之所创造，复转而陶铸了中国人。[②] 所谓文化，郭齐勇认为，它就是人的生存样态，是人的生存环境，包括社会规范、礼乐制度等。人类生活的任何一方面都不能不受到文化的影响并随着文化的变化而变化。这就是说，在一定意义上，人造就了文化，文化也决定了人的存在，决定了人的思维、行为、情感方式。[③] 概言之，所谓文化，即人类通过劳动、社会实践协调人与自然的关系和人与人的关系，实现人的本质，满足人的需要、欲望、要求而创造出一定生活方式的过程和物质与精神成果。[④]

关于文旅融合的概念，目前所能找到最早明确两者关系的当数世界旅游组织（UNWTO）。2001 年，UNWTO 在 *Cultural Heritage and Tourism Development* 的报告中提出，“文化和旅游有一种共生关系”，文化对于旅游而言，可以帮助游客满足对于不同文化的好奇心，如宗教信仰、节日、服装、美食、艺术和工艺、建筑、音乐和舞蹈、民间传说、文学等；而旅游对于文化而言，可以提供资金帮助古迹和文物的保护。[⑤] 以有关文旅融合概念表述为依据，UNWTO 通过在线方式对世界 69 个国家 156 个专家进行问卷调查，并在 2018 年发表 *Tourism and Culture Synergies* 的调查报告，对世界各国文旅融合发展现状、问题进行了分析。

国内关于文旅融合概念的表述最早见于 2009 年，当时文化部和国家旅游局联合发布的《关于促进文化与旅游结合发展的指导意见》提出高度重视文化与旅游的结合发展，文化、旅游相互融合、相互促进，取得了一定的经济效益和良好的社会效益。就文旅两者关系，《关于促进文化与旅游结合发展的指导

---

① 梁漱溟 . 东西文化及其哲学 [M]. 济南：山东人民出版社，1989：380–381.
② 梁漱溟 . 中国文化要义 [M]. 济南：山东人民出版社，1990：32.
③ 郭齐勇 . 文化学概论 [M]. 武汉：武汉大学出版社，2014：5.
④ 郭齐勇 . 文化学概论 [M]. 武汉：武汉大学出版社，2014：14.
⑤ World Tourism Organization.Cultural Heritage and Tourism Development[DB/OL].https：//www.e-unwto.org/doi/book/10.18111/9789284404841.

意见》提出了一个影响深远的观点，"文化是旅游的灵魂，旅游是文化的重要载体"。[①] 文旅部门有关文旅融合的表述无疑对于相关政策的制定具有重要指导意义，但该表述并非对概念的学术界定，相关学者在此基础上陆续提出相应观点。总体而言，国内外有关文旅融合的代表性观点如表 2–1 所示。

表 2–1　有关文旅融合的代表性观点

时间	提出者	相关表述
2001 年	UNWTO（世界旅游组织）[②]	旅行是为了满足对其他人如何生活在不同环境中的好奇心，如宗教信仰、节日、服装、美食、艺术和工艺、建筑、音乐和舞蹈、民间传说、文学等；文化和旅游有一种共生关系；古迹和文物可以用旅游所产生的资金来保存
2009 年	OECD（经合组织）[③]	旅游与文化的结合是一种极其有力的经济引擎
2009 年	文化部和国家旅游局 [④]	文化是旅游的灵魂，旅游是文化的重要载体
2016 年	尹华光等 [⑤]	旅游是文化的载体，旅游中最能吸引游客的是文化元素
2018 年	黄晓辉等 [⑥]	旅游各要素环节——食、住、行、游、购、娱都与文化有关联；文化具有参与文旅融合发展的"事业"属性；旅游具有参与文旅融合发展的"产业"属性
2019 年	邓爱民等 [⑦]	旅游是最重要的最有效的文化传播途径
2019 年	雒树刚 [⑧]	着力推进理念融合、职能融合、产业融合、市场融合、服务融合、对外和对港澳台交流融合，要尊重规律、因地制宜、稳中求进、鼓励创新
2020 年	杨国良等 [⑨]	文化的内涵远大于旅游，旅游只是"诗意地栖居"，是人类长期生活中暂时栖居的一种生活状态，而文化则是人类物质和精神生活的长期积累与遗存；文化是旅游的灵魂，旅游是文化的载体。文化利用旅游进行传播，旅游融入文化更加具有吸引力

① 文化部，国家旅游局 . 关于促进文化与旅游结合发展的指导意见 [DB/OL].https：//www.gov.cn/zwgk/2009–09/15/content_1418269.htm.

② World Tourism Organization.Cultural Heritage and Tourism Development[DB/OL].https：//www.e–unwto.org/doi/book/10.18111/9789284404841.

③ OECD.The Impact of Culture on Tourism[DB/OL]. https：//www.oecd.org/cfe/tourism/theimpactofcultureontourism.htm.

④ 文化部，国家旅游局 . 关于促进文化与旅游结合发展的指导意见 [DB/OL]. https：//www.gov.cn/zwgk/2009–09/15/content_1418269.htm.

⑤ 尹华光，等 . 旅游产业与文化产业融合发展研究 [M]. 北京：中国书籍出版社，2016：42.

⑥ 黄晓辉，等 . 文旅融合：以诗照亮远方 [M]. 北京：中国建筑工业出版社，2018：19–20.

⑦ 邓爱民，卢俊阳，等 . 文旅融合中的乡村旅游可持续发展研究 [M]. 北京：中国财政经济出版社，2019：9.

⑧ 雒树刚 . 全国文化和旅游厅局长会议在京召开，努力推动文化建设和旅游发展再上新台阶 [DB/OL]. https：//www.mct.gov.cn/whzx/whyw/201901/t20190106_836811.htm.

⑨ 杨国良，等 . 旅游规划中的文化元素表达：文旅融合的视角 [M]. 北京：科学出版社，2020：16–19.

续表

时间	提出者	相关表述
2020 年	虞华君等①	文旅融合大多聚焦产业融合；文化 + 旅游；文化 + 旅游 + 其他
2021 年	庞国铨②	旅游与文化在内涵上是相伴相生、彼此蕴含的；旅游与文化在作用上是相互借力、交融互动的；旅游与文化在形成上又是互相创造的
2021 年	王毅菲③	以文促旅，提升旅游产品文化内涵；以旅彰文，旅游为文化传承带来动力
2021 年	周建明等④	将文化的旅游性与旅游的文化性统一是文旅融合的实质
2021 年	国务院⑤	旅游成为传承弘扬中华文化的重要载体，文化和旅游深度融合、相互促进，红色旅游、乡村旅游、旅游演艺、文化遗产旅游等蓬勃发展
2022 年	文化和旅游部等三部委⑥	以文塑旅，以旅彰文
2022 年	晏雄等⑦	文旅融合是指文化产业与旅游产业的融合
2022 年	程瑞芳等⑧	文化与旅游具有天然的内在关联和价值相容性；文化为旅游提供内容，让旅游内涵更加丰富、更富魅力；旅游为文化提供渠道，以旅游为载体和平台，促进文化传播、传承与交流，推进文化走向市场，实现经济效益和社会效益

上述国内外有关文旅融合概念的表述从不同角度对于文化与旅游的关系进行了阐述，对于深化相关研究具有一定的参考价值。笔者认为，要完整准确表述文化和旅游的关系还需对文旅融合现象作进一步分析。文化和旅游各自都是非常复杂的现象，如美国学者查尔斯 · R. 格德纳从旅游现象本身，

① 虞华君，等 . 文旅融合的“拱墅模式”研究 [M]. 上海：上海三联书店，2020：18–22.
② 庞国铨 . 国际文旅融合示范案例研究 [M]. 成都：四川人民出版社，2021：2–6.
③ 王毅菲 . 文旅融合背景下文化遗产真实性与完整性价值解读及活化研究 [M]. 北京：中国经济出版社，2000：32–33.
④ 周建明，等 . 文旅融合发展规划：理论探索与山东实践 [M]. 北京：中国旅游出版社，2021：10.
⑤ 国务院 . 关于印发“十四五”旅游业发展规划的通知 [DB/OL].https：//zwgk.mct.gov.cn/zfxxgkml/ghjh/202201/t20220121_930613.html.
⑥ 文化和旅游部等三部委 . 关于开展国家文化产业和旅游产业融合发展示范区建设工作的通知 [DB/OL]. https：//zwgk.mct.gov.cn/zfxxgkml/cyfz/202212/t20221223_938239.html.
⑦ 晏雄，赵泽宽 . 文旅融合发展：理论、路径与方法 [M]. 北京：中国旅游出版社，2022：10.
⑧ 程瑞芳，姚丽芬 . 文旅融合绿色发展研究报告（张家口篇）[M]. 北京：中国社会科学出版社，2022：131.

即旅游现象发生过程和结果包括旅游活动的本质、旅游体验，以及使旅游活动能够得以开展的各种支持性手段两个层面出发解析旅游现象各因素之间的关系，如图 2–2 所示。[①]

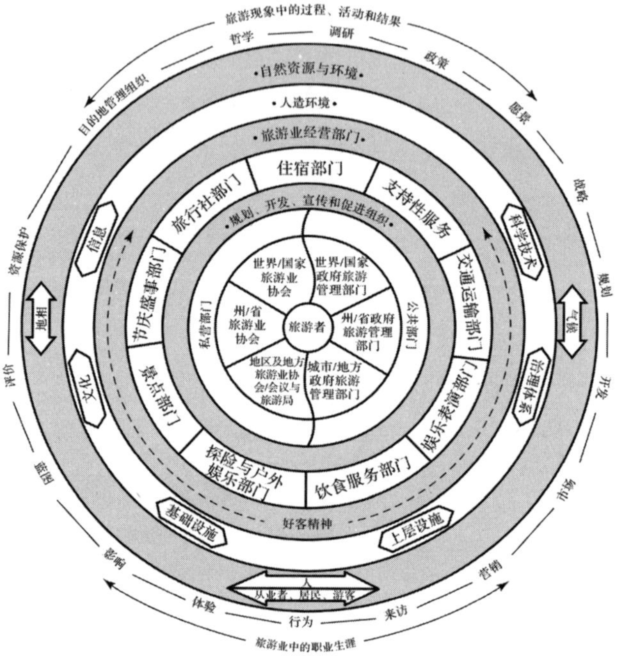

图 2–2　旅游现象各因素关系图谱

如图 2–2 所示，旅游活动本身至少涉及食、住、行、游、购、娱等环节，而旅游活动的支持手段至少包括两方面：一是食、住、行、游、购、娱各环节背后予以支撑的相关产业，即餐饮、住宿、旅游交通、旅行社、景区、旅游娱乐表演、旅游购物等产业；二是相关行业以及政府部门，如各类协会组织、各级政府及政府旅游部门等。可以说，旅游现象是比较复杂的社会现象，厘清这一点是剖析文旅融合问题的逻辑起点。正是基于旅游现象的复杂性，庞国铨认为要恰当理解文旅融合，首先要搞清楚具体指的是哪些方面和要素的融合，是指一般的“文化”和“旅游”的融合，还是指“文化资源”和“旅游资源”的融合，或“文化产业”和“旅游产业”的融合，或“文化管理”和“旅游管理”

① 查尔斯·R. 格德纳 . 旅游学 [M]. 12 版 . 李天元，等，译 . 北京：中国人民大学出版社，2014：11.

的融合，或文旅领域中公共设施、服务和营销等方面的融合，抑或兼而有之？[①]

本书认为，上述旅游现象的各个环节都在一定程度上体现文旅融合。也就是说，文旅融合并非旅游领域中一个单独存在的现象，也并非旅游现象和文化现象相互叠加所形成的复合现象，而是旅游活动、旅游产业等旅游现象各个环节融入文化元素的过程及其表现出来的特征。由此，文旅融合从旅游学角度看，是融合文化元素的旅游现象的文化特征，从文化学角度看，是融合旅游因素的文化现象的旅游特征。基于上述分析，笔者认为在复杂的旅游现象中，文旅融合主要体现在以下两个环节。

其一，旅游活动层面的文旅融合特征。旅游活动是以人的身体为载体，进行空间移动，将食、住、行、游、购、娱等各个旅游活动环节串联的过程。在这个过程中，食、住、行、游、购、娱各个活动环节都可以通过文化元素的介入而增强旅游活动本身的文化体验，提高吸引力，这就是文化元素介入旅游活动过程的实质。由于文化因素在时空方面全方面介入的可能性，从这个意义上可以认为，“文化是旅游的灵魂”。介入旅游活动的过程，反过来也是文化元素以人的移动为中介不断实现空间扩散的过程。所以，准确来说，在旅游过程中，并非旅游活动本身而是人的身体才是文化实现扩散的载体。所谓“旅游是文化的载体”的观点严格讲并不准确。

上述观点从现象层面对旅游活动层的文旅融合特征进行了描述，仅仅停留于此还不够，一切旅游现象须回归到一个根本性的问题上来，才能更好理解。这个根本性问题即海德格尔现象学中的基本问题，即作为此在的人的存在。以此为逻辑起点，旅游活动不过是人在世的一种方式。从现象学来看，通过旅游活动，人展现了此在的存在。依据海德格尔的观点，工作或是旅游活动不过是此在“在世界之中”的本质建构的具体体现而已。[②]这里所谓的“世界”首先指我们世界，或者是指“自己的”“最切近的”“家常的”周围世界。[③]周围世界之所以是“自己的”世界，在于此在与其中的一切存在者通过操劳活动建立起了合用性关系。周围世界中的存在者一旦“合用”则该存在者显现出来，则

① 庞国铨 . 国际文旅融合示范案例研究 [M]. 成都：四川人民出版社，2021：2–6.
② 海德格尔 . 存在与时间 [M]. 陈嘉映，等，译 . 上海：商务印书馆，2015：73.
③ 海德格尔 . 存在与时间 [M]. 陈嘉映，等，译 . 上海：商务印书馆，2015：87.

这个周围世界变得“通达”。此在通过劳动、生活在周围世界中存在的方式，在本书看来就是文化的内容。

海德格尔认为，此在与他人共处于周围世界中因为“畏”而陷于“沉沦”，即从本真的自己存在脱落而沉沦于“世界”。沉沦于“世界”就意指消散在这种共处之中，即此在之非本真状态的存在，异化与自拘等为沉沦的存在方式。[①] 如果仅仅是“畏”，不足以解释此在离开当下周围世界的旅游活动的形成。本书认为，此在沉沦于周围世界中而失去本真状态甚至沦于“异化”，在于此在于周围世界的合用关系中所形成的被支配状态。基于对这种支配关系的倦怠、厌烦等负面意识，此在试图通过旅游活动“去远”。那么，这种旅游的“去远”活动是否就是离开了周围世界，到了另一个世界呢？按照 Cohen 的观点，旅游活动往往涉及日常生活世界和另一个远离日常生活世界的选择性中心世界关系，可能是对日常生活世界异化状态的逃离；也可能仅仅是对日常生活世界意义不足的追寻，可能是对日常生活世界的强化，这两者都并不意味着对日常生活世界的逃离；还可能是对另一个意义世界的追求，这是一种完全意义上的精神上的逃离。[②]Cohen 所谓旅游者的日常生活世界从现象学来看，即旅游者的周围世界。按照他的观点，旅游活动存在逃离旅游者周围世界的可能。国内如谢彦君（2005）提出生活世界与旅游世界二分的分析框架，并认为旅游活动所处的旅游世界是对生活世界的逃离。[③] 谢彦君认为旅游世界中旅行的目的地是旅游者生活世界之外的地方，这是旅游世界的基本特征之一。[④] 他所谓的生活世界，即旅游者日常所居的世界，包含了构成旅游者日常生活所有事件的总和，但唯独不包含（或充其量仅仅局部地包含或重叠于）旅游世界的事件。[⑤] 而旅游世界是不同于日常生活世界的一个崭新世界，从表面上看，它在两个维度上展示了一种与日常生活世界存在某种张力关系的对立：首先，在空间上，旅游世界总是生活世界的一种暂时隔离，先是离开它，然后再回归它；在这个背离和回归的过程中，旅游者发生了变化；其次，在时间上，旅游者在异地所

① 海德格尔 . 存在与时间 [M]. 陈嘉映，等，译 . 上海：商务印书馆，2015：222–232.
② Erik Cohen.A Phenomenology of Tourist Experiences[J].Sociology，1979（2）：179–201.
③ 谢彦君 . 旅游体验研究：一种现象学的视角 [M]. 天津：南开大学出版社，2005：1–40.
④ 谢彦君 . 旅游体验研究：一种现象学的视角 [M]. 天津：南开大学出版社，2005：31.
⑤ 谢彦君 . 旅游体验研究：一种现象学的视角 [M]. 天津：南开大学出版社，2005：18.

度过的时间，相对于（日常）生活世界所拥有的完整（甚至圆满）的时间而言，将是永久性的逸出或漏损，并由此发现了新的意义。[①] 谢彦君通过生活世界、旅游世界、旅游体验、旅游情境这些基本范畴建立起一个基本分析框架，对于深入研究旅游体验而言无疑是一个重要的学术突破。

当然，这种分析框架在以下方面也容易招致质疑。例如，对于生活世界和旅游世界两者的概念内涵及其区分尚需进一步探讨。谢彦君认为从旅游世界视角看生活世界的内容，噪声、工作、忙乱、污染，所有这些词汇，都是日常生活当中司空见惯的。这些词汇所传达的情感色彩，也往往是灰暗的、沉闷的、忧郁的和枯燥的。[②] 相对而言，旅游世界中旅游的作用，就仿佛一个美丽的点缀，是灰暗的日常生活中的亮点。它意味着康复，意味着新生。[③] 构成旅游世界的要素包括作为外壳的旅游时空关系、作为旅游发生的外部动因而存在的旅游吸引物系统、作为旅游发生的主导因素的旅游者、作为关系存在的旅游者与他人、作为支持旅游发生的媒介性因素、作为形成和传达旅游意义的符号性因素等。[④] 按照谢彦君的观点，从内容上来看，生活世界与旅游世界除空间有所不同外，其他并没有客观的根本性变化。有学者进行总结，即旅游世界的“异地”和“暂时”这两点与生活世界不同，而符合这两点的情境，除旅游活动外，还有如国事访问、求学、军队侵入，因此还需要寻找旅游世界得以存在的其他前提。[⑤] 龙江智等认为，“生活世界”具有两个层面的含义：首先是指以“某个普通人”为中心的个体意义上的生活世界。不同个体由于生活、工作、休闲等一切活动所经历、感知、行动的场域总是有所差别，因此，相互之间的生活世界也就有所不同。其次，生活在同一区域的不同个体之间的生活世界总会发生重叠和交叉，从而形成某个群体所“共享的部分”，这正是生活世界的第二层面的意义——群体生活世界。[⑥] 也有人认为，旅游世界尽管是对生活世界的逃离，但仅仅是“旅游视角下”他者的生活世界。旅游世界之所以成为旅

① 谢彦君．旅游体验研究：一种现象学的视角 [M]. 天津：南开大学出版社，2005：18.
② 谢彦君．旅游体验研究：一种现象学的视角 [M]. 天津：南开大学出版社，2005：18.
③ 谢彦君．旅游体验研究：一种现象学的视角 [M]. 天津：南开大学出版社，2005：18.
④ 谢彦君．旅游体验研究：一种现象学的视角 [M]. 天津：南开大学出版社，2005：36–41.
⑤ 龙江智，卢昌崇．从生活世界到旅游世界：心境的跨越 [J]. 旅游学刊，2010（6）：25–31.
⑥ 龙江智，卢昌崇．从生活世界到旅游世界：心境的跨越 [J]. 旅游学刊，2010（6）：25–31.

游世界，不是它的物质生成性（或客观存在性），而只是主体视角的转换。是因为旅游者使用另一种视角看待他者的“生活世界”，所以他者眼中的“生活世界”，才得以获取“旅游世界”的地位。① 张斌认为，胡塞尔生活世界概念的提出，其意图在于以此发现意义由主体在生活世界的实践中授予，以克服物理主义的客观主义而达到超验的主观主义。而具有“异地”特性的旅游世界只能是构成的而不是现成、溢出或独立的，而且必须与我们居住地所沉湎于其中的生活世界相对照。原因在于没有生活世界的对照，旅游世界及其异地特性就会失去其生成的合法性根源。其中，生活世界之所以能够成为居住地，是因为人们在其场域中能够从事谋生活动，以满足自身谋生需要，即获得资粮。资粮越多，那么人未来在场的从事非谋生实践的时间和空间的跨度就会越广，其寻视目光的视域广度和非谋生实践范围与生活世界中积累资粮的数量成正比函数关系。异地场域正是在这种背景下被纳入生活世界中人的视域之中。赋予这种异地非谋生场域什么意义，取决于沉湎于生活世界之中人的社会需要和社会背景。正是生活世界的资粮、体验、想象与非谋生需要等构成着对异地的旅游世界和旅游场的原发性出场。② 也就是说，张斌并不认为生活世界与旅游世界两者是截然区分的。

本书认为，上述有关生活世界和旅游世界两个世界区分的观点还需进一步商榷。旅游世界一般认为是离开生活世界所处的世界。正如 Urry 所言，旅程和停留是在正常居住和工作场所以外的地点，在其他地方的居住时间是短期的和暂时性的，他们打算在相对较短的时间内返回“家”。③ 通常所谓旅游世界首先是一个不同于居住地的时空结构，但实际上，存在大量离开居住地的劳动活动，离开居住地的劳动进行的同时也可能发生了旅游活动，或者在目的地劳动活动之后发生了旅游活动。如一个导游在异地带完团之后，在同样的地方进行旅游活动。另外还有一些工作和休闲之间界限模糊，休闲活动被纳入工作的活动。④ 海外旅游代表岗位，它发生在休闲空间（一个大众市场的度假胜地），它

① 龙江智，卢昌崇．从生活世界到旅游世界：心境的跨越 [J]. 旅游学刊，2010（6）：25–31.
② 张斌．基于胡塞尔现象学的旅游体验研究 [J]. 旅游科学，2010（6）：1–8.
③ John Urry，et al.The Tourist Gaze 3.0[M].London：SAG，2011：16.
④ Yvonne Guerrier，et al.Work at Leisure and Leisure at Work：A Study of the Emotional Labour of Tour Reps[J].Human Relations，2003（11）：1399–1417.

提供了参与休闲活动的机会，聚会、喝酒、在度假酒店周围闲逛等活动本身就是工作的一个组成部分。也就是说，旅游与劳动并不必然意味着人两种存在方式处于两个不同的时空世界中。那么，两者关系到底如何呢？从内容上说，所谓旅游世界也可能是生活世界的内容，两者内容可能并无不同，也无法做到完全不同。MacCannell 曾经指出，现代社会中的工作环境也可以被当作旅游产品予以展示，即工作和工作关系的博物馆化——一种他称之为“工作展示”的文化产品。[①] 所以，所谓旅游世界与生活世界之不同，在于主体视角的不同，所谓旅游世界无非是“他者”的生活世界，一个并非内在于旅游者的日常生活之中的世界而已。此外，对于与旅游者处于同一时空的旅游工作者而言，旅游者视域下的所谓旅游世界，未尝没有噪声、工作、忙乱污染等。其实，两者区分的根本还在于“我”的存在方式与世界两者关系之不同。在所谓生活世界中，“我”是一个劳动者，劳动对象可能是机器也可能是一拨游客，生活世界与“我”是一种基于劳动与日常生活的工具关系，即互为工具、互为对象。而在旅游世界中，“我”是一个旅游者，与周围的生活世界不构成工具关系。此外，两个世界的不同还在于世界内文化形态可能会有所不同。即并非所有他者的生活世界都有可能成为对旅游者有吸引力的旅游世界，只有那些与旅游者生活世界文化元素有所不同的他者生活世界才有可能成为旅游世界。因此，所谓旅游世界是被转化的他者的生活世界。本书以旅游场域代替旅游世界这个概念，以显示它与生活场域的不同。

这个他者生活世界有可能本来就是“我”的生活世界，但只要与“我”确立一种非明确工具关系，一草一木并非“我”的工作对象，也非生活资料，更多可能是审美对象或其他情感投射对象等，其运行规则是另一种文化形态，有可能完全不同，有可能仅仅是某些文化元素有所不同。“他者”生活世界文化形态的差异，这是吸引旅游者旅游活动得以形成的内在原因。从构成来看，生活世界是现实世界，而旅游者进入的旅游世界，即“他者”的生活世界则是基于现实世界之上的象征世界，也即符号世界。正如 Urry 所言：

① Dean MacCannell. 旅游者：休闲阶层新论 [M]. 张晓萍，等，译 . 桂林：广西师范大学出版社，2008：39.

旅游凝视通过标志来构建，而旅游则包括对标志的收集。当游客在巴黎看到两个人接吻时，他们捕捉到的是“永恒浪漫的巴黎”。当人们看到英格兰的一个小村庄时，他们所看到的是“真正的老英格兰”。正如卡勒所说：“游客对一切都感兴趣，作为自己的标志……”①

旅游场域兼具现实世界的一切构成要素，同时，旅游场域的一切要素具有符号意义，这种意义是现实世界构成要素所不具备的。现实世界中一草一木，凝聚的是该世界中人们约定俗成文化形态的一切观念和制度。但是，这一草一木，对于来自他者生活世界的旅游者而言，由于所处文化形态的差异，却具有不同的含义，这种含义正是吸引力之所在。为旅游者所建构的旅游场域，是对生活于其中人们生活世界其生活方式的精心选择，所选出来的一草一木在旅游者看来无疑具有象征意义，即生活于其中人们的生活世界的象征物。能否建构象征世界，这是衡量旅游场域成功与否的关键，也是衡量旅游产品成功与否的关键所在。

从现象学看，旅游活动所离开的是已经揭示的生活世界，也即周围世界。因此，本书以海德格尔周围世界概念代替生活世界概念。旅游者进入他者的周围世界中，在这个过程中将这个他者的周围世界重新显现的过程，这个过程同时也就是自己建立起与所进入周围世界的通达关系的过程，也就是他者的周围世界不断显现为自己周围世界的过程。也就是说，作为存在者的个体离开“自己的”已经通达的周围世界的文化“A”，进而进入他者周围世界的文化“B”中，在与陌生世界中的存在者（携带陌生文化元素的人、物、观念等）重新建立“合用关系”，将其显现为自己周围世界内存在者的过程。这个过程中，所变化者并非自己所处世界的转变，即进入了另外一个周围世界，而是将他者的周围世界的存在者转变为自己周围世界存在者的过程。这个转变过程的实质是自己对有所不同的两种文化或亚文化的适应并纳入自身周围世界的过程，也就是形成旅游的文化体验，文旅融合的特征由此形成。

其二，旅游活动支撑手段的文旅融合特征。其中，政府、行业协会、产

① John Urry，et al.The Tourist Gaze 3.0[M].London：SAG，2011：17.

业体系是旅游活动的重要支持条件。其中，最直接的当然是文旅产业体系的支持。要实现各环节文化元素的介入，支撑旅游活动的文旅各产业的产品设计必须强化其文旅融合特征。其中，“游”和“娱”的环节，涉及单独的文化吸引物，如游览博物馆、文物与历史遗址遗迹、纪念馆等。根据国家统计局有关文化产业的分类，这些文化吸引物实际上涉及相应文化产业，即博物馆产业（代码：0254）、文物及非遗保护（代码：0253）、烈士陵园及纪念馆（代码：0255）、文艺创作与表演（代码：0231）等。[①] 从“游”和“娱”这两个环节来看，文旅产业融合的核心即旅游产业与文化产业基于供需关系使产业链嵌入而形成融合。融合的结果即形成文化旅游，其他环节中文化元素的介入也是彰显文旅融合特征的重要途径。从食、住、行、游、购等环节来看，文化元素的介入已经有很多成功的尝试。但这种尝试并非旅游产业与文化产业的融合，如某文化特色酒店开发竹文化菜品，仅仅将竹文化元素渗透于餐饮菜品设计当中而已。很明显，从整体来看，认为文旅融合的核心就是“旅游产业”和“文化产业”的融合，并不准确。总体而言，文旅融合各因素关系如图 2–3 所示。

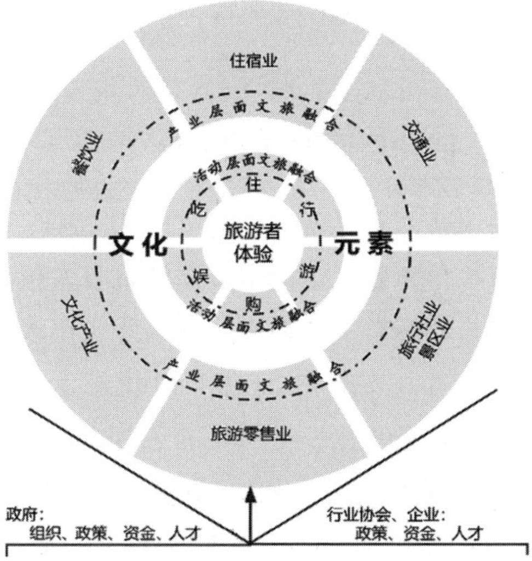

图 2–3　文旅融合各层次因素关系图谱

① 国家统计局．文化及相关产业分类（2018）[DB/OL].https：//www.gov.cn/zhengce/zhengceku/2018–12/31/content_5427877.htm.

2.2 文旅融合发展历程

世界旅游组织曾经提出，文旅融合发展共有三个阶段。文旅融合 1.0 阶段，其核心特征即文旅融合为一小部分社会精英的文化消费。文旅融合 2.0 阶段，这个阶段中，文化作为行业，成为一个经济领域，由公共部门投资，以刺激经济增长和就业。并且文化资源成为大众旅游的吸引物，被开发作为旅游景点或各类产品。在文旅融合的 2.0 阶段，文化和旅游各自作为产业进行整合，博物馆以及各类文化活动成为旅游业的发展驱动力，旅游者被文化资源所吸引，他们的消费反过来也会支持游客和居民的文化投资。在文旅融合 3.0 阶段，文化成为新价值的来源，文化品位的多样化、文化生产的碎片化以及对新技术和新媒体的获取，对文化生产提出了挑战。除经济价值外，文化还被视为一种创造身份、激发社会凝聚力和支持创造力的手段。在这个阶段，文化作为旅游的价值平台（反之亦然），可以增加旅游业与日常生活的融合。① 世界旅游组织的三阶段划分，其特点在于侧重文化在旅游中的功能与作用，对于本书的划分具有一定的启发意义。本书试图从文化与旅游业融合的表现形态出发，将两者融合发展的历程划分为两个阶段。

2.2.1 第一阶段：活动层面的文旅融合

文旅融合在一定意义上可视为旅游活动的伴生特征。旅游活动自古就有，因而文旅融合自古即有。早在公元 2 世纪，欧洲就有大量基督教宗教朝圣者前往巴勒斯坦，试图发现与耶稣有关的地点，如追踪《出埃及记》的路线，或者站在其他圣经事件的地点等。② 在 13 世纪和 14 世纪，朝圣在欧洲社会已经成为一种普遍现象，并有大量系统化、组织化的慈善机构和出行手册提供专门服务。朝圣活动通常为宗教虔诚、文化和快乐的混合体，到 15 世纪，已经有从威尼斯到圣地的定期有组织的旅行活动。17 世纪末，贵族和绅士子弟开始组织起来参与此类活动，到 18 世纪末，中产阶级子弟也有被组织起来参与此类

① UNWTO.Tourism and Culture Synergies[M].Madrid：UNWTO，2018：66.
② 李天元，等．旅游学 [M]. 北京：高等教育出版社，2020：20.

活动。[①] 中国明朝徐霞客晚年万里西行，专程考察了广西、贵州、云南等少数民族地区，历时 3 年，其间他登高、入谷、探寻深山村庄，以了解各地风土民情。[②] 总体而言，古代时期，有能力和条件进行跨区域游历的有闲人员，在整个社会中并不多。就中国古代社会而言，进行游历的人往往为士大夫，而欧洲多为贵族或神职人员等。

可以说，19 世纪之前，上层有闲阶层以外的人很少有时间参与和工作无关的事情，去看与工作无关的物品。但近代旅游业的兴起带来了旅游的组织化、规模化，也带来了文旅融合的建制化发展。一般认为，近代旅游业兴起于 19 世纪中叶。此时的英国，工业革命的展开为近代旅游业的形成带来以下两方面的推动力。

一是交通条件的改善。早在 1800 年，就有一个美国人驾着一部“带轮子的蒸汽机”上了大街。19 世纪 20 年代，经过英国工程师改良的蒸汽发动机汽车可以搭载 14 名乘客，每小时行驶 10 英里，工程师们纷纷开始试制可以在上面运行的蒸汽车头。1825 年，乔治·史蒂芬逊经过十年努力，制造出一部蒸汽机车。1830 年，他的火车从利物浦开到曼彻斯特，时速为 16 英里，这是世界上第一次沿着刚刚竣工的重要铁路运行的火车。利物浦到曼彻斯特的铁路在技术上和经济上的极大成功极大鼓舞了铁路的建设，之后 20 年内，英国境内铁路干线网已经初步形成。[③] 铁路网络的建设以及火车技术的改进极大地降低了人和货物长途运输的成本和风险，到 1870 年，英国经历了一场历史学家所说的交通革命，最明确的指标是旅行速度的急剧加快和运费的下降。1870 年每吨英里的铁路运费等于 1700 年马车每吨英里运费的 1/2；乘坐铁路旅行的旅行时间是 1700 年长途汽车旅行时间的 1/10。[④]

二是人均收入的增加。随着工业革命的兴起，以及火车等长距离交通的发展，英国国内市场逐渐扩大，进而促进工厂生产规模的扩大。依附于工业部

① John Urry，et al.The Tourist Gaze 3.0[M].London：SAG，2011：18.

② 张坤 . 从《徐霞客游记》管窥古代的民俗文化旅游 [J]. 文化学刊，2021（12）：226–229.

③ 约翰·巴克勒，等 . 西方社会史（第二卷）[M]. 霍文利，等，译 . 桂林：广西师范大学出版社，2005：521–522.

④ Dan Bogart.The Transport Revolution in Industrializing Britain：A Survey [DB/OL]. https：//sites.socsci.uci.edu/~dbogart/transport_revolution_surveyjan2013.pdf.

门人口随之增加，依附于工业发展的管理人员、技术人员以及产业工人收入不断提高，人数不断增加，相对富裕的中产阶层开始形成，带动社会收入整体提高。从 1780 年到 1800 年，英国工业品产量翻了一番。从 1801 年到 1851 年，英国的国民生产总值扣除物价因素增长了 3.5 倍。与此同时，国内人口也从 1780 年的 900 万迅速增加到 1851 年的 2100 万。从 1801 年到 1851 年，英国的人均实际收入从 13 英镑增加到了 24 英镑，几乎翻了一番。[①]

社会整体收入的提高，尤其是中产阶层数量的扩大，在交通条件大大改善的背景下，个体空间移动的自由度大大增加，为个体离开家门外出旅行创造了前所未有的条件。各类社会组织和机构开始尝试以更有性价比的方式将想出行的人们组织起来旅游，其中包括一些文化吸引物。如 1845 年，利物浦的约瑟夫·克里斯普在 1845 年就利用不同公司的特价，组织了利物浦到巴黎的团队旅游活动，尽管没有全陪，也没有做规划好的行程；1844 年，亨利·格兹在组织了第一次法国之旅后，陆续组织了三次赴巴勒斯坦圣地之旅的活动等。[②] 其中代表性的当数托马斯·库克于 1841 年以包租火车方式，组织了一次大规模团体旅游活动，此举为近代旅游业的标志性开端。[③] 库克为 1851 年的伟大展览的成功做出了重大贡献，这是第一次举办全国性旅游活动。虽然当时英国人口只有 2100 万，但参观人数达 600 万人次。其中，库克组织了 16.5 万人的旅行。[④]1855 年，托马斯·库克组织莱斯特的居民赴法国参观拿破仑三世在巴黎举办的一场大型展览。[⑤] 可见，文化设施或活动是促进近代旅游发展的吸引物之一。

以巴勒斯坦的圣地旅游为例，1876 年，托马斯·库克公司专门编制了《库克的巴勒斯坦和叙利亚旅游手册》对当时赴圣地巴勒斯坦和叙利亚的旅游进行介绍。手册一共介绍了 12 条涉及耶路撒冷的旅游线路，一般在耶路撒冷旅游 1~2 天，然后赴埃及、叙利亚等地。旅游线路基本上为观光产

① 约翰·巴克勒，等.西方社会史（第二卷）[M]. 霍文利，等，译.桂林：广西师范大学出版社，2005：521–522.

② Hasan Ali Polata，et al.The Rise of Popular Tourism in the Holy Land：Thomas Cook and John Masoncook’s Enterprise Skills That Shaped the Travel Industry[J].Tourism Management，2019（75）：231–244.

③ 李天元，等.旅游学 [M]. 北京：高等教育出版社，2020：20.

④ Scott Lash，John Urry.Economics of Signs and Space[M].London：SAGE，1994：262.

⑤ 李天元，等.旅游学 [M]. 北京：高等教育出版社，2020：20.

品，许多圣地，如马萨巴修道院、雷切尔墓、所罗门池、牧羊人的田野、死海、橄榄山、象牙宫殿、十字军圣殿废墟、施洗约翰的坟墓在这些旅行中被参观。[①] 为解决游客抱怨要一手拿旅游指南，一手拿《圣经》的麻烦，手册不仅收录了《圣经》中描述名胜古迹的段落，而且还收录了《圣经》中的专用语录。[②] 从那时起，通过托马斯·库克的组织，大约有2000名游客游览了巴勒斯坦。[③]

在第一次世界大战之前，旅游的文化动机在欧洲旅游中仍不太突出。在两次世界大战之间的几年里，由于带薪假期的出现，北欧国家的国内旅游业有了显著增长。这些旅游大部分基于海滨度假胜地或农村目的地，旨在为工作时允许的短暂休息期间提供休息和放松。在第二次世界大战之前，旅游业基本上为少数人的特权。即使在当时经济发展水平较高的英国，在20世纪30年代，也只有30%的人口每年都要去度假。[④] “二战”后，欧洲长期持续的经济增长刺激了消费市场的繁荣，进而导致了更多、更多样化的旅游消费。最初，欧洲的国际旅游游客主要是从北到南，来自欧洲西北部经济相对发达国家的游客在地中海海滩上享受阳光。20世纪60年代，欧洲大规模国际旅游的出现，主要基于北欧旅游运营商所提供的标准化产品。除了许多游客第一次体验到的理想化的民族文化之外，这些产品中较少涉及文化元素。创建以文化为中心元素的包装的想法很大程度上局限于日耳曼市场，然而，就规模而言，这些文化旅游经营者与阳光、海洋和沙滩生产巨头相比仍然相形见绌。[⑤]

到20世纪70年代末，旅游业已发展为一个主要的全球产业，人们越来越重视旅游业发展的积极以及消极影响。随着各国政府认识到旅游业创造收入和就业机会的潜力，以及大众旅游对文化和就业机会的不利影响，旅游政策开

① Thomas Cook Ltd.Cook's Tourists' Handbook for Palestine and Syria（1876）[EB/OL]. https：//ia804704.us.archive.org/35/items/cookstouristsha04ltdgoog/cookstouristsha04ltdgoog.pdf.

② Thomas Cook Ltd.Cook's Tourists' Handbook for Palestine and Syria（1876）[EB/OL]. https：//ia804704.us.archive.org/35/items/cookstouristsha04ltdgoog/cookstouristsha04ltdgoog.pdf.

③ Hasan Ali Polata，et al.The Rise of Popular Tourism in the Holy Land：Thomas Cook and John Masoncook's Enterprise Skills That Shaped the Travel Industry[J].Tourism Management，2019（75）：231–244.

④ Greg Richards.Cultural Tourism in Europe[EB/OL]. www.tram-research.com/atlas.

⑤ Greg Richards.Cultural Tourism in Europe[EB/OL]. www.tram-research.com/atlas.

始得到更多的政府关注。游客厌倦了为地中海海滩上日益稀缺的空间而战，开始寻找不那么拥挤的地方，通常用文化景点代替阳光和沙滩。游客对更多文化休闲的需求，以及城市取代制造业就业岗位的需求，为欧洲城市短期假期创造了一个“新”市场，其中许多基于文化吸引力。① 其中，博物馆旅游就是主要途径之一。博物馆是一个以研究、教育和娱乐为目的，进行与人类及其环境的物质见证有关的研究，并对这些见证进行征集、保存、宣传和展示的永久性、非营利性的服务于社会及其发展并向公众开放的机构。西方在公元前 3 世纪开始出现类似博物馆的机构。中世纪，教会支持建立博物馆以收藏圣品、宗教器物，如 1471 年建立的卡比托利欧博物馆等。从地理大发现至 19 世纪，随着资本主义的逐渐发展以及欧洲列强对世界各地文物的掠夺，各种艺术馆、博物馆建立起来。这些博物馆或对支付门票的公众开放，如 1683 年开放的英国阿什莫尔博物馆；或免费开放，如法国卢浮宫。欧洲各国博物馆的受众主要是艺术家、学者或是享受报酬的专家，以上流社会精英为主。到 19 世纪下半叶，社会普通公众开始对博物馆感兴趣。② 其中，19 世纪的博物馆有一个重要功能就是民族认同的培养，如 1837 年成立的法兰西历史博物馆，由国王路易 · 菲利普在凡尔赛宫建立，其藏品以时间排序，描绘重大历史事件和人物；1856 年在伦敦成立的国家肖像馆用于展示“以战士、政治家身份在英国历史中被纪念，或因艺术、文化、科学贡献被纪念的显赫人物”肖像。③ 直到最近，旅游业和文化的发展都是相对独立的。文化游客的数量很少，游客在旅游过程中消费的文化设施往往是文化机构服务于当地居民需求的主要功能的附带因素。④

2.2.2 第二阶段：产业层面的文旅融合

政策的推动是促进文化与旅游产业融合的重要推手。其中，联合国教科文组织系列文化遗产保护政策对于推动各国政府将文化遗产纳入旅游开发以有效

① Greg Richards.Cultural Tourism in Europe[EB/OL]. www.tram-research.com/atlas.
② 李万万 . 博物馆的历史 [M]. 北京：人民美术出版社，2019：4–24.
③ 李万万 . 博物馆的历史 [M]. 北京：人民美术出版社，2019：84.
④ Greg Richards.Cultural Tourism in Europe[EB/OL]. www.tram-research.com/atlas.

保护起到了重要作用。1972年10月17日至11月21日，联合国教科文组织大会通过《保护世界文化和自然遗产公约》(*Convention Concerning the Protection of the World Cultural and Natural Heritage*)，在对文化和自然遗产概念进行界定的基础上，对文化遗产和自然遗产受到破坏、丢失的威胁以及保护工作不足的问题进行了剖析，并倡导各缔约国政府和国际各种力量加强保护。[①] 同年，该组织通过《关于保护可移动文物的建议案》(*Recommendation for Protection of Movable Cultural Property*)，对可移动文物的概念进行界定，并提出"各会员国应采用它认为最合适的标准来确定其领土范围内具有考古、历史、艺术、科学或技术价值因而必须给予本建议所规定的保护的文物项目"。[②]2003年9月29日至10月17日，联合国教科文组织通过《保护非物质文化遗产公约》(*Convention for the Safeguarding of the Intangible Cultural Heritage*)，对非物质文化遗产概念进行界定，并设立"政府间保护非物质文化遗产委员会"，建立更新和公布人类非物质文化遗产代表作名录和急需保护的非物质文化遗产名录的制度，定期公布相应名单；推动非物质文化遗产保护的国际合作和国际援助等。[③] 自建立文化遗产名单以来，截至2024年，进入世界文化遗产目录的文化遗产共计1199项，文化遗产共计933项，自然遗产227项，双遗产39项。[④] 自1972年《保护世界文化和自然遗产公约 》颁布以后，很多国家或国际组织颁布相关法律保护文化遗产。如欧盟制定了系列文化遗产保护政策，《欧洲文化公约》(巴黎，1954–ETS No. 18)；《保护欧洲建筑遗产公约》(格拉纳达，1985–No.121)；《欧洲保护考古遗产公约》(修订)(瓦莱塔，1992–ETS No. 143)；《欧洲景观公约》(佛罗伦萨，2000–ETS No. 176)；《文化遗产对社会价值框架公约》(法鲁，2005–CETS No. 199)。[⑤] 斯洛文尼亚共和国于1999年颁布《文化遗产保护法》(*Cultural HeritageProtection Act*)，对各级政府在各级各

① UNESCO. 保护世界文化和自然遗产公约 [EB/OL].https：//whc.unesco.org/archive/convention–ch.pdf.

② UNESCO.Recommendation For Protectionof Movable Culural Property[EB/OL].https：//unesdoc.unesco.org/ark：/48223/pf0000114032_chi.page=178.

③ UNESCO.Convention for the Safeguarding of the Intangible Cultural Heritage[EB/OL].https：//ich.unesco.org/en/convention.

④ UNESCO.World Heritage List Statistics[EB/OL].https：//whc.unesco.org/en/list/stat.

⑤ Council of Europe.European Cultural Heritagestrategy for The 21St Century[EB/OL].https：//rm.coe.int/european-heritage-strategy-for-the-21st-century-factsheet/16807bc439.

类文化遗产保护中的责任进行了设定；[①] 安提瓜和巴布达 2021 年颁布的《文化遗产（保护）法案》[*The Cultural Heritage (Protection) Bill*][②]；马其顿共和国的《文化遗产保护法》(*Law on Protection of Cultural Heritage*)[③]；韩国的《文化遗产保护法》(*The Cultural Heritage Protection Act*)[④] 等。我国也于 2011 年通过《中华人民共和国非物质文化遗产法》[⑤] 等。

旅游开发是文化遗产保护的重要手段之一。1998 年 4 月，联合国教科文组织通过《文化政策促进发展行动计划》(*Action Plan on Cultural Policies for Development*)，提出了系列促进发展的文化政策，其中旅游作为重要的促进文化发展的政策工具，具体包括确保旅游业尊重文化环境，而且旅游业收入也用于保护文化遗产资源和加强文化发展；为文化活动设计和制订财政扶持计划，以鼓励企业界支持文化发展和建立一些机制如公共基金会以及委托给文化机构和旅游与体育部门的创收项目等。[⑥]2013 年 5 月，联合国教科文组织在中国杭州举办了一场全球论坛，并通过《将文化置于可持续发展政策的核心》，即《杭州宣言》(*The Hangzhou Declaration*)。《杭州宣言》是联合国教科文组织第一次明确将文化发展纳入整体社会发展的一个政策文件。该文件提出应着重关注负责任、有文化意识、有包容性、可持续的旅游休闲产业，因为这些产业能够为所在社区的社会经济发展做出贡献，促进跨文化交流，创造有利于保护物质遗产及非物质遗产的资源。[⑦]2013 年 12 月，联合国教科文组织和世界旅游组织（UNWTO）在世界文化会议上通过决议《文化与可持续发展》(*Culture and Sustainable Development*)，明确提出发展文化

---

① The National Assembly of the Republic of Slovenia.Cultural Heritage Protection Act[EB/OL]. https：//en.unesco.org/sites/default/files/slov_cultural_heritage_protection_act_engtof.pdf.

② The Parliament of Antigua and Barbuda.The Cultural Heritage （Protection） Bill[EB/OL]. https：//legalaffairs.gov.ag/pdf/bills/Cultural_Heritage_Protection_Act_2016.pdf.

③ The Official Gazette of Republic of Macedonia. Law On Protection Of Cultural Heritage[EB/OL]. https：//www.legal-tools.org/doc/b38ec3/pdf/.

④ Cultural Heritage Administration.The Cultural Heritage Protection Act[EB/OL]. https：//zh.unesco.org/sites/default/files/repkorea_culturalheritageprotectionact_amended_2007_engtof.pdf.

⑤ 全国人民代表大会常务委员会．中华人民共和国非物质文化遗产法 [EB/OL]. https：//www.gov.cn/flfg/2011-02/25/content_1857449.htm.

⑥ UNESCO.Intergovernmental Conference on Cultural Policies for Development[EB/OL].https：//unesdoc.unesco.org/ark：/48223/pf0000113935_chi.

⑦ UNESCO.Placing Culture at the Heart of Sustainable，Development Policies[EB/OL].https：//unesdoc.unesco.org/ark：/48223/pf0000221238.

旅游的意义，“文化有助于包容性经济发展，因为文化遗产、文化和创意产业、可持续文化旅游业和文化基础设施是创造收入和就业，包括在社区一级创造收入和就业，从而改善生活条件并促进社区经济增长的源泉，也有助于增强个人权能”。①2015 年 2 月，联合国教科文组织和世界旅游组织通过《暹粒旅游和文化宣言—建立一个新的伙伴关系模式》（*Siem Reap Declaration on Tourism and Culture—Building a New Partnership Model*）。该文件提出，旅游业和文化之间存在巨大的协同作用，可持续的旅游发展可以成为保护和促进文化遗产的关键驱动力，同时培养社区居民的自豪感和自尊心；生活文化和创意产业，如音乐、多媒体、工艺品、美食、建筑和设计，对深化游客旅游体验、实现旅游的可持续发展具有重要意义。针对文旅融合，该文件提出，减少障碍，促进国家、区域和地方各级政府内部有效的伙伴关系和治理结构，以更综合方式发展、协调和实施旅游和文化政策；鼓励和促进政府、私营组织和社区组织在旅游和文化遗产部门之间的有效伙伴关系；利用旅游业和文化作为发展中国家发展合作和受各类危机影响地区经济复苏的基本工具。②

西方发达国家很早就利用文化作为旅游发展和推广的工具，使之成为公共政策的一个要素。其中，欧洲“文化首都”活动就是一个例子。1983 年，希腊文化部长梅丽娜·梅尔库里提出每年指定一个城市为欧洲的“文化首都”的想法。1985 年，雅典成为第一个欧洲“文化首都”，欧洲共同体采纳了这个想法。③之后一直到 1996 年，欧洲“文化首都”评选活动作为一个政府间活动进行，没有外部专家的参与或没有任何正式的评估。在缺乏立法框架的情况下，主办城市由国家政府指定，有不到两年的时间来发展他们的文化服务和筹集资金。第一阶段由 12 个城市组成，代表当时欧盟成员国。尽管如此，其中一些国家如 1990 年的格拉斯哥、1993 年的安特卫普和 1996 年的哥本哈根，因其创新和推进方案的能力而崭露头角。其中，影响力较大的一次当数 1990 年的格

① UNESCO.Resolution Adopted by the General Assembly on 20 December 2013[EB/OL].https：//digitallibrary.un.org/record/765783.

② UNESCO.Siem Reap Declaration on Tourism and Culture – Building a New Partnership Model[EB/OL]. https：//www.icomos.org/images/DOCUMENTS/18_April/2017/Siem_Reap_Declaration_2015.pdf.

③ Greg Richards.Cultural Tourism in Europe[EB/OL]. www.tram-research.com/atlas.

拉斯哥。与之前不同，格拉斯哥不是首都，也不是欧洲公认的“文化目的地”之一。格拉斯哥代表了对“文化首都”这个活动的新理解，即以文化作为吸引物发展旅游，带动地方经济发展。格拉斯哥抓住这个机会展示了古典“高雅文化”之外的工业遗产，而且成功地恢复了城市的大部分地区，将教堂转变为文化中心，从而将人们带回长期被城市扩张忽视的城市空间；将市中心的维多利亚式砂岩建筑进行更新，有轨电车系统进行现代化更新和开放皇家音乐厅。此外，格拉斯哥还开展了一系列令人印象深刻的文化活动，包括邀请像帕瓦罗蒂这样的大牌歌唱家。采用这种方法的理由是，这些投资将直接通过旅游支出来偿还，并通过改善城市形象和增加经济投资来间接偿还。① 格拉斯哥这次“文化首都”活动在经济上取得了成功，为该市当年带来了3200万~3700万英镑收入，主要为旅游收入。② 格拉斯哥几乎彻底改变了之前“文化首都”活动侧重文化展示的理念。在20世纪90年代，几乎所有“文化首都”的共同目标开始变为改善城市形象，吸引游客入境旅游。该活动的成功使得在1999年，欧盟理事会将其转变为一个欧盟行动，并建立了一个更透明的轮换制度。③2006年，建立了第一个相关法律框架，包括纳入正式的欧洲标准和更明确的选择小组指导方针。2014年的一项修改规则的决定有助于完善选择标准和加强监测和评估过程。总体而言，“文化首都”活动旨在通过“表达一种文化，在历史的出现和当代发展中，这种文化具有共同的元素和丰富的多样性”，从而“帮助成员国人民更紧密”。这次活动的目的基本上有两方面：一是让欧洲观众能够接触到城市的文化，二是创造一幅整个欧洲文化的画面。然而，随着活动的发展，它已经被城市以不同的方式使用，以支持、扩展或挑战原始的“文化首都”概念。④

随后的“文化首都”活动年旅游收入平均增长了12%。⑤ 据估计，投资

① Greg Richards.Cultural Tourism in Europe[EB/OL].www.tram-research.com/atlas.

② Greg Richards.Cultural Tourism in Europe[EB/OL].www.tram-research.com/atlas.

③ Katsarova Ivana.European Capitals of Culture in Search of the Perfect Cultural Event[EB/OL]. www.europarl.europa.eu/thinktank.

④ Greg Richards.Cultural Tourism in Europe[EB/OL]. www.tram-research.com/atlas.

⑤ Jürgen Mittag.European Capitals of Culture as Incentives for the Construction of European Identity?[C]. The Biennial Conference of the European Union Studies Association.Boston：The European Union Studies Association，2011.

1 欧元用于欧洲“文化首都”建设，就会为当地经济带动 6~8 欧元的受益。[①]另有研究表明，1998 年至 2014 年，34 个欧洲“文化首都”城市在活动举办的年份，其旅游都得到了显著发展。平均而言，举办“文化首都”活动，在一年内游客增加 8%，相当于一个有约 50 万过夜的代表性城市的过夜人数增加了 4 万。[②]总体而言，根据欧盟委员会的说法，欧洲“文化首都”的计划可以被视为欧洲最著名的文化活动之一。据说，欧洲“文化首都”是欧盟旗舰性文化倡议，可能是欧洲公民最著名和最受欧洲公民欣赏的文化倡议。[③]

通过产业化发展，旅游成为现代人的重要生活方式。据调查，在 20 世纪 80 年代，旅游已经占据了英国“空闲时间”的 40%。[④]通过文旅产业融合发展，文化在旅游业发展当中发挥了越来越重要的作用，而旅游业在推动文化遗产挖掘和保护中也发挥了越来越重要的作用。

2.3 文旅融合内在逻辑

逻辑，即“logic”，源于希腊语“λογικ”，即“logos”（逻各斯）。“逻各斯”这个词原来是指语词或言语之意，后来才有思维或理性的含义，再之后演变为思维与理性的含义；逻辑学即为关于推理或论证的科学。[⑤]另外，“逻辑”在非逻辑学的语言环境中，还表示“规则”“规律”的意思。[⑥]本书所指逻辑，即为事物的“规律”，所谓文旅融合的逻辑，即为文旅融合的规律。规律一般指的是事物之间必然的稳定的联系，由此，文旅融合的内在逻辑指的是有关文旅融合现象背后事物之间内在的必然的稳定的联系。要研究文旅融合的内在逻辑，首先要回答的问题就是我们如何知道存在一个外在于人的“文旅融合的内在逻辑”。毫无疑问，这个“逻辑”并不是作为人类的我们的主观意识，而是

① European Commission.European Capitals of Culture：30 Years of Achievements[M].Luxembourg：Publications Office of the European Union，2019：27.

② Martin Falk.Measuring the Impact of the European Capital of Culture Programme on Overnight Stays：Evidence for the Last Two Decades[J]. European Planning Studies， 2017（12）：1-23.

③ European Communities.European Capitals of Culture：The Road to Success.From 1985 to 2010[M].Luxembourg：Office for Official Publications of the European Communities，2009：1.

④ John Urry，et al.The Tourist Gaze 3.0[M].London：SAG，2011：16.

⑤ 熊明辉 . 逻辑学导论 [M]. 上海：复旦大学出版社，2011：2.

⑥ 黄华新，等 . 逻辑学导论 [M]. 杭州：浙江大学出版社，2005：1.

作为“自为”存在的规律。本书试图从活动和产业两个层次对文旅融合的逻辑进行揭示。

2.3.1 文旅融合旅游活动：不同生活文化想象的满足

本书试图通过三篇游记的描述，还原文旅融合的整个现象，挖掘其中所涉及各个环节及其因素之间的联系。为方便分析，本书所选择的三篇游记已隐去景区名称以及地名，所涵盖的内容比较完整但文字表述相对简单。游记如下：

游记一

大年初一，我游览了被称为“×× 民俗博物馆”的 ×× 民俗文化村。无论是《×××》的演出还是 ×× 族的梯田实景表演都使人耳目一新，村内欢乐的节日气氛，让人们流连忘返。除白天精彩的民俗表演外，晚上还有恢宏喜庆的《×××》演出，以及上万盏花灯组成的灯会，内容丰富，精彩纷呈。[①]

游记二

包间需要提前预订，要不去晚了就只能坐大厅了。不是节假日，但顾客依然很多，可见火到什么程度，幸好民俗村很大，停车的位置也很多。装修风格就是当地的特色，村里的小园，随处可见的老物件，到处都体现着胶东人民的生活方式和热情好客。点菜方式也很特别，菜品在展台都展示好了，服务员会给你一个小箩筐，想吃哪道菜就拿起它相应的麻将牌和竹签放进小箩筐里，交给服务员就行，服务员会问你有没有忌口。菜品以海鲜和当地特色菜居多，都很新鲜，现吃现做。[②]

① 雪熊影视工作室．新春记事 [DB/OL]. https：//www.xiaohongshu.com/explore/620338c4000000000102e19e.

② https：//www.xiaohongshu.com/explore/608e0bb800000000010252b4.

游记三

去年10月初的时候在阿布扎比打卡了一个民俗村，在民俗村里可以亲身感受阿布扎比未发现石油前居民的传统生活面貌。整个民俗村占地1600平方米，里面有很多的帐篷、棕榈树叶、泥巴盖成的屋子和早期的清真寺建筑，充分还原了当地居民的生活原貌。在民俗村里有不同的展馆和历史文物，还展示了当地居民赖以生存的牲畜饲养、捕鱼和珍珠贸易等生产活动。可以观看工匠制作陶器、吹制玻璃和用织布机纺织等手工艺品的制作过程，非常有趣。除此之外，在沿街的露天市场里出售各种手工艺品，各种干香药、手工肥皂和纪念品种类齐全，适合馈赠家人和朋友。[①]

本书以上述三篇游记为基本素材，对文旅融合内在逻辑所涉及的因素及其关系进行梳理。

Cohen早在20世纪70年代就试图以旅游者与旅游地之间不同的文化视角分析旅游体验。他认为旅游体验的过程代表了“对中心的追求”，即一种文化中心的追求。[②] 他的观点实际上即涉及旅游者居住地文化与旅游目的地文化两种文化之间的关系，这正是本书考虑活动层面文化和旅游两者融合关系的基本出发点。一般而言，旅游过程涉及食、住、行、游、购、娱等具体活动。上述游记中涉及旅游过程中的游、食、购等活动。在上述这些活动中，旅游活动都渗透有文化元素。所“游”之民俗村具有浓厚的民俗文化特色，且这些文化特色恰恰是旅游者之吸引物；所“食”之餐厅具有浓厚文化氛围；所“购”之物具有明显文化纪念价值等。总而言之，从广义来解释，社会成员运用文化来应付另外的人和应付他们的世界，并通过学习世世代代相传，其内容不仅包括行为模式而且包括思维模式（意味着成员涉身于不同的现象）、人工制品（工具、陶器房屋、机械、艺术品）和文化传播技能及用来制作人工制品的技术。[③] 上述事实无疑揭示

① 在阿布扎比参观民俗村，看匠人手作 [DB/OL].https：//www.xiaohongshu.com/explore/63cff34f000000001b0170af.

② Erik Cohen.A Phenomenology of Tourist Experiences[J].Sociology，1979（2）：179-201.

③ F. 普洛格，G. 贝茨 . 文化演进与人类行为 [M]. 吴爱明，等，译 . 沈阳：辽宁人民出版社，1988：4.

了一般意义上文旅融合的旅游活动过程的几个典型场景。从上述典型场景，我们可以归纳出一些结论。

2.3.1.1　旅游过程通常是一个从“A”文化到“$A^1 \cdots A^n$”文化的过程

上述几个场景都显示，旅游者并非场景中所涉及文化的原住居民，相对于旅游场域中所涉及文化样态而言而是一个外来文化的“闯入者”。我们将旅游者自身所处的文化形态称之为“A”，这种文化形态对于生活、工作有其特定的规则和组织方式（R），也即有其自身的生活方式（L）。这种生活方式通过建筑、服饰等“物”表现出来，也可能有其特定的思想观念，形成一定的观念结构“S”。据此，A= { R，L，S，⋯ }。

旅游者所进入的旅游场域空间，也有其一定文化形态（A^1），对于生活、工作有其特定的规则和组织方式（R^1），也即有其自身的生活方式（L^1）。这种生活方式通过建筑、服饰等“物”表现出来，也可能有其特定的思想观念，形成一定的观念结构“S^1”。A^1= { R^1，L^1，S^1，⋯ }。旅游者在食、住、游、购、娱不同环节中可能进入不同的旅游场域，各自有其不同文化形态“$A^1 \cdots A^n$”。旅游者所进入的旅游场域所展示的文化形态可能并非其所在文化形态的全部，而仅仅是 R^1 或 L^1 或 S^1 的一部分。当然，也存在异地工作者在工作所在地旅游的情况。在这种情况下，其不同在于工作空间有所改变，其旅游过程由居住地文化 A 进入旅游场域中文化 A^1 的过程并未发生根本改变，因而无须另外讨论。

文化形态（A）与其空间之生活方式（L）相对应。由此，任何一个旅游者在旅游过程中都是一定文化形态“A”的载体，或者说，在旅游过程中，旅游者就是“文化负载物”。在一个旅游场域中，不同“文化负载物”在同一文化空间中进行碰撞。差异程度是影响不同“文化负载物”碰撞的基本前提。上述第二篇游记中，旅游者发现就餐的餐厅“随处可见的老物件，到处都体现着胶东人民的生活方式和热情好客”。可以说，通过这些摆件的展示，旅游者意识到，他所面对的餐厅是一种与自己居住环境，即固有周围世界不同的一种文化环境。如果旅游者的“A”与旅游场域的“A^1”文化差异大到一定程度，往往会激发游客的惊奇心理。上述第三篇游记中，旅游者发现，旅游活动所涉及的阿布扎比村，原来保留的是中东地区石油大规模开采之前渔村的生活方式。可以说，$\{R, L, S, \cdots\} \neq \{R^1, L^1, S^1, \cdots\}$，这是文旅融合得以形成的基本条件。

实际上，从心理学角度看，"A"与"A^1"所涉及的"S"与"S^1"之间的结构关系才是影响旅游体验的最重要因素。按照建构主义心理学家皮亚杰的观点，图式是从结构角度理解人类认知的基本概念，是理解认知结构的基本概念，是人类认识活动的逻辑前提。图式是指个体对世界的知觉、理解和思考的方式，是心理活动的框架或组织结构，其形成和变化是认知发展的实质。皮亚杰认为，认知发展受三个基本过程影响：同化、顺化和平衡。同化是指有机体把外部要素整合进自己结构中去，就像消化系统将营养物吸收一样。顺化是指调节自己的内部结构，即认知图示以适应特定刺激情境的过程，顺化与同化伴随而行。当个体遇到不能用原有图式来同化新的刺激时，便要对原有图式加以修改或重建，以适应环境，这就是顺化的过程。①

由此，从认知角度看，如果"S"与"S^1"差异非常大，也即旅游者的认知图式与旅游场域文化场域背后的观念图式两者完全缺乏重合的内容，那么，旅游者将旅游场域所涉及文化观念予以理解会非常困难，甚至无法理解，当然也难以激发该旅游者的兴趣。旅游者倾向于从已有认知图式出发去理解旅游场域中的文化元素，旅游过程中碰到了新的文化信息能够被纳入已有认知图式"S"中，则旅游过程获得了新的"意义"，旅游场域中的文化元素获得了理解。反之，如果不能纳入已有认知图式"S"，那么要么原有认知图式发生改变，要么旅游过程变成认知冲突过程，进而对旅游体验产生负面影响。旅游过程中"A"与"A^1"两者之间的相互影响不仅仅是认知层面的，对于文化的传播本身也会产生一些深层的影响。

2.3.1.2 旅游过程是象征空间中符号消费过程

推动旅游者从生活场景"A"到旅游场域"A^1"，去体验"L^1"的根本性内在动力是什么？有学者提出，旅游者个体或者民族与国家集体寻找文化身份

① 施良方．学习论 [M]. 北京：人民教育出版社，2001：172–173.

认同是旅游与文化关系的起源。[①] 本书认为，文化认同有可能是部分旅游者的内在动力，尤其以具备鲜明文化认同标识的文化吸引物为目标的旅游活动，如红色旅游等。关于文化认同问题，本书后文将予以详细阐述，此处不再赘述。为了进一步剖析此问题，我们回到上述第一篇游记，通过还原一个基本的旅游活动情境，对文旅融合的文化消费特性进行剖析。针对这个旅游活动过程，我们试图还原旅游者的旅游过程中文旅融合旅游产品的消费特点。

其一，消费过程只有通过旅游者与产品的在场并合作才能完成，一般商品购买即拥有。“游记一”中，旅游者所购买的旅游产品主要包括三方面内容。一是景区游览，即民俗村内各景点自由游览。旅游者的合作行为即按照规定的线路和要求步行或采用规定交通工具游览。二是演出，包括白天和晚上三场演出。旅游者的合作行为即在场观看。三是灯会。旅游者的合作行为即灯会区域步行并观赏。可见，与一般商品不同，文旅融合旅游产品需要通过旅游者与提供者合作，并通过旅游者的建构才能完成。

其二，产品的使用价值。“游记一”中，旅游产品作为市场流通中的文旅融合商品，具有使用价值是其基本要求。使用价值是一切商品都具有的共同属性之一，是指能够满足人们某种需要的属性。使用价值是物品存在交换可能性的前提，通过交换这个社会过程予以实现，即使没有交换，也能由物与人发生直接关系而实现。[②] 一般而言，商品的使用价值是具体的，如台灯就是满足坐在桌子前看书的灯光需要，小范围的供光性即其使用价值；如羽绒衣就是满足天冷时御寒的保暖需要，御寒性即其使用价值；等等。但是，文旅融合的旅游产品其使用价值却有所不同，相对比较抽象。为了更好理解文旅融合旅游产品的使用价值，笔者在网上又找了一篇游记，具体内容如下。

我们常常把旅行看作一种调动身体和精神的方式，但我们忽略了旅行的本质是一种心灵的体验。我们应该学会放慢脚步，仔细感受每一个到达的地方，去体验每一种不同的文化，而不只是匆匆地在地

① 张朝枝．文化与旅游何以融合：基于身份认同的视角 [J]. 南京社会科学，2018（12）：162–166.
② 马克思．资本论（第一卷）[M]. 郭大力，等，译．上海：上海三联书店，2009：38.

图上勾画……旅行不是简单地到达某个地方，买个纪念品，拍几张照片就完事了。旅行是一种心灵的拓展，是一次发现自我的旅程。当我们去旅行的时候，我们要学会放空自己，放下烦琐的事务和杂念，去感受一种与生活平常不同的体验。我们可以聆听海的声音，感受大自然的力量；或者融入古老的文化中，体验不同的生活方式。旅行不仅仅是体验新事物，更是触动内心深处的情感和思考……每一次旅行，都是一次心灵的疗愈和成长。当我们走出熟悉的生活圈，到陌生的地方，我们会面临一种新的挑战和机会。我们可以通过旅行来认识自己，重新审视自己的人生和价值观。我们可以在旅途中尝试新的事物，找到生活中的新的动力和目标。旅行是一个让我们重新思考人生意义的机会，是一个让我们重新发现自我的机遇。①

上述游记在一定程度上表述了作者对于旅游意义深层次价值的一些思考，为我们思考文旅融合旅游产品的使用价值提供了一些有益参考。根据上述游记，旅游的价值并不仅仅在于游览过程中所学到的知识、所拍摄的照片，更在于通过旅游所习得的知识和所拍的照片获得一种新的体验，如愉悦、兴奋、激动、恬静等，甚至在更高阶段获得对自我认识的深化（心灵的拓展等）等。一个从小就熟悉《新白娘子传奇》的外地游客来到西湖断桥往往会很容易形成一种激动心情，并且拍照发朋友圈；其他如一个敬仰伟人的游客瞻仰伟人故居后的兴奋心情；熟读杜甫《望岳》的游客登泰山后的喜悦等，并由此而形成对世界观、人生观、价值观的感悟等。从旅游产品角度来说，上述相关旅游产品其使用价值并不仅仅是其可拍照性、教育性，还包括一些抽象价值，如自我提升、心灵拓展等。尤其一些旅游者喜欢到网红目的地打卡，并发朋友圈。

进一步分析，我们发现，上述旅游活动结构包括四个部分：一是旅游活动所涉及的物，包括食、住、游、购、娱等各个环节所涉及的产品（P）以及产品中的文化元素（C），如食物、住宿的房间、景点、乘坐的车辆、购买的工艺品等；二是旅游者消费行为（X），包括视觉、听觉、触觉等各种感觉参与，

① 阿嘉 . 在路上 [DB/OL]. https：//www.xiaohongshu.com/explore/651af6db000000001f0075d3.

如观看表演、看风景、吃食物等；三是游览后形成的一种直接心理体验（E），如看风景后的喜悦之情等；四是直接体验基础上而形成的文化意义（M）。

这里，需要解释一下的是文化意义（M）。M 指的是由 P 中 C 所建构的文化语境中约定俗成的文化意涵。这种文化意涵既有个体创造的成分，也有在历史演变过程中所形成的意涵，或者由文化元素所建构，并由旅游者所承认的文化意涵，是主客体之间双方共同所建构的意涵。这种文化意涵并不一定是该文化元素的历史固有意义之表达，长城在古代为军事设施，长城在中文语境中有“坚强的防御力量”的文化意涵，如认为 ××× 是保卫 ××× 的钢铁长城。但是这种文化意涵对于旅游者来说，远不如“不到长城非好汉”直观、直接。为此，著名的八达岭长城景区在适当的位置特别设计了一些“好汉碑”。很明显，“不到长城非好汉”的文化意涵是景区管理者与旅游者依据毛主席 1935 年 10 月所写的一首词《清平乐・六盘山》所建构起来的新文化意涵。

上述旅游活动结构中，哪一项或者说哪些项可能是旅游活动的使用价值？本书认为，E 不足以担当旅游活动的使用价值，原因在于不同旅游者对于旅游活动的直接体验有不同的内容，登上泰山，有的人感受到的是欢喜，而有的人则可能是悲伤，甚至悲怆。那么，M 是否就是使用价值？景区管理者与旅游者所建构起来的文化意涵，对于很多人而言，也许这就是他所要追求的文化意涵，但也许不是。对于一些旅游者而言，来到长城，看到巍峨的城墙，也许看到的不是“不到长城非好汉”的好汉意涵，而是人生的另一种放空。

那么，使用价值到底是什么呢？本书试图从符号学角度对此做一些分析。从符号学角度看，旅游过程就是一个符号展示和诠释的过程。意义必须通过符号才能表达，[①] 旅游场域必须用符号予以建构，或者说旅游场域是一个符号建构起来的空间，是一个象征空间。旅游场域中文旅融合旅游产品的消费具有符号消费的特征，即通过符号产品的观赏、体验、使用甚至购买，获得一种超越产品直接使用功能的价值，如身份认同、情感体验以及其他文化意涵等。甚至有些旅游者打卡网红地并拍照上传朋友圈，本身就只有一个意涵，即“我到此一游”。由于旅游场域中，不同游客对于不同符号所接受的意涵并不一定必然

① 赵毅衡 . 符号学：原理与推演 [M]. 南京：南京大学出版社，2011：2.

一致，因而客观上讲，同一旅游场域中的符号体系对于不同旅游者而言其所传达的意涵也不一定一致。可以说，文旅融合的旅游产品的使用价值并非必须是其符号所约定俗成的文化意涵，而是抽离掉具体使用功能指向的使用价值，是一般意义上的使用价值，即愉悦性（H）。由于旅游过程是一个从“A”文化到“$A^1 \cdots A^n$”文化的过程，这种愉悦性的内容就是对旅游者日常生活场域 A 之外另一种生活或生活场域 A^1 的意向的满足，即本书后面所讲的与合意性的一致性。

作为一般意义上的使用价值，这种愉悦性并不具有明确的功能指向，仅仅是因为 A^1 的某一项或几项文化元素满足了旅游者对于非 A 生活的意向而已。不同旅游者对于 A^1 的意向往往有所不同，因而满足后所具有的愉悦性具体内容可能完全不同。这是文旅融合的旅游产品与一般商品，如台灯具有明确功能指向，且这种功能对于使用者都必然一致的使用价值之最大不同所在。由此，文旅融合的旅游产品使用价值的公式可以概括为：

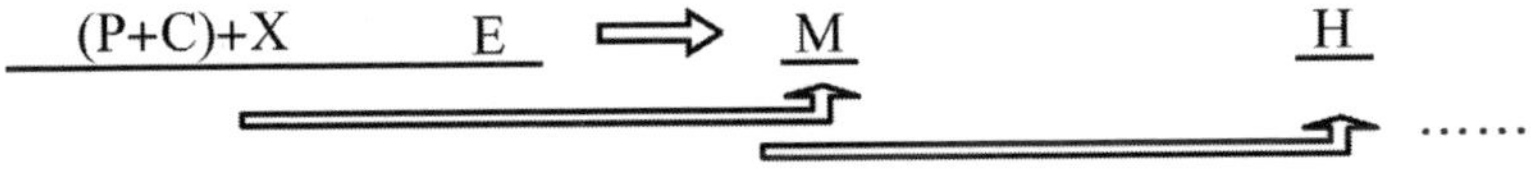

由上述公式可知，“(P+C) +X”形成旅游者的心理体验 E，三者一起形成符号学的“能指”，其所指是“M”，这个是旅游者结合自身经验图式，并通过旅游活动的参与所实现的个性化文化意涵，也可能这个“M”为“0”，也即并未形成相应的文化意涵。但这并不妨碍“(P+C) +X”“E”“M”四者结合为一个能指，其所指为“H”，即抽象的愉悦性。

文旅融合旅游产品的使用价值之所以并没有具体的功能指向，在于此类旅游产品的文化属性。文化文本的阅读具有个体性、情境性特点，如文学作品欣赏中往往会出现“一千个读者就有一千个哈姆雷特”特点；不同情境中读一首唐诗会有不同感受等。旅游景观也如此，所谓“年年岁岁花相似，岁岁年年人不同”。当然，文旅融合旅游产品属于相对高阶旅游产品，其大规模出现往往是物质相对丰富的当代消费社会的结果。正如法国学者波德里亚所言，在我们的周围，存在着一种由不断增长的服务和物质财富所构成的惊人的消费和丰盛现象。它构成了人类自然环境中的一种根本变化。恰当地说，富裕的人们不再像过去那样受到人的包围，而是受到物的包围。[①] 其后果就是消费者与物的关系因而出现了变化，商品对于消费者而言不再仅仅是具有特别用途的物，不再是简单的商品，而是具有更复杂的意义，如意味着高档等。[②] 而且现代旅游活动的使用价值不是由生产它们所需要的劳动时间来决定的，它们的价值是它们期待体验的数量的一种功能，甚至严格意义上的物质产品价值也是由它们在多大程度上构成我们体验的一部分所决定的。[③]

2.3.2 文旅融合产业化：自我再生产的社会机制

无疑，文旅融合的产业化兴起是近代以来的事情。如前所述，世界的景观化以及消费的象征化等是重要影响因素。此外，还有两方面的因素为文旅融合的产业化兴起，也即建制化兴起，奠定了社会基础，具体如下。

2.3.2.1 劳动对人的异化是促进个体走出固有世界的根本动力

近代，生活与生产分离之后，劳动本身也发生了深刻的变革。这种变化按照马克思的观点，即劳动的异化。[④] 在农业经济及其之前的社会，劳动与生活往往纠缠在一起，如田间劳作的成果就是粮食。粮食主要为自己所产，也主要为自己生活所需，生产和生活形成一个稳定的内部循环。对于社会大部分人而言，在劳作之余进行一定的休闲活动，以缓解辛苦。如东北秧歌，民间有一种说法是古代农民在插秧、拔秧等农事劳动过程中，为了减轻面朝黄土背朝天的劳作之苦，所以唱歌自娱。[⑤] 也就是说，劳动以及劳动疲劳的恢复往往都在生活中，甚至在劳作中进行。

近代以后，随着资本主义大生产的发展，社会分工日益完善。法国社会学家埃米尔·涂尔干出版的《社会分工论》提出，人类已经于19世纪末开始认识到社会分工的规律。他认为所谓社会劳动分工只不过是普遍发展的一种特殊

① 波德里亚．消费社会 [M]. 刘成富，等，译．南京：南京大学出版社，2000：1.

② 波德里亚．消费社会 [M]. 刘成富，等，译．南京：南京大学出版社，2000：3.

③ Dean MacCannell. 旅游者：休闲阶层新论 [M]. 张晓萍，等，译．桂林：广西师范大学出版社，2008：25.

④ 马克思 .1844 年经济学哲学手稿 [M]. 中共中央马克思恩格斯列宁斯大林著作编译局编译．北京：人民出版社，2018：47.

⑤ 何淼．铁岭秧歌戏的起源与发展 [J]. 新世纪剧坛，2023（4）：14-17.

形式。社会要符合这一规律，就必须顺应分工趋势，这种趋势远在社会出现以前就已长久存在，并且遍及整个生命世界。[①] 埃米尔·涂尔干尽量淡化劳动分工对社会的负面影响，认为劳动分工的最大作用并不在于提高生产率，由分工建构起来的社会关系不仅仅归于交换领域，而在于使人与人之间形成相互依赖关系，维持社会的凝聚性，从而使社会存在成为可能。[②]

社会分工自古就有，但社会分工不断得以通过各种社会制度予以巩固，即社会建制化的深入发展，尤其是工业革命以来的新趋势，其目的主要在于提高生产效率。工业领域体现社会分工最为明显的社会建制就是流水线，这是现代管理技术发展的结果。按照泰勒的观点，现代管理中，效率第一位，工人和管理层最重要的目标就是训练和发展组织机构中的每个人，使他们能以自己最快的速度和最高的效率完成他自身能力所能匹配的最高等级的工作。[③] 要实现这个目标，就要摒弃对员工“主观能动性”的依赖，进行科学管理，其核心就是推动工作流程、工具与设施的标准化、科学化。[④]

在社会分工不断深入的背景下，劳动本身发生了变化，即劳动的流程、节奏开始受制于机器，受制于标准化、科学设置的流水线，劳动者的劳动自主性开始被摒弃，工作节奏由工厂进而蔓延至整个社会，也即开始出现普遍的劳动外在化现象。所谓劳动外在化，按照马克思的观点，就是劳动对劳动者来说是外在的东西，劳动不是满足劳动本身的需要，而是满足劳动以外需要的一种手段。[⑤] 所谓劳动以外的需要，即劳动者自身生存所需要之生活资料再生产的需要。如手机工厂生产的手机并不是满足自己手机使用的需要，面包工厂生产的产品并不供应自己生活所需等。或者说，劳动者的劳动被社会予以工具化，即在一定意义上成为自己生活资料再生产的工具。

随着社会分工的深化，劳动与生活在时空上不断分离，劳动本身成为商

① 埃米尔·涂尔干．社会分工论 [M]. 北京：生活·读书·新知三联书店，2000：4.
② 埃米尔·涂尔干．社会分工论 [M]. 北京：生活·读书·新知三联书店，2000：24–26.
③ 弗雷德里克·泰勒．科学管理原理 [M]. 胡苏云，译．成都：四川人民出版社，2017：3.
④ 弗雷德里克·泰勒．科学管理原理 [M]. 胡苏云，译．成都：四川人民出版社，2017：21–86.
⑤ 马克思．1844 年经济学哲学手稿 [M]. 中共中央马克思恩格斯列宁斯大林著作编译局编译．北京：人民出版社，2018：50.

品，劳动不再属于劳动者，而以一定价格被转让给一定的社会组织或机构。劳动成为商品的过程也是异化的过程。通过异化，个性的特殊内容被剥离了，以便使它们成为有着独立特征和活力的客体，与个性相对。① 按照马克思的观点，此即劳动的异化，从劳动与其产品关系看，劳动产品是异己的存在，是自己生活资料的对立；从生产过程与劳动者的关系来看，这种生产过程的劳动不属于劳动者自己，是自我的异化。② 结果是，劳动者只有在运用自己的动物机能——吃、喝、生殖，至多还有居住、修饰等的时候，才觉得自己在自由活动，而在运用人的机能时，觉得自己只不过是动物，动物的东西成为人的东西，而人的东西成为动物的东西。③

在劳动被异化为生活资料再生产工具的同时，劳动者的生活被异化为生产资料再生产工具。其中的关键就在于，在劳动分工大背景下，生活从时间和空间上被从劳动中分离出来。在劳动时间的挤压下，生活中的活动时间和空间被迫减少，甚至被压缩至劳动能力必要恢复的最低限度。由此，在生活中劳动者的身体本身被转变为再生产工具。当前，职场中大量的“996”，不正是生活被压缩至极简的表征吗？

马克思认为，劳动的异化背离了人作为人的类存在来对待的基本要求。所谓人的类存在，指的是人作为类的存在所应有之特征，即每个人应该享有类的所有生存特征。人的类特征，从肉体方面来看，就是靠无机界生活，人的普遍性正是表现为这样的普遍性，它把整个自然界——首先作为人的直接生活资料（作为个体生存的一部分，是生存的条件），其次作为人（类意义上的个体的人）的生命活动的对象（材料）和工具——变成人的无机的身体。④ 这就是说，在人类的存在中，人的生存（包括生活和生产）在自然中得以展开。其中，生活和生产（劳动）两者互相补充，使其成为一个整体。人把自身当作现有的、有生命的类来对待，因为人把自身当作普遍的因而也是自由的存在物来对待。⑤

① 席美尔 . 货币哲学 [M]. 朱桂琴，译 . 北京：光明日报出版社，2009：147.

② 马克思 .1844 年经济学哲学手稿 [M]. 中共中央马克思恩格斯列宁斯大林著作编译局编译 . 北京：人民出版社，2018：51.

③ 席美尔 . 货币哲学 [M]. 朱桂琴，译 . 北京：光明日报出版社，2009：147.

④ 马克思 .1844 年经济学哲学手稿 [M]. 中共中央马克思恩格斯列宁斯大林著作编译局编译 . 北京：人民出版社，2018：52.

⑤ 席美尔 . 货币哲学 [M]. 朱桂琴，译 . 北京：光明日报出版社，2009：147.

生活本来是人作为类的生活，人的生活仅仅是展开自身作为类的存在，而生产仅仅是保障人作为类的生存的展开而存在。在古代农业社会中，人的生活是简单的、完整的，人将自身完整地在自然中展现出来。但是随着劳动与生活的分离，自然被异化为他者劳动的他者对象，而不是自己生活资料的一部分。作为个体生活资料的自然，甚至也成为作为商品劳动的再生产工具，而不是作为类的人的再生产。所以劳动异化本质上就是类生活的丧失，即“把类生活颠倒成维持个人的动物性生活的手段”；同样，异化劳动把自主活动、自由活动贬低为手段，也就把人的类生活变成维持人的肉体生存的手段。[①] 人的类本质——无论是自然界，还是人的精神的类能力——变成对人来说是异己的本质，变成维持他的个人生存的手段。异化劳动使人自己的身体，同样使在他之外的自然界，使他的精神本质以及人的本质同人相异化。人同自己的劳动产品、自己的生命活动、自己的类本质相异化的直接结果就是人同人相异化。当人同自身相对立的时候，他也同他人相对立。凡是适用于人对自己的劳动、自己劳动产品相对自身关系的东西，也都适用于人对他人、对他人的劳动和劳动对象的关系。[②]

人与动物的重要区别在于人具有意识，动物和人类的生命活动从生物学看具有同一性，但动物没有人类类似的自我意识，无法将自己的生命活动对象化，它就是自己的生命活动。人类则不同，将自身的意识以及生命活动予以对象化。人类的生命活动是有意识的活动，这种活动把人同动物直接区别开来。正是从这个意义上说，人以类存在物而存在，或者说人作为类存在物而存在，以此而显现他存在的意识性，即人具有将自身生命活动以及意识予以对象化的能力。仅仅由于这一点，人的活动才是自由的活动。异化劳动把这种关系颠倒过来，以至人正因为是有意识的存在物，才把自己的生命活动，自己的本质变成仅仅维持自己生存的手段。[③]

如果我自己的活动不内在属于我，而是一种异己的活动，那么它到底属

① 马克思.1844年经济学哲学手稿 [M]. 中共中央马克思恩格斯列宁斯大林著作编译局编译. 北京：人民出版社，2018：54.

② 马克思.1844年经济学哲学手稿 [M]. 中共中央马克思恩格斯列宁斯大林著作编译局编译. 北京：人民出版社，2018：54.

③ 马克思.1844年经济学哲学手稿 [M]. 中共中央马克思恩格斯列宁斯大林著作编译局编译. 北京：人民出版社，2018：53.

于谁呢？属于另一个有别于我的存在物[①]。如果劳动所生产的产品并不属于劳动者，并作为一种异己的力量同他相对立，那么，只能说劳动产品属于劳动者之外的他者。劳动者的劳动成果不属于他自己，对他本身来说是一种痛苦，那么只能说这种成果是为给他人带来享受生活乐趣所准备的。不是神也不是自然界，只有人自身才能成为统治人的异己力量。[②]这个人就是他者，就是分工中的其他人。劳动异化背景下的劳动不是满足自身需要的自愿劳动，而是满足他者需要的被迫劳动，迫于生活、生存压力下的强制劳动。因此，这种劳动不是满足一种需要，而是满足劳动以外的那些需要的一种手段。[③]

劳动异化对于人的精神世界造成了深刻的影响，造成劳动者精神的相对贫乏。劳动者精神贫乏主要体现在以下方面。一是体现为劳动者在劳动中被贬低为机器，只要他的自我意识和主动性在劳动中被机器以及其他劳动工具所主宰，并随着劳动对生活时空的压榨而变得日益钝化。劳动者在劳动中耗费的力量越多，他亲手创造出来反对自身的，异己的对象世界的力量就越强大，他自身、他的精神世界就越贫乏，归他所有的东西就越少。[④]可以说，在日复一日的劳动中，劳动者逐渐迷失了自己的精神世界，乃至迷失了自我。二是体现在匿名化上。随着社会分工的进行，任何劳动者仅仅与产品的某一个环节或某一个部件的生产有关，产品是众人合作的产物，个体的精神体现在其中的部分微乎其微，产品与劳动者之间的精神关联被弱化。因而，劳动过程中，劳动者的精神世界倾向于匿名化。[⑤]三是体现在精神世界的简化。以前工作内容的安排有着普遍的节奏特征，特别是在农业及之前社会中，群体合作劳动中，并且常伴有劳动号子。但随着工具的日益完善，以及劳动的个人化以后，这种节奏特征就消失了。现代工厂的组成部分仍然拥有强烈的节奏，但它们只不过是有规律不断重复的运动。以前的节奏与生理—心理能量的需求相对应，而现在的节

① 马克思 .1844 年经济学哲学手稿 [M]. 中共中央马克思恩格斯列宁斯大林著作编译局编译 . 北京：人民出版社，2018：55.

② 马克思 .1844 年经济学哲学手稿 [M]. 中共中央马克思恩格斯列宁斯大林著作编译局编译 . 北京：人民出版社，2018：55–56.

③ 马克思 .1844 年经济学哲学手稿 [M]. 中共中央马克思恩格斯列宁斯大林著作编译局编译 . 北京：人民出版社，2018：50.

④ 马克思 .1844 年经济学哲学手稿 [M]. 中共中央马克思恩格斯列宁斯大林著作编译局编译 . 北京：人民出版社，2018：47.

⑤ 席美尔 . 货币哲学 [M]. 朱桂琴，译 . 北京：光明日报出版社，2009：144–145.

奏要么与冷漠无情又客观的机器运动相关，要么与个人的必要性相关，而个人只是作为整个生产过程中微小部分起作用，为的是配合群体劳动里其他成员的节奏，也许这导致了劳动者对这种节奏感的麻木。①

劳动的异化，可以说是工业社会以来人类生存的基本特征。在这种情况下，人有一种本能的冲动，走出现有劳动分工的时空茧房，即周围世界的时空局限，走向诗和远方，去突破自己贫乏周围世界的困局，充实和完善自己的精神世界。

2.3.2.2 时空结构的转变为文旅融合提供可能

在古代社会中，旅游的时空范围受到很大制约。传统农业社会中，人们通过对太阳和月亮在天空中位置的感知来测度时间，如“天蒙蒙亮”“日上三竿”“月上一更”；或通过与事物在太阳和月亮光下位置变化的感知来记录时间，如说一个人睡懒觉“太阳晒屁股”；或通过自身事物体验来感知时间，如“一袋烟工夫”。之所以如此，就在于农业社会中阳光是农作物光合作用和生产、生活光照的必要条件，一切社会生产、生活作息不得不围绕太阳、月亮进行，每年根据春耕秋收将时间分为农闲和农忙两大段。农忙时节，每天日出而作、日落而息，一夜分五更，一更约两小时。农闲时节，做些手工，唠些家常。无论太阳、月亮在天空中的位置，光照位置或是个体的自身事物体验，都与个体的生活场景有关，即时间与个体的“在场”有关。可见，传统农业社会中，时间在很大程度上是个体对自己“在场”的直观感知。实际上，时间也是个体“在场”的基本构成因素。

这种条件下，生产、生活之时空区隔并不明显，生产劳动时间之外就是生活时间。而生活时间大部分用于生存以及保存生产能力所需之活动，如吃饭、睡觉等。在本质上不关注时间的古代农业社会中，闲暇时间取决于多年来逐渐建立起来的文化、季节性和社会节奏的缓慢循环。②家庭设施基本用于生产、生活，村庄之内可能存在宗祠、广场之类的公共空间，但是这些空间倾向于功

① 席美尔．货币哲学 [M]. 朱桂琴，译．北京：光明日报出版社，2009：181.

② Wilensky H L. Career and Social Integration[J].International Journal of Social Science，1960（4）：509.

能优先，往往并没有专门休闲的空间设施。

古代农业社会中，个体活动的时空范围有一定物理限制，空间移动范围即受限于此。如在古代中国乡村社会中，一般存在一个3.4~6.1公里范围之内的基层市场区域，这个区域范围可以让附近最边远的村民能够不费力地步行到集市中交换物资。[①] 这个基层区域市场通常就是所谓"集市""场""墟"。宋钱易《南部新书》载述："端州以南，三日一市，谓之趁墟。"[②] 大略言之，在近代，广东、江西、福建等地称集市为墟；广西称墟、闹子；山东、河南、陕西、山西、河北等地称集；四川部分地区称亥；云贵川地区称街子、场；江南大部分地区称市、集、镇、市镇、镇市等；还有的地区称集市为坪、会；此外，近代许多庙会、香会、神会等宗教迷信性质或带有宗教迷信色彩的集会，也属于乡村集市之列。[③] 通常三天或五天开集一次，这些集市中有少数休闲设施，如茶馆、庙宇等。整体而言，乡村集市以乡村商品交易为主要功能。在古代农业社会中，休闲生活作为社会的建制尚未得到充分发展，仅仅少量专门的休闲设施、休闲服务得以发展起来。而休闲设施以及服务的大规模出现，则是社会物质更加丰富、大众交通更加便捷之后，跨地域旅游作为社会建制与在地休闲分离之后出现的。

近代旅游业的兴起实际上是社会现代性发展的必然结果。对于何为现代性，吉登斯认为，它指社会生活或组织模式，大约17世纪出现在欧洲，并且之后不同程度地在世界范围内产生着影响。[④] 按照吉登斯的观点，这种社会组织模式的特征就是时空的"脱域机制"。[⑤] 脱域机制的核心特征即时间从具体的场域中脱离出来，推动时间的抽象化，也即时空虚化，为空间的通达性奠定基础，其结果是带来统一的时空结构。另一个社会学家鲍曼认为，当时间和空间从生活实践中分离出来，当它们彼此分离，并且易于从理论上来解释为个别的、相互独立的行为类型和策略类型时，现代性就出现了。[⑥] 从社会实践来看，

---

① 施坚雅．中国农村的市场和社会结构[M]．史建云，等，译．北京：中国社会科学出版社，1998：44.

② 钱易．南部新书[M]．黄寿成点校．北京：中华书局，2002：123.

③ 李正华．乡村集市与近代社会[M]．北京：中国当代出版社，1998：26.

④ 吉登斯．现代性的后果[M]．田禾，译．南京：译林出版社，1999：1.

⑤ 吉登斯．现代性的后果[M]．田禾，译．南京：译林出版社，1999：11–16.

⑥ 鲍曼．流动的现代性[M]．欧阳景根，译．上海：上海三联书店，2002：13.

时空虚化是一种社会机制，如时钟的运用，统一时间标准的形成等。就旅游业而言，时空虚化对社会生产、生活的时空组织方式形成了极大变革。时空虚化是统一时空出现的必要条件。随着工业领域中泰勒制的完善，工厂社会化大规模生产成为可能。由此，生产逐渐从社会生活中分离出来，生活的时空分离成为必然。现代社会，除了提供越来越多、越来越完善的生产机器和消费品外，还产生了我们所称的闲暇时间，即“节省”的时间，至少从表面上看，它与工作时间有明显的区别。这是由于工作的组织和纪律、劳动分工、工业企业的结构和工业工人的凝聚力而实现的。[①]闲暇时间由严格的时间表所规定，这意味着数千万或数亿人在规定的空间范围内拥有规定的空余时间。当然，将闲暇时间转化为专供休闲活动的娱乐时间，并非一蹴而就。随着工业革命发展起来的专门休闲设施为这种转变提供了物质基础，如 1841 年创立的托马斯·库克父子有限公司，它是一家由橱柜制造商托马斯·库克创立的有限公司。然后，它在莱斯特、诺丁汉、德比和伯明翰之间通过火车组织旅游团而获得成功。[②]近代旅游业的发展基于休闲生活与社会化大生产的时空分离基础之上。可以说，工作和休闲之间的二分是工业社会的产物。在工业社会，有专门劳动空间和时间，有专门休闲空间和时间。休闲与自由、释放、乐趣和选择等观念有关；与强迫、常规和限制等结构性要素一起运作。[③]

跨地域旅游的出现与一种统一时间的社会机制密不可分，即钟表这种抽象时间设施的大规模使用。中国古代天文学发达，也发明了水轮天文钟、水利机械计时器、沙漏等机械钟，却未能大规模把计时相对准确的机械钟表运用到生产和生活中。[④]作为计时工具，西方最早的机械时钟就是为了提醒人们进行祈祷而制作，主要在教堂中使用。人们听到清亮的钟声，就知道是该做祷告的时间了。由于祷告只在白天举行，因此最早的教堂钟只在白天敲响，夜间不敲。但很快，这种专门为教堂呼唤祈祷时间的钟便被能够将昼夜等分并以同样间隔

① Wilensky H L.Career and Social Integration[J].International Journal of Social Science，1960（4）：509.

② Munshi Samaduzzaman.Collapse of One of the Oldest Business：A Case Study of Thomas Cook[J].International Journal of Economics，2020（11）：119–129.

③ Yvonne Guerrier，et al.Work at Leisure and Leisure at Work：A Study of the Emotional Labour of Tour Reps[J].Human Relations，2003（11）：1399–1417.

④ 郭福祥.时间的历史映像：中国钟表史论集 [M].北京：故宫出版社，2013：41–43.

定时敲响的钟表所代替，小时钟表便应运而生。[①]17 世纪后期，时钟在欧洲的知识界和富人中已不再是罕见之物，开始时只用来作为公众工具的钟表，逐渐成为广泛使用的私人计时器。[②]钟表在 18 世纪末在英国已普及到家家户户，但在中国到 19 世纪末依然是皇室和权贵的奢侈品，甚至做成纽扣缝在衣服上摆阔气，所以故宫博物院荟萃了 18 世纪和 19 世纪的天下名表，作为玩意儿收藏，却没能将这一先进的计时工具运用在最有实用价值的生活与生产中。在工业文明尚未照临的农业社会，人们时间观念较为淡漠，有效利用时间创造财富尚不可能，自然难以理解工作与生活的区别，不能理解休闲的意义。

但是随着门户开放的步步进行，特别是到了戊戌变法前后，中国人终于识到自身的不足，开始取西人之长补自己之短，包括在作息规律上，如 1897 年 3 月 13 日的《申报》中文章便写道："西人未尝不喜逸，而一日之内，晏安者有定时；一礼拜之内，游息者有定期。"当时全国各地成立了许多组织，部分用西方七天一个星期的时间组织方式安排活动，把七日一休息的时间管理制度引进中国。一些新式学校也规定星期天不上课，开始推行公休日的时间管理制度。1903 年清政府颁布《学务纲要》，就全国各级各类学堂时间管理制度提出了"每星期又歇息一日"的要求，[③]星期制随着新学制的推行逐渐推广至全国。新的时间观念还包括年代（10 年）、世纪（100 年）概念的使用，近代工作制度的变化直接带来了休闲生活的出现。[④]

这种时间管理的变化，首先在城市得以逐渐推广。近代城市随着工业的初步发展，一系列现代职业得以诞生，且新兴职业开始改变以往"日出而作，日落而息"的农村生活方式，而逐渐用统一的时间单位来调节作息，即开始了现代意义上的时间管理制度，如上下班制、星期日休息制等。《礼拜六》发刊词说每天大家都要从事工作，只有礼拜六才能有闲暇读小说，这便是时间管理制度西化的影响。另外，现代交通工具的发展也促使人们的时间观念发生很大变化："计时之器，仅有日晷仪，用者亦不多，购买外洋钟表者尤为稀少，自轮

① 郭福祥．时间的历史映像：中国钟表史论集 [M]. 北京：故宫出版社，2013：46.
② 郭福祥．时间的历史映像：中国钟表史论集 [M]. 北京：故宫出版社，2013：49.
③ 舒新城．学务纲要．中国近代教育史资料（上册）[M]. 北京：人民教育出版社，1981：209.
④ 李成军，等．休闲文化与旅行之近代百年变迁 [M]. 上海：上海交通大学出版社，2021：317.

船、火车通行，往来有一定时刻，钟表始盛行。”[①] 新的时间管理制度将工作与休闲的界限明确区隔，将休闲作为一种工作之余的行为，尤其是休闲与旅游活动的出现使必要的强迫性的劳动时间和劳动之余的休闲时间两者之间的界限越发清晰。人们逐渐习惯清晰的时间管理，并将之渐渐转变为日常生活中的习惯：“腰悬小表转金轮，巧比铜壶刻漏真。相约只凭钟几点，不劳子午标时辰。”[②] 相应，这些习惯的养成都为社会生活带来新的风气，也无形中推动了人们尊重生命、享受生活意识的形成，为休闲生活的出现奠定了基础。

现代社会中，城市是一种高度组织化的空间结构，当然随着农村的城镇化，乡村的这种组织化趋势也日趋加强。在这种结构中，我们整个生活也因其与自然的疏远而受到影响。从经济运行来看，城镇生活呈现高度货币化，即一切以货币为交换媒介组织起来，可以说城镇生活取决于商品经济也不为过。可以肯定的是，这种生活方式因为与自然的物理分离，减少了参与自然的机会，开始兴起对自然美的渴望，甚至浪漫的想象。距离产生美，只有在远离的基础上，才能感受到自然的疏离感，才能对它进行美学思考，才能产生宁静的忧伤感。现代人对乡村的回味与海滨生活的追求，不能单纯地被解释为对刺激的需求，也可以这样解释，即对它们的渴望往往是我们对于已经逝去的农业社会生活方式和亲近自然机会的一种怀念。乡愁，这种对乡村生活的浪漫怀念，只能在现代社会得到普遍发展。诞生于古代社会而流传至今的一些非物质文化遗产，不断得以被发掘以及保护，尽管其中大多数已经在现代社会中找不到应用场景。正如席美尔所言，这些都是现代社会不断远离自然的结果，是建立在以货币为媒介的商品经济基础之上的城镇生活施加于我们身上的抽象的存在性的结果。[③]

现代社会中，因为社会分工以及城市化的发展，人与自然开始隔绝，这是旅游兴起的内在动力之一。可以说，现代社会中，人们之所以非常愿意回到自然，以及对过去的生活方式采取一种欣赏而非摒弃的态度，在很大程度上是人们面对现代社会时空分割所导致的精神空虚的一种反映，是对自然以及传统生活方式的浪漫想象在一定程度上满足了现代社会中人们的精神以及情感需求的反映。

① 陈旭麓．陈旭麓文集（第一卷）[M]. 上海：华东师范大学出版社，1996：370.
② 邗江词客．沪游竹枝词 [N]. 申报，1874-06-11.
③ 席美尔．货币哲学 [M]. 朱桂琴，译．北京：光明日报出版社，2009：173.

文旅融合愉悦体验 3

旅游体验一直是旅游研究最为关注的核心概念之一。一般而言，旅游体验被认为是离开居住地的体验，具有区别于日常生活的特殊性。代表性观点如 MacCannel 认为，旅游环境是舞台布景，它们设计的唯一目的就是供游客参观，并支持游客对自己体验的真实性的信念。[①]Dann 提出旅行的最大原因可以概括为一个词——逃离：逃离枯燥的日常生活；逃离工作、老板、客户等。[②] 自 20 世纪 90 年代以来，这种观点一直受到引入后现代旅游视角学者的挑战。Munt 认为，从某种意义上说，旅游就是一切，一切都是旅游。他特别提到人们越来越倾向于将各种活动，如冒险徒步旅行、登山、滑雪和山地自行车与旅游结合起来，将旅游与生态学、考古学、人类学结合。[③]Lash 等人提出，随着大众媒体的发展，视觉资产出现金融化趋势，导致视觉图像的大量扩散和“日常生活的审美化”，这意味着视觉消费可以发生在许多不同的环境中，比如购物、饮食、运动、休闲、教育、文化等，购买和消费视觉产品绝不局限于特定的旅游实践，表明人们大部分时间即为游客，无论他们是在度假还是进行日常活动。[④] 也就是说，日常生活与旅游场域的区别开始模糊。

Pine 和 Gilmore 在 1999 年创造了“体验经济”这个词，并认为服务业经济正在演变成一种体验经济。他们提出，当今社会消费者毫无疑问地渴望获

① Mac Gannell D. Staged Authenticity：Arrangements of Social Space in Tourist Settings[J].American Sociological Review，1973（3）：589–603.

② Dann G. Anomie Ego-Enhancement and Tourism[J].Annals of Tourism Research，1977（4）：184–194.

③ Munt I. The “Other” Postmodern Tourism：Culture，Travel and the New Middle Class[J].Theory Culture and Society，1994（3）：101–123.

④ Lash S，J Urry.Economies of Signs and Space[M]. London：Sage，1994：271–272.

得体验，越来越多的企业正通过明确地设计和推广这些体验来适应消费者的需要，且体验越来越商品化，并成为经济价值的一种趋势。在他们看来，体验是一种不同于服务的独特经济产品。为此，他们以出租车司机 Iggy 为例解释服务与体验的差别。Iggy 是电视节目《出租车》的主人公，他决定成为世界上最好的出租车司机。为此，他以一种将普通出租车变成令人难忘的事件的方式吸引乘客，即他为乘客提供三明治和饮料，甚至带乘客游览城市，甚至唱弗兰克·辛纳屈的曲调。对他的顾客来说，乘坐出租车的体验比乘坐出租车的服务更有价值。也就是说，Iggy 创造了一种体验。而他提供的服务——出租车运输——只是他销售体验的舞台。由此，Pine 和 Gilmore 提出，当一家公司有意将服务作为舞台，将商品作为道具，以创造一种令人难忘事件的方式吸引个人客户时，就会出现一种体验。他们认为，体验有两方面特征：一是顾客参与性。所谓参与，即顾客以一定身份参与到所体验活动中来，并在创造产生体验的事件中发挥一定角色，一端是积极，另一端是消极；二是关联，即将顾客与事件或表现联系在一起的联系或环境关系。关联的两端中一端是吸收，另一端是浸没。从这两个维度结合起来看：Pine 和 Gilmore（1998）认为体验经济有四个体验领域，即娱乐（渴望享受）、教育（渴望学习）、逃避现实（去做某事的渴望）和审美（渴望在某个地方）体验。[①]

Urry 认为，体验需要在某种程度上是令人愉快和难忘的，其核心是愉悦。愉悦体验的达成在很大程度上是一个由消费者驱动的转变，服务场景需要有想象空间并被表演，使之成为氛围和事件的情感场所，在那里难忘的经历会“随着时间的推移而被揭示”，服务人员必须学习表演、演奏——就像剧院里的演员一样。[②] 之后，Pine 和 Gilmore 的体验经济理论迅速传播到政策和商业等各领域。由于体验经济强调文化元素在体验中的作用，剧院和博物馆等文化机构的商业化开发在这种理论影响下被重视，他们越来越多地变成了“体验景观”。[③]Haemoon 等将 Pine 和 Gilmore 的四体验领域应用于住宿以及旅游目的

① B Joseph Pine，James H Gilmore.Welcome to the Experience Economy[J].Harvard Business Review，1998（4）：97–105.

② John Urry，et al.The Tourist Gaze 3.0[M].London：SAG，2011：69.

③ John Urry，et al.The Tourist Gaze 3.0[M].London：SAG，2011：69.

地研究，并以住宿和早餐行业为重点，通过搜集资料，开发了一个体验评价模型，为住宿和旅游环境中的体验评价提供了一个参考。[①]

可以说，随着体验经济概念影响力的扩散，如何获得顾客体验已经得到广泛关注，旅游学界对于旅游体验的研究也非常关注。愉悦无疑是旅游体验内容的核心，但对其关注仍不够，正如学者指出，旅游相关研究已经有效地解决了快乐旅游中谁、何时、在何处、如何以及为什么进行的问题，却很少关注快乐本身的本质。[②]本书试图从现象学视角建立起分析和阐释旅游愉悦生成的哲学框架，以寻求更好地理解把握旅游体验本身。

3.1 旅游愉悦体验的心理学研究

当前有关旅游愉悦的研究成果大多来自心理动机研究，代表性成果第一种如 Dann 的两因素理论。Dann 认为旅游活动内在动力集中于“推动”因素，特别是那些源于游客自身的“社会失范”和“自我增强”因素，这些因素的存在有助于创造一个他计划定期逃往的幻想世界，并且根据对巴巴多斯岛游客态度的调查，验证了这两种基本的旅游动机，即人需要被认可，而旅行提供了自我增强或自我认可的机会。[③]第二种即 Crompton 的九因素理论。Crompton 认为旅游愉悦动机共 9 种，其中，7 种为社会心理动机，即逃避感知的世俗环境、自我探索和评价、放松、声望、回归、增强亲属关系和促进社会互动。剩下的两种动机包括新奇性和教育性动机，主要为文化类动机。后者至少部分由目的地提供的特殊品质所激发，而社会心理动机则与目的地属性无关。[④]第三种即新奇动机理论。如 Bello 提出，旅游愉悦在于新奇对日常生活的唤醒。对一些人来说，日常生活可能会导致较低水平的唤醒，个体会变得无聊，并寻求增加

① Haemoon，et al.Mcasuring Experience Economy Concepts：Tourism Applications[J].Journal of Travel Research，2007（2）：119–132.

② David A，Fennell.The Nature of Pleasure in Pleasure Travel[J].Tourism Recreation Research，2009（2）：123–134.

③ Dann G. Anomie Ego-Enhancement and Tourism[J].Annals of Tourism Research，1977（4）：184–194.

④ John L Crompton.Motivations for Pleasure Vacation[J].Annals of Tourism Research，1979（4）：408–424.

刺激。旅游的新奇性，通过改变常规，让旅游者看到和做与日常生活不同的事情，提供高唤醒潜力，并使个人回到唤醒紧张，从而形成愉悦。[①] 第四种即期望理论。如 Oliver 提出期望—不确认模型。根据该模型，愉悦的形成取决于购买前的期望与产品或服务实际体验的比较。如果感知到的表现不及预期，就会出现不满或愤怒。如果感知到的服务质量超过预期，那么会形成积极反应，如满意或喜悦。因此，愉悦和满足在本质上被统一为积极情感。[②] 第五种即愉悦感文化影响理论。如 Torres 提出来自不同文化背景的客人似乎对酒店服务有不同的偏好和期望。如美国客人比任何其他国家的客人都更关注免费设施、升级和服务。当客人认为这些体验对他们的个人幸福或特殊需求很重要时，就可以引起喜悦。自尊需求的满足是产生客户愉悦的重要手段，美国客人的自尊需求可能更强烈。[③]

谢彦君是国内对于旅游体验进行系统研究的代表性学者。按照他的观点，对于旅游者来说，旅游体验被归结为一件事，就是在情感上满意与否、快乐与否。[④] 他认为旅游体验的终极目的，为了寻求快乐或愉悦。[⑤] 也就是说，他将愉悦视为旅游体验的一种情感或情绪成分，也即心理因素。愉悦的内容，可以是那种我们非常熟悉的、直接的快乐，也可以是我们常常意识不到的那种间接的快乐；既可以是生理的快乐，也可以是心理的快乐；既可以是情感释放的快乐，也可以是精神顿悟的快乐；既可以是审美的快乐，也可以是世俗的快乐，甚至是那种仿佛远离尘世的快乐。不管哪一种快乐，其基本表现层面都限于情感范畴当中，其发生的情境都是在所谓旅游世界当中。因此在总体上，我们需要构筑一个比较复杂的、可以描述旅游世界的愉悦体验的情感模型来对这种快乐机制进行分析。[⑥] 可见，旅游愉悦，作为心理因素，可以是感观层面的情感，也可能是更高层次非感官层次的精神顿悟的快乐。这些观点对于我们理解旅游

① Daniel C Bello, et al.The Role of Novelty in the Pleasure Travel Experience[J].Journal of Travel Research，1985（1）：20.

② Richard L Oliver.A Cognitive Model of the Antecedents and Consequences of Satisfaction Decisions[J]. Journal of Marketing Research，1980（4）：460–469.

③ Torres E，Fu X，Lehto X.Examining the Key Drivers of Customer Delight in a Hotel Experience：A Cross Cultural Perspective[J]. International Journal of Hospitality Management，2014（36）：255–262.

④ 谢彦君．旅游体验研究：一种现象学的视角 [M]. 天津：南开大学出版社，2005：13.

⑤ 谢彦君．旅游体验研究：一种现象学的视角 [M]. 天津：南开大学出版社，2005：13–124.

⑥ 谢彦君．旅游体验研究：一种现象学的视角 [M]. 天津：南开大学出版社，2005：125.

愉悦具有重要的启发意义。当然，这些观点还存在一些需要进一步探讨的问题，如非正向的旅游情感体验是否也属于旅游愉悦范畴？旅游愉悦是否仅仅包含情感体验，其他非情感的是否也包含在内？为此，谢彦君对此进行补充，对黑色旅游体验进行了研究。他认为，黑色旅游作为旅游的一种，也能获得愉悦性体验，但它又不完全等同于其他旅游类型。一是黑色旅游的实现途径在于借助于死亡观照，即脱离了利害关系而对与死亡主题相关的景观进行近距离的触碰与欣赏；二是黑色旅游是旅游者个体自觉的、自决的行为，利用的是余暇，行走于异地，这一点与一般旅游相同；三是通过黑色旅游所体验到的愉悦，可以体现在认知、情感、意志等各方面。① 因此，它不仅能带来情感方面的愉悦，也发挥着突出的个人建构和社会建构功能，这也正是黑色旅游最为突出的教育功能所依赖的基础。②

之所以被认为可以是愉悦体验，就在于黑色旅游不是与个人有着完全真实利害关系的死亡，只是“可体验的虚假黑白事件”而已。“可体验”，呼应着旅游的本质；“虚假”是旅游体验的特点；“黑白事件”则是旅游与死亡的距离。实际上，正是“虚假”才拉开了黑色旅游与真实死亡的距离，从而构建了“愉悦”的可能性。借助于“审美”和“审丑”这两个美学范畴，便能够把黑色旅游提升至足以囊括一切与死亡主题相关联的旅游现象，同时又符合愉悦旅游体验命题的理论范式的高度。③ 也就是说，黑色旅游尽管从体验情感上来说，并不一定必然是快乐的，但是由于它本身并不需要旅游者直接面对死亡，也即具有“虚假”性，其体验就在于面对他人的死亡并引发对死亡的思考，即所谓“教育功能”，并具有美学价值，即“审丑”。由此，谢彦君将旅游愉悦体验内容从快乐延伸到可以为非快乐，从情感延伸到可以包括认知领域甚至审美领域。

有人对谢教授黑色旅游有关愉悦体验的观点提出质疑，如张补宏等人的质疑主要有以下方面。一是旅游过程并非必然是旅游愉悦体验，旅游愉悦（即欢

① 谢彦君，等 . 论黑色旅游的愉悦性：一种体验视角下的死亡观照 [J]. 旅游学刊，2015（3）：86-94.

② 谢彦君，等 . 论黑色旅游的愉悦性：一种体验视角下的死亡观照 [J]. 旅游学刊，2015（3）：86-94.

③ 谢彦君，等 . 论黑色旅游的愉悦性：一种体验视角下的死亡观照 [J]. 旅游学刊，2015（3）：86-94.

乐、喜悦、身心放松）也并非旅游主要情感，愉悦往往是短暂的，大量的愉悦复制易于导致“审美疲劳”。[①] 二是旅游体验超越愉悦，如认为黑色旅游还指向审美超越，即伦理建构，不仅仅是“美学观照”，还有可能是寻找伦理认同、共鸣，因而将愉悦体验作为旅游本质难以自圆其说。当然，如果将旅游愉悦体验概念延伸到认同、共鸣，那么旅游过程也就是愉悦体验。[②] 三是旅游过程的实质并非体验，体验只是旅游过程的部分环节。四是旅游目的在于“满足”游客，愉悦仅仅是一个要素；而有些游客纯粹“为旅行而旅行”，并没有明确目的；还有一些旅游目的在于自我超越，因而旅游目的并非必然是“愉悦性”。[③]

概言之，张补宏等人的质疑其出发点在于将旅游愉悦视为感官体验，主要包括欢乐、喜悦、身心放松等情绪。需要指出的是，这一点与谢教授《论黑色旅游的愉悦性：一种体验视角下的死亡观照》一文观点并不完全吻合。在此基础上，张补宏等人提出一些反例，并由此推断旅游过程中愉悦体验并非全部，愉悦也并非旅游体验的全部，因而并不赞同旅游的目的和本质在于体验，旅游体验的实质在于愉悦等观点。其实，谢教授《论黑色旅游的愉悦性：一种体验视角下的死亡观照》一文已经能够回答张补宏等人的质疑，因为该文已经将愉悦外延由仅仅包含情感拓展至包含认知、意志等领域，因而领域愉悦内容可以包含伦理认同甚至自我超越观念等内容。

另外还有一些学者，如张高军对旅游愉悦如何解释汶川地震遗址这类涉及曾经对四川当地乃至全国人民都曾经形成巨大伤害的吸引物所形成的旅游活动提出质疑，认为此类旅游活动发生时可能社区居民还沉浸在“悲愉”心情之中，旅游者的“快乐”建立在别人痛苦之上，似乎不符合道德。[④] 张高军还认为愉悦性是旅游的本质属性，不在于旅游本身与愉悦的直接关系，而在于旅游活动的进行必然能够催生旅游者的愉悦情感，旅游活动中必然会穿插审美、需

---

① 张补宏，等 . 旅游愉悦体验论的现实和逻辑困境 [J]. 华南理工大学学报（社会科学版），2016（6）：14–19.

② 张补宏，等 . 旅游愉悦体验论的现实和逻辑困境 [J]. 华南理工大学学报（社会科学版），2016（6）：14–19.

③ 张补宏，等 . 旅游愉悦体验论的现实和逻辑困境 [J]. 华南理工大学学报（社会科学版），2016（6）：14–19.

④ 张高军 . 再论旅游愉悦性：反思与解读 [J]. 四川师范大学学报（社会科学版），2016（1）：50–56.

求满足与感官刺激，美学的审美（包括喜剧美和悲剧美）甚至审丑、心理学的需求满足（需要—动机—行为—满足）和生理学的感官刺激（视、听、触、味、嗅与肌体畅爽）都是旅游愉悦产生的重要原因。[①]

这些质疑及其相关观点试图对旅游愉悦概念外延做进一步丰富。由此，一个深层次的问题浮出水面，即旅游愉悦的外延范围到底何在？因为，随着旅游活动的丰富，一些不同的旅游体验随之进入视野，如何将其纳入旅游愉悦的范围，这确实是个理论问题。可以说，目前从心理学角度所进行的旅游愉悦的概念界定，不得不面对外延不断丰富的现实。

总体而言，通过对国内外有关旅游愉悦观点进行分析，我们发现，目前相关研究主要集中于心理学，认为旅游愉悦是一种情感、审美等绪体验，并对旅游愉悦体验的内容及其动机因素进行了研究，提出了一些有价值的观点。有关旅游愉悦的心理学研究将旅游愉悦视为需求、兴趣、价值观等个性心理以及认知、情感、意志等心理过程对外在刺激的反应。这些研究侧重对既有事实的总结与归纳，对于相关研究的进一步开展无疑奠定了重要的基础。仅仅停留于事实归纳层面的经验研究不足以揭示旅游愉悦非经验层面的本体论和认识论的根源，本书试图主要从海德格尔现象学出发，建立一个分析旅游愉悦的本体论哲学框架，以期深化相关研究。

3.2 旅游愉悦体验的哲学观照

关于愉悦主要有两种代表性哲学观点，一种是经验主义的愉悦观，如功利主义愉悦观，代表人物为英国功利主义代表人物边沁。另一种是理性主义的愉悦观，代表人物为德国的康德。

3.2.1 经验主义的愉悦观

边沁认为，快乐和痛苦“指示我们应当干什么，决定我们将要干什么”，

① 张高军．再论旅游愉悦性：反思与解读 [J]. 四川师范大学学报（社会科学版），2016（1）：50–56.

也即“是非标准，因果联系，俱由其定夺”，具体而言，即“凡我们所行、所言、所思，无不由其支配”。[①] 可见，功利主义者对于快乐和痛苦两种情绪的主宰力量推崇至极，甚至认为它们是人类社会的根本性主宰力量。作为根本性主宰力量，这两种情绪不得不担任一切行动以及事物，如制度、器物以及观念之存在合法性论证依据的重任。由此，边沁认为，功利原理承认把快乐和痛苦这两者当作“旨在依靠理性和法律之手建造福乐大厦的制度的基础，凡试图怀疑这个原理的制度，都是重虚轻实、任性昧理、从暗弃明”[②]。

在边沁看来，快乐或痛苦是因利益增减带来的情绪体验，其实质还在利益上。他认为，无论个人或政策一切行为、行动、制度，都以增大或减小利益有关者之幸福为判断正确与否的依据，以是否促进或妨碍此种幸福的倾向来赞成或非难任何一项无论个人抑或政府的行动，此即他所谓功利主义原理。[③] 由此，所谓功利，是指任何客体的一种给利益有关者带来利益或幸福，或防止利益遭受损害并导致痛苦的性质。如果利益相关者是一般的共同体，那就是共同体的幸福，如果是一个具体的个人，那就是这个人的幸福。[④] 就整个共同体而言，当一项行动增大共同体幸福的倾向大于它减小这一幸福的倾向时，就可以说是符合功利原理，或简言之，符合功利。[⑤]

可见，功利的判断依据是利益增减，而利益会带来痛苦或快乐，因而，最终判断依据是快乐和痛苦两种情绪，并就其来源而言有四种，它们分别可称为自然的、政治的、道德的和宗教的；只要其中一种来源的快乐和痛苦能够产生束缚任何法律或行为规则的力量，它们就都可称为约束力。[⑥] 具体而言，人可感觉的若干种简单快乐有感官之乐、财富之乐、技能之乐、和睦之乐、名誉之乐、权势之乐等 14 种。这些快乐概言之都是一定利益增减所致之事物刺激所形成的心理快感，基本为心理层面的直接情绪，如投入钱财付诸慈善形成仁慈之乐等。当然，任何行为都有可能既带来快乐也带来痛苦，因此需要对两者进

① 边沁 . 道德与立法原理导论 [M]. 时殷弘，译 . 北京：商务印书馆，2000：57.
② 边沁 . 道德与立法原理导论 [M]. 时殷弘，译 . 北京：商务印书馆，2000：57.
③ 边沁 . 道德与立法原理导论 [M]. 时殷弘，译 . 北京：商务印书馆，2000：58.
④ 边沁 . 道德与立法原理导论 [M]. 时殷弘，译 . 北京：商务印书馆，2000：58.
⑤ 边沁 . 道德与立法原理导论 [M]. 时殷弘，译 . 北京：商务印书馆，2000：59.
⑥ 边沁 . 道德与立法原理导论 [M]. 时殷弘，译 . 北京：商务印书馆，2000：81.

行计算，以多数人的快乐为行动依据。

按照功利主义愉悦观，旅游愉悦即心理层面的快乐，这是衡量旅游活动成效的唯一依据。但是，任何旅游活动都有可能既带来痛苦，如爬长城带来身体的痛苦，也带来精神和感官的快乐。那么这种情况下，如何基于快乐原理对行为进行衡量呢？尤其是有一些旅游活动所带来的快乐是抽象的，不是具体的身体感官的快乐，而痛苦却是身体感官的，这两者如何衡量呢？另外，功利主义认为，快乐来自利益增减，这一点难以适用于旅游活动。很明显，旅游活动很难用利益增减来衡量。由此，功利主义的愉悦观很难应用于旅游活动体验的分析。但是，如果换一个角度看，我们发现当前的旅游愉悦观在很大程度上与功利主义愉悦观共享一些基本理论前提。

其中最为主要的理论前提即认识论上的经验主义。旅游愉悦是一种体验，这种体验其核心是对世界的认识。不同的认识论对于愉悦的理解有不同的观点。所谓经验主义认识论，其基本观点按照代表人物洛克的说法，即“白纸说”。他认为，人心如白纸，没有任何观念，而人之所以有观念就在于知觉和反省。其中，知觉提供了有关外物的经验，即提供了思想的基本材料，并由此通过内省而形成理性和知识，即观念。[①]具体而言，洛克认为，观念的第一个来源是感官对象。感官在熟悉了特殊的可感物象以后，能按照那些物象刺激感官的各种方式，把各种事物的清晰知觉传达于人心，人由此获得黄、白、热、冷、软、硬、苦、甜以及一切所谓可感物等观念。[②]观念的第二个来源即心理活动，如知觉、思想、怀疑、信仰、推论、认识、意欲，以及人心的一切作用，概言之即反省。[③]在洛克看来，快乐和痛苦是简单的观念——在由感觉和反省得来的一切简单观念中，两者是两个很重要的观念。[④]快乐的观念包括欲望、爱情、善、欢乐、希望等观念，如欢乐就是指人已经获得善的事物时，或相信将来获得一种善的事物时，心中就会发生的一种愉快心理。[⑤]

按照经验主义的观点，旅游愉悦的形成原理大致如下：其一，旅游愉悦

① 洛克．人类理解论（上册）[M]. 关文运，译．北京：商务印书馆，1983：68.
② 洛克．人类理解论（上册）[M]. 关文运，译．北京：商务印书馆，1983：68.
③ 洛克．人类理解论（上册）[M]. 关文运，译．北京：商务印书馆，1983：68.
④ 洛克．人类理解论（上册）[M]. 关文运，译．北京：商务印书馆，1983：199.
⑤ 洛克．人类理解论（上册）[M]. 关文运，译．北京：商务印书馆，1983：199.

的形成起始于一个外部刺激，可能是旅游过程中所看到的一个景点、一个活动等。其二，外部刺激经过人心理反省的作用之后，形成一定的观念，具体的或抽象的，从而激发人的愉悦情绪。实际上，当前国内有关旅游愉悦讨论的观点其认识论逻辑也大致如此。但是，仔细推敲后可以发现，经验主义的旅游愉悦观其逻辑有两方面内在不周延之处。其一，愉悦的必然性问题。也即个体于旅游活动过程中面对所给定之刺激是否必然会形成给定之愉悦情绪？不同主体对于同一刺激并不必然形成同一的心理反应，也就是说，“一千个读者会有一千个哈姆雷特”，面对同一种美景，一千个旅游者可能会有一千种不同体验。面对同一景物，旅游体验的愉悦并非必然发生。这可能就是很多学者对谢教授的旅游愉悦观不断提出反例并予以质疑之所在。其二，愉悦的同一性问题。不同旅游者所形成之愉悦与他人之愉悦必然为同一之愉悦内容吗？似乎也未必。这些问题是经验主义旅游愉悦观所必然面临的理论问题。经验主义认识论将观念建基于感知觉之上，问题在于感知觉无法建立起自身的确定性，也即感知觉无法证明自身的真理性，因而为建基于之上的旅游愉悦观带来很大的理论困扰。

3.2.2 理性主义的愉悦观

如上所述，经验主义的旅游愉悦观在认识论上存在难以建立确定性的不足。也就是说，要建立旅游愉悦的确定性还需另寻其他理论资源。理性主义的愉悦观在一定程度上具有理论借鉴意义，其代表人物即康德。

在康德看来，人类有三种基本先验机能，即认识机能、欲求机能、愉快及不愉快的情绪机能。[①] 所谓先验机能，即在逻辑上超越于经验的普遍存在的机能，这些机能是人的经验得以形成的逻辑前提。就认识机能而言，其基本功能就是悟性立法，即作为一个理论认识的机能联系自然界，并运用先验的自然概念（纯粹的悟性概念）对自然界（现象）赋予规律。[②] 就欲求机能而言，其基本功能就是理性立法，即作为一种高级机能联系人类社会，并运用先验的自由

① 康德．判断力批判（上）：审美判断力的批判 [M]. 宗白华，译．北京：商务印书馆，1964：15.
② 康德．判断力批判（上）：审美判断力的批判 [M]. 宗白华，译．北京：商务印书馆，1964：15.

概念对人类社会先验立法。就愉快情绪机能而言，其基本功能就是判断力作为纯粹认识机能，即从自然诸概念的领域达到自由概念的领域，正如在其逻辑运用中它使悟性上升到理性成为可能。[①] 情绪机能的中介原理就在于，作为先验机能，愉快和不快的感情必然地和欲求机能结合着。按照自然诸概念的理性认识即纯粹理性批判，而对批判力批判则是对从自然诸概念的领域达到自由概念领域过渡的认识。而所谓纯粹，即指各机能先验立法的特征。

实际上，情绪机能其实质就是判断力。所谓判断力，就是把特殊包含在普遍之下来思维的机能。[②] 判断力有两种类型：第一种是规定性判断力，其功能在于将特殊的规律归纳在普遍的法则原理、规律之下；第二种是反省性判断力，其功能是由特殊规律探寻普遍规律。[③] 判断力的功能具体而言就是进行合目的性判断。所谓目的，即一个关于对象的概念，同时包含着这个对象的现实性基础。[④] 也就是说，目的指的是概念本身与概念对象的一致性关系，对象体现着概念本质属性和特征，也即与概念相符合，则概念为对象的目的。而合目的性则是两者的一致性关系，此即形式合目的性，即一个物体和诸物按照目的的可能品质相一致。[⑤] 形式的合目的性的达成即形成愉悦情绪，[⑥] 当然并非一切形式合目的性达成即形成愉悦，而是两个或数个不同自然经验规律结合在两方共同原理之下时才具备这种愉悦快感的基础。[⑦] 因为这仅仅是偶然的，那些仅仅寻找普遍概念与其所含对象一致性关系，这种确定性具有必然性，并不具有愉悦。[⑧] 如果由想象力机能提供的表象与由悟性提供的概念之间的一致性关系成立，则表象的合目的性达成，表象的愉悦由此形成，此即关于对象的审美判断。[⑨] 表象有可能反映对象，有可能并不反映对象。表象的价值就在于它以主观形式作为对象纳入认知活动过程，并以逻辑有效性而不是客观有效性发挥着作用。对于对象而言，它们只是对象主观形式的合目的性，而

---

① 康德 . 判断力批判（上）：审美判断力的批判 [M]. 宗白华，译 . 北京：商务印书馆，1964：16.
② 康德 . 判断力批判（上）：审美判断力的批判 [M]. 宗白华，译 . 北京：商务印书馆，1964：16.
③ 康德 . 判断力批判（上）：审美判断力的批判 [M]. 宗白华，译 . 北京：商务印书馆，1964：17.
④ 康德 . 判断力批判（上）：审美判断力的批判 [M]. 宗白华，译 . 北京：商务印书馆，1964：17.
⑤ 康德 . 判断力批判（上）：审美判断力的批判 [M]. 宗白华，译 . 北京：商务印书馆，1964：18.
⑥ 康德 . 判断力批判（上）：审美判断力的批判 [M]. 宗白华，译 . 北京：商务印书馆，1964：25.
⑦ 康德 . 判断力批判（上）：审美判断力的批判 [M]. 宗白华，译 . 北京：商务印书馆，1964：26.
⑧ 康德 . 判断力批判（上）：审美判断力的批判 [M]. 宗白华，译 . 北京：商务印书馆，1964：26.
⑨ 康德 . 判断力批判（上）：审美判断力的批判 [M]. 宗白华，译 . 北京：商务印书馆，1964：28.

不是对象本身的合目的性。这种愉悦所能表达的无非就是客体的表象对那些在反思判断力中起作用的认识能力的适合性，但是，这种愉悦情绪并非已经发生，而是存在发生的必然性。从这个意义上看，基于表象合目的性的愉悦并非实际上的情绪，而是想象力与悟性两种先验机能一致性关系达成的逻辑结果。

可见，依据康德的理论，愉悦按照来源有两大类：一是对象合目的性的愉悦。此类愉悦主要形成于两个及以上不同自然的经验规律与同一更高层次规律一致性关系确定情况下，也即在复杂多样性中发现统一性情况下，这种情况下愉悦的实质是基于对象的合目的性的必然结果。二是表象合目的性愉悦。此类愉悦主要形成于表象以及概念之间的一致性关系达成情况下，是其逻辑必然性的体现。

旅游愉悦体验主要是第二种，即表象合目的性愉悦。按照康德有关表象合目的性愉悦的理论，旅游愉悦体验并非经验主义的心理情绪，而是先验层面的逻辑必然性，即旅游者有关旅游过程中针对一切吸引物所形成的表象与其有关旅游活动概念之间一致性关系达成时，旅游者有关旅游愉悦体验被唤醒。表象是旅游者针对旅游景观等吸引物所形成的主观形式，具有明显的主观属性，因而因人而异。旅游活动概念指的是针对一定人群所形成的旅游的意向，这种意向是高度抽象的被普遍认同的倾向性。

3.3 文旅融合愉悦体验的现象学观照

在吸收康德理性主义愉悦观部分概念的基础上，本书试图以海德格尔现象学为基本理论视域，对旅游愉悦进行阐述。

3.3.1 人的存在的基本观点

本书关于旅游愉悦的观点从一个基本前提入手，那就是认为人的存在并非自明，而需要在物质和精神两方面通过自身的展开而予以展现。所谓自明，即意味着人的存在无论对于自身或者他者而言都无须证明。这种证明，并非认识论意义上的被认识到，而是从存在论意义上与自身或他者建立起生存上的关联。通过关联的建立，使得个体的活动本身与自身以至他人的存在状况建立起有意义的连接，并由此使自身获得存在论上的意义。

人存在的自明须通过自身活动展开，并在自身的存在状态被自己或他者意识到，且个体与他者的这种意识须在一定程度上达成某种一致，自明方才有可能得以完全达成。个体有可能仅仅是自己意识到了其存在与存在状况之间建立了某种关联，但这种自明是主观的、个体化的，并不一定具有普遍意义。这种关联也有可能仅仅是被他者意识到，而个体自身却并没有意识到。缺乏个体对于这种关联的理解，仅仅他者的这种理解使得个体的存在就变成纯粹的被给定，而非自明。

当然，就存在的关联建立而言，人的存在逻辑上并非先天，因而并不存在先天自明的存在。所谓先天的，在康德看来，即“其意义所在乃指吾人并不直接自经验得之而自普遍的规律得之耳——但此类规律乃吾人自经验所假借者”。[①] 就康德哲学而言，先天存在一般为普遍意义的纯粹形式，其意义就在于为后天经验的形成提供一种可能性。本书所谓人的存在，并非存在所谓纯粹的超越经验的形式，而是指人的存在在关联的逻辑建立前，并非认识论意义的不存在，作为自在物的人仅仅是存在的意义处于隐晦状态而已，关联建立的意义就在于将人的存在从隐晦状态中挖掘出来，使之自明而已。人的存在也并非笛卡尔“我思故我在”的存在。笛卡尔的“我思故我在”所预设的人，更大意义上是一个认识论意义上的人。如果将之进一步分析，“我”只是“我”所意识到的“我”存在的意识。

本书所谓人的存在更像是海德格尔所谓“在世界之中存在”。“世界”在海德格尔看来，首先指的是周围世界。[②] 周围世界并非仅仅为空间，而是此在存在的广延。所谓此在，是领会着自身存在的存在者，“此在是这样一种存在者：它在其存在中有所领会地对这一存在有所作为”。[③] “在之中”不意味着现成的东西在空间上“一个在一个之中”。[④] 就原始的意义而论，“之中”也根本

① 康德．纯粹理性批判 [M]. 蓝公武，译．上海：商务印书馆，1997：29.
② 海德格尔．存在与时间（修订本）[M]. 陈嘉映，等，译．上海：商务印书馆，2015：88.
③ 海德格尔．存在与时间（修订本）[M]. 陈嘉映，等，译．上海：商务印书馆，2015：72.
④ 海德格尔．存在与时间（修订本）[M]. 陈嘉映，等，译．上海：商务印书馆，2015：72.

不意味着上述方式的空间关系。“在之中”只是此在于周围世界的一种逻辑上独特融入的关系。在海德格尔看来，周围世界在此在的接触下才能展开自身，此在与世界的接触意味着世界向此在展开，世界变得通达，此在已经“在之中”了。[①] 这种存在者就是人，只有人能够追问存在的方式而领会存在。海德格尔没有将“此在”理解为人的一种属性。毋宁说，“此在”乃是基础，由这个基础而来，人才能是其所“是”。“此”标示的毋宁是对“存在”一般的领会而言的“展开状态”或“敞开状态”。正因为能够有这样一种领会和把握，使得“此”的“总是已经”得以开启的“敞开状态”成为可能，使得在“向着存在者的敞露”意义上的“生存”得以成为可能。[②]

按照海德格尔的观点，此在的向世之存在本质上就是操劳。[③] 此在在操劳活动中其存在方式被揭示出来，在操劳活动中，世界向此在展开自身。海德格尔说展开而不说认识，为的是避免主体认识论而强调存在者通过此在的疏明而呈现的情形。[④] 也就是说，操劳活动所显现的并非认识论意义上而是生存论意义上的人的存在。操劳是此在的根本性存在方式。此在在操劳活动中已经“在世界之中”。这种对自己日常事务的“操劳”以一种特别的方式占据着“此在”。“此在”日常的“操劳”总是发生在一种特定的存在方式中。当“我”乘坐公共汽车或者不得不步行去上班，当“我”贷了一笔款或者买了一条裤子，“我”正像人们所做的那样做所有这一切。在日常生活里或者说在日常的敞开状态中，我们像“人们”为其各种事物“操劳”一样为自己的各种事物“操劳”。[⑤] 操劳活动中，存在者与此在照面，发现诸如书写器物、缝纫器物、加工器物、交通工具、测量器物等。[⑥] 器物必须在一定整体关系中才能被理解为器物。所以海德格尔说，属于器物的存在一向总是一个器物整体，只有在这个器物整体中那件器物才能够是它所是的东西。[⑦] 器物的整体关系指的是它在此在的操劳活动中对其他器物相互依附关系的总和，这种依附关系本质上是一种

---

① 海德格尔 . 存在与时间（修订本）[M]. 陈嘉映，等，译 . 上海：商务印书馆，2015：74.
② 彼得·特拉夫尼 . 海德格尔导论 [M]. 张振华，等，译 . 上海：商务印书馆，2017：46–47.
③ 海德格尔 . 存在与时间（修订本）[M]. 陈嘉映，等，译 . 上海：商务印书馆，2015：90.
④ 陈嘉映 . 海德格尔哲学概论 [M]. 北京：商务印书馆，2017：65.
⑤ 彼得·特拉夫尼 . 海德格尔导论 [M]. 张振华，等，译 . 上海：商务印书馆，2017：55–56.
⑥ 海德格尔 . 存在与时间（修订本）[M]. 陈嘉映，等，译 . 上海：商务印书馆，2015：91.
⑦ 彼得·特拉夫尼 . 海德格尔导论 [M]. 张振华，等，译 . 上海：商务印书馆，2017：55–56.

"为了作……的东西"，有用、有益、合用、方便等都是"为了作……之用"的方式。[①] 本书将事物在整体关系中与人的"为了作……的东西"的关系概括为一种"合用性"关系。或者说，合用性是作为存在者的器物之存在特征。在这种关系中，操劳活动使自己从属于那个对当下的器物起组建作用的"为了作"。[②] "为了作"其实质就是将"物"赋予一种功能，从而使"物"面向此在展开，如在周围世界中，锤子不是一个"物"，而是一个为了"锤"这个功能的器物，而这个器物只有在此在生产或生活活动这个整体关系中才能显示出来。一切事物在操劳活动中通过其合用性的展示显示其存在方式，一切事物在操劳活动中由其合用性而成其为器物。这种存在方式被海德格尔称之为"上手状态"。[③] 一切事物在此在的操劳活动中成为"上手状态"，由此对于此在变得通达，事物作为存在本身得以显现。综上所述，在海德格尔看来，此在与世界的关系通过操劳活动而建构起来，并随着操劳活动的开展而展开自身，这就是海德格尔有关此在存在方式的基本观点。总体而言，在他看来，此在"在世界之中存在"，其本质在于生存。所以，在这个存在者身上所能体现出来的各种性质都不是"看上去"如此这般的现成存在者的现成"属性"，而是去存在的种种可能方式，并且仅此而已。[④]

海德格尔有关人的存在的观点为本书的后续论述提供了重要的理论依据。从现象学来看，所谓自明，就是人"在世界之中"，即在操劳活动中显现自身，并且自己和相关的他者都意识到这一点。而物质和精神则是人的两种主要存在领域。尽管海德格尔也重视此在的精神存在，并将沉沦等视为此在存在方式，但这些观点还不足以为本书提供理论指导。在此基础上，本书以物质和精神两大领域为出发点，对人的存在方式及其存在意义做进一步分析。

3.3.2 人的存在状态

旅游愉悦不仅仅是旅游者对旅游活动过程人、事物的心理反应，更是旅游

① 海德格尔．存在与时间（修订本）[M]. 陈嘉映，等，译．上海：商务印书馆，2015：90.
② 海德格尔．存在与时间（修订本）[M]. 陈嘉映，等，译．上海：商务印书馆，2015：92.
③ 海德格尔．存在与时间（修订本）[M]. 陈嘉映，等，译．上海：商务印书馆，2015：90.
④ 海德格尔．存在与时间（修订本）[M]. 陈嘉映，等，译．上海：商务印书馆，2015：58.

者在一定非经验的“前状态”条件下对旅游活动过程人、事物的经验反应。经验层面的反应方式以及内容是非经验的“前状态”条件的逻辑结果。所谓“前状态”是指前经验的，由一些人类赖以生存的基本命题所演绎出来的，且能为经验提供依据的观念状态。这种状态不能通过经验感知其存在，只能通过逻辑推理意识到其状态，并非此在显现的状态。具体而言，“前状态”指的是人存在的自由状态，其功能就在于为旅游愉悦的激发提供逻辑参照。要理解人存在的自由状态，首先要理解自由概念。

第一类是康德的自由观。在康德看来，自由指的是自由意志。他认为，意志是有生命东西的一种因果性，而自由就是这种因果性所固有的性质，即指的是它不受外来原因的限制、独立行动的必然性。自由必须被设定为一切有理性东西的意志所固有的性质。[①] 所以，在康德道德形而上学中，意志不自由，则不会按道德规律行动，那么理性就无法真正称为立法者。理性通过意志自由实现责任，即为道德立法。可以说，在康德道德哲学中，自由是人类理性主观能动性的集中体现，其作用大致相当于理学之“心之能动性”。在程朱理学中，心统性情，尽性而克情。即心的自由就在于以其主观能动能力克制由气质之性所引发之欲望，并将这种斗争引入人心，使之转变为人心中之天理与情欲之斗争，并以天理战胜人欲，促使道德秩序的形成。人心由此成为秩序形成的基本条件，如朱熹提出“性便是心之所有之理，心便是理之所会之地”，[②] 而儒家万物之“理”，是一种先验的存在，即“未有天地之先，毕竟也只有理，有此理，便有此天地。若无此理，便亦无天地”。[③] 可见，理是具有自由能动性的心之依据，其逻辑地位相当于康德之道德诫命，或曰定言命令，是绝对正确的。

第二类是政治上的自由观。这种观念源自西方，如17世纪英国霍布斯认为，个人自由即“自然权利”，[④] 是绝对的，逻辑上先于任何社会存在。与此类似，洛克认为，自然状态中个人享有完全的自由和平等，人人充当裁判者和执行者，如此惩治违反自然法的人，则会导致无秩序状态。因此，个人订立契

① 康德．道德形而上学原理 [M]. 苗力田，译．上海：上海人民出版社，1988：100.
② 朱熹撰，黎靖德编．性理二·朱子语类（卷五）[M]. 王星贤点校．北京：中华书局，1981：88.
③ 朱熹撰，黎靖德编．理气上·朱子语类（卷一）[M]. 王星贤点校．北京：中华书局，1981：1.
④ 霍布斯．利维坦 [M]. 北京：商务印书馆，1985：97.

约，让出部分权利，组成政府以维护公共秩序。政府权力是一种立在人们同意的委托权，一旦政府违反契约，人们有权撤回同意，推翻政府。[①] 据此，形成一整套选举制度，此即西方代议制民主政治。可以说，现代西方民主制度建立在自由思想之上。总之，西方政治自由思想的核心是个人与国家权力关系问题，所关注的是个人自由与权利先于政府权力，即以权利反抗权力。

第三类是马克思有关自由观。马克思认为，全部人类历史的第一个前提无疑是有生命的个人的存在。[②] 但是近代以来劳动分工却使人异化，其表现为人被一种非人力量统治一切。[③] 由此，人失去了个人自由。马克思认为，个人力量（关系）由于分工而转化为物的力量这一现象，只有在共同体中，个人才能获得全面发展其才能的手段，也就是说，只有在共同体中才可能有个人自由。[④] 可见，在马克思看来，个人自由就是要求人的全面发展，就是要摆脱劳动分工对人的异化。

在借鉴上述观点基础上，本书的基本观点是，从存在论出发，所谓人的自由是人在生存过程中形成的对自身协调发展以及自身存在免于被束缚、压制的规定性。人存在的自由状态是人作为类存在的按照人自身的目的展开自身的基本规定性，是人存在的必然要求。具体而言，存在论意义上人存在的自由状态有两方面意涵。一是积极方面，作为存在的人之身体与精神协调发展的自由，即人有采取行动维护身体与精神协调发展的必要性。二是消极方面，人有免于被束缚、压制的自由，即人对外加于己身之束缚、压制予以反应的正当性。值得一提的是，人存在的自由状态仅仅是人存在的理想状态的逻辑建构，借用海德格尔的概念，是共同此在凝聚的共识，是一种纯粹主观形式的观念存在，并没有经验内容。也就是说，人存在的自由状态的逻辑建构并没有有关压制、束缚、协调等概念的具体经验内容，而仅仅是一种抽象的对自由状态的必然性的把握。但只有在人有关自由状态观念其经验内容被填充之后，人的能动性才能对其生存状况展开干预。自由状态观念其经验内容生成的基本条件是个体在生

---

① 洛克．政府论（下篇）[M]. 叶启芳，等，译．上海：商务印书馆，1996：58-69.

② 马克思．马克思恩格斯文集（第一卷）[M]. 中共中央马克思恩格斯列宁斯大林著作编译局编译．北京：人民出版社，2009：519.

③ 马克思 .1844 年经济学哲学手稿 [M]. 中共中央马克思恩格斯列宁斯大林著作编译局编译．北京：人民出版社，2018：127.

④ 马克思．马克思恩格斯文集（第一卷）[M]. 中共中央马克思恩格斯列宁斯大林著作编译局编译．北京：人民出版社，2009：571.

存活动过程中意识到个体存在的自由状况可能受到威胁或干预。这种条件下，个体根据有关自由状态观念结合具体生存状态以及场景通过想象生成其经验层面的自由表象，其内容是对人存在的自由状态失衡予以校正的行动反应表象。自由表象可能是抽象的，可能是具体的，可能是积极的，可能是消极的。自由表象的意义就在为生存中的个体树立一个对于生存自身是否自由的具象化标杆，使之成为个体自身生存状态的探测器。

自由状态的实现则受制于人的存在方式。本书认为，人的存在方式主要有劳动和休闲两种类型。当然，也有人认为应当包括三类，即工作、休闲和生存。[①]Urry 认为，旅游是一种休闲活动，与之相对应的是其相对的、所谓的受监管和有组织的工作，它是工作和休闲在现代社会中如何作为独立和受监管的社会实践领域组织起来的一种表现。[②] 工业社会中，人的劳动环境较之前产生了一些变化。工业社会环境的特点是日益广泛和紧密编织的技术网，其中工业机械化——工业企业车间和办公室内的整个生产机械和设备的复杂结构——只是一部分。从整体看，这个环境由所有的技术因素（生产、运输、通信、关系、娱乐）组成，这些因素随时改变并仍在改变人的生存方式，不断侵入新的领域（工作、家庭、消费、休闲等），使个人受到各种刺激和压力。[③]

海德格尔所谓操劳活动，是此在的存在方式，是此在展开其存在的一切活动的高度抽象。操劳活动将一切事物的合用性关系展现出来，人通过领会这种关系实现与世界关系的建构，人的周围世界由此展开。所以，操劳活动包括人的一切生产、生活以及休闲活动，劳动和休闲是操劳活动在生产和生活中的具体化。

马克思认为："劳动这种生命活动、这种生产生活本身对人来说不过是满足他的需要即维持肉体生存的需要的手段，而生产生活本来就是类生活，这是产生生命的生活。一个种的全部特性、种的类特性就在于生命活动的性质，而人的类特性恰恰就是自由的自觉的活动，生活本身却仅仅成为生活的手段。"[④]

---

① Russell R Currie.A Pleasure Tourism Behaviors Framework[J].Annals of Tourism Research，1997（4）：884–897.

② John Urry.The "Consumption" of Tourism[J].Sociology，1990（1）：23–35.

③ Wilensky H L.Career and Social Integration[J].International Journal of Social Science，1960（4）：509.

④ 马克思 .1844 年经济学哲学手稿 [M]. 中共中央马克思恩格斯列宁斯大林著作编译局编译 . 北京：人民出版社，2018：52–53.

也就是说，劳动的主要内容就是准备或进行生产生活活动，并由此预期或获得生存资料，是维系人类作为类存在的基本手段。劳动之所以是人的存在方式，首要的就在于劳动在人的身体活动过程中展开了时间和空间。按照海德格尔的观点，此在在操劳活动中建立起合用性关系的器物有其位置。① 人通过劳动与事物建立的一种功能性合用性关系，为人的世界建构奠定基础。操劳活动中各器物所建构的整体关系的空间由操劳寻视所展开并“收在眼中”，此即场所。所谓寻视，即此在操劳活动中的意识活动，是展开空间的逻辑前提。也就是说，场所在操劳活动中只有通过寻视后才被展开，其空间性由此显现出来。随着操劳活动的展开，一个一个场所的空间也随之展开，由此，通过劳动，人的周围世界也随之展开。人并不停留于周围世界，通过“去远”，不断拓展周围世界的空间范围。所谓“去远”，在海德格尔看来，即此在在世的一种存在方式，意指此在的一种存在建构。②“去远”通过此在的操劳活动与寻视将器物及其位置、场所空间不断展开。“去远”的实质即周围世界边界不断拓展，是此在与周围世界空间关系的拓展，也即“在世界之中”拓展。所以，“去远”并不是跳出周围世界，而是此在在周围世界中。概言之，“去远”并非相去之远（相近），更非距离这一类东西，而指的是此在在周围世界中的及物。③ 从这个意义上看，现象学视域下的旅游活动，即“去远”活动，其实质本非离开周围世界，而是周围世界的拓展。由此，旅游场域并非与周围世界不同的另一个世界，而是其延伸。

关于休闲，目前有几种代表性观点，休闲是人的生命存在的方式，是因为休闲是终生的事情。④ 休闲被理解为一种成为状态的自由，是在生活规范内做决定的自由空间，是在摆脱义务和责任的同时对具有自身意义和目的活动的选择。⑤ 闲暇是一种精神现象，是“工作者”这个意象的真正对比的一种灵魂的状态，以便和与之相近的一些概念如“工作中休息”“休闲”“周末”“度假”等有

① “器物”在《存在与时间》中的翻译为“用具”。本书为论述方便，统一为“器物”。参见：海德格尔．存在与时间（修订本）[M]. 陈嘉映，等，译．上海：商务印书馆，2015：132.

② 海德格尔．存在与时间（修订本）[M]. 陈嘉映，等，译．上海：商务印书馆，2015：134.

③ 海德格尔．存在与时间（修订本）[M]. 陈嘉映，等，译．上海：商务印书馆，2015：134.

④ 李云霞．面向生活世界的休闲问题研究 [M]. 北京：中国社会科学出版社，2013：59.

⑤ 凯利．走向自由：休闲社会学新论 [M]. 赵冉，译．昆明：云南人民出版社，2002：20.

所区别，是比“劳动的生活”更高层次的生活。[1] 休闲是从文化环境和物质环境的外在压力下解脱出来的一种相对自由的生活，它是个体以自己所喜爱的、本能地感到有价值的方式，在内心之爱驱动下的行动。[2] 总体而言，本书认为，休闲是人的存在方式，是相对于劳动状态的一种相对自由状态。如果说劳动在于通过生产生活活动获得生存资料的话，休闲则是通过休闲活动甚至是不活动从而获得身体和精神的再生产，以使人的存在得以延续。

从海德格尔现象学分析，休闲活动也是人在世的操劳活动的一部分，是劳动活动以外的身体和精神的再生产活动的高度抽象。与劳动不同，在休闲活动中与人打交道的事物展开自身的逻辑前提并非其合用性，取而代之的是其合意性。所谓合意性指的是与意向的一致性，本书所谓意向的概念借自康德《批判力批判》，指的是必然的主观倾向性。劳动意向是劳动活动激发的逻辑前提，休闲意向是休闲活动激发的逻辑前提。合用性考虑的是器物与另一器物的功能关系，归根结底是人与器物的合用性关系，即功能赋予。合意性则考虑的是物和人的意向之间的一致性关系。劳动过程中，人通过寻视意识到物的上手状态，器物对于使用者而言，有可能是一种集体意向性，而并不必然具有个体的意向性。这种集体意向性就体现在器物的功能关系当中，如钢笔作为书写工具是在当代人类社会集体认可的条件下才称其为笔，一枝能画画的树枝并没有被认可，尽管在一些原始社会中，可能会被认为具有笔的功能。但是，在休闲活动之前，已经有一个个人的“意向”在那里了。这个“意向”可能在劳动过程中激发，一个先于休闲活动的主观倾向性，是一个离开劳动束缚的纯粹观念。劳动的意向和休闲的意向共同构成人追求自由的意向，自由是人作为存在的圆满状态。人存在状态的圆满以上述两种意向以及劳动和休闲两种活动取得和谐关系为特征。当人的劳动活动超出关系和谐的临界点，劳动意向就会降低，休闲意向就会被激发。而之所以说休闲的意向是纯粹的意向形式，就在于它仅仅指向对劳动活动的反抗，却并没有明确的意向内容。如果我玩一个游戏是为了娱乐，这将是为了钱而玩游戏，或者因为我被迫玩游戏，或者因为我想不到别

---

① 约瑟夫·皮珀．闲暇：文化的基础 [M]. 刘森尧，译．北京：新星出版社，2005：40–45.

② 托马斯·古德尔，杰弗瑞·戈比．人类思想史中的休闲 [M]. 成素梅，译．昆明：云南人民出版社，2000：11.

的事情可做，这意味着我是为了游戏本身。[①]从这个意义上说，针对游戏的意图本身就是纯粹的。休闲意向转化为具体的休闲意图，则需要结合具体的情境才能完成。

本书有关劳动和休闲的平衡关系在一些研究中得到部分支持，如有学者提出补偿性、溢满/熟悉性概念，以构建家庭环境和旅游行为的分析框架。其中，溢满/熟悉性概念假设个人在下一段时间重复他们之前喜欢的东西并继续这样做。而补偿性概念假设个人在闲暇时寻找工作中缺乏的东西，如当无聊或单调的日常生活积累起来时，则需要一个明显不同的改变的体验，否则他就会崩溃；如果日常生活久坐不动，那么就会寻求剧烈的玩耍；如果日常生活是城市式的，就会寻找一个乡村地区等。[②]补偿性概念的实质就是寻找工作与休闲的平衡，能够在一定程度上支持本书有关休闲意向与劳动意向之间平衡关系的观点。

3.3.3 旅游愉悦生成的逻辑

劳动和休闲两种存在方式在人存在的自由状态理想的实现方面各自有不同功能，劳动在于为人再生产提供物质基础，而休闲则是为身体和精神再生产提供可能性。人存在的自由状态之实现的关键在于自明，即对经验层面两者之动态平衡的意识。一旦现实中人意识到失衡形成，则另一方活动意向得以激发，偏向劳动，则休闲意向激发，反之亦然。劳动对于人存在的自由状态的伤害就在于其异化导致自由状态之失衡。失衡意识属于经验层面的心理现象，而人存在的自由状态属于意识的逻辑建构，属于非经验的观念存在。失衡意识何以影响人存在的自由状态呢？人在劳动过程中会逐渐形成相应的劳动表象，这种表象内容主要为劳动的场景、情绪体验等。劳动过程中所形成的表象与人存在的自由状态的表象一旦不一致，就会激发人对自身存在状态失衡的意识。由于这种意识是基于表象所进行的主观判断，因而失衡意识是一种主观观念。经验层

① Gordon Graham.Hilosophy of the Arts：An Introduction to Aesthetics[M].London：Routledge，2005：32.

② Russell R Currie.A Pleasure-Tourism Behaviors Framework[J].Annals of Tourism Research，1997(4)：884–897.

面，人的这种失衡意识是激发维护自由状态的观念基础，而休闲活动意向则是对失衡意识的一种反应。

旅游活动是休闲活动的重要内容之一，旅游意向是休闲意向的重要内容之一，旅游意向的激发是人对其存在的自由状态失衡的一种主观反应。由此，旅游活动过程中旅游体验是否愉悦则必须从旅游活动本身与人存在的自由状态的关系中寻找依据。具体而言，旅游愉悦的生成以旅游活动的发生为时间前提，而旅游活动则以旅游意向的激发为逻辑前提。旅游愉悦生成的“前状态”就蕴含在旅游意向与人存在的自由状态关系当中。旅游意向是指向旅游活动的主观倾向性，是非经验层面的主观意识，与旅游活动的关系属于逻辑有效性，而非经验有效性。

旅游意向目的何在？所谓目的，按照康德的观点，即关于对象的概念同时包含着这个对象的现实性基础。[①] 也就是说，目的指的是概念本身与概念对象的一致性关系，对象体现着概念本质属性和特征，也即与概念相符合，则概念为对象的目的。他认为，概念本身与概念对象之间的一致性关系形成即形式的合目的性的达成，此即为激发愉悦情绪的逻辑条件之一。[②] 据此，旅游意向概念指的是存在者的人进行旅游活动的主观倾向性。这种主观倾向性的实质内容就是扭转人存在的失衡状况恢复至人的存在的自由状态。而旅游意向的对象即人的旅游活动。由此，旅游意向的目的即旅游活动与人的存在自由状态的一致性关系，两者合乎一致性关系，即目的达成，此即形式合目的性。[③] 旅游意向的合目的性，这是旅游愉悦生成的逻辑前提条件之一。人存在的自由状态在经验层面即劳动和休闲平衡状态，由此旅游意向的目的就在于指向两者平衡的状态。

旅游意向为抽象的主观倾向性，要将它转化为旅游活动，还需要一个中介环节，即旅游表象。旅游表象是将旅游意向的对象具象化的主观意象，是通过想象形成的针对旅游活动的主观知识，与旅游者个体经验有关，是旅游者在经验层面将旅游意向与具体情境下人的存在状态结合起来而形成的主观意象，可能是关于一个海滩的画面，可能没有什么具体的画面，仅仅是一个逃离工作地

① 康德．判断力批判（上）：审美判断力的批判 [M]. 宗白华，译．北京：商务印书馆，1964：17.
② 康德．判断力批判（上）：审美判断力的批判 [M]. 宗白华，译．北京：商务印书馆，1964：25.
③ 康德．判断力批判（上）：审美判断力的批判 [M]. 宗白华，译．北京：商务印书馆，1964：18.

的念头等，即一种旅游活动地点、方式、途径等相关的直观知识。实际上，旅游表象是对个体生存状态失衡之后的以旅游为途径予以矫正的有关行动表象，即对个体生存状态失衡的矫正反应的行动表象。一个连续加班半个月的人，其旅游表象可能就是找一个与工作环境截然不同的地方，晒晒太阳，发发呆，至于具体什么地方根本无所谓。20世纪六七十年代的美国，一些中产阶级去度假，用一些比较极端符号化的活动表征旅游表象，以体验他们在自己的社会等级体系中无法体验的东西。如许多美国人喜欢把假期想象为“休假”——从某种意义上说，是人们想象的拒绝时间，即一个人应该整天发呆，或整夜熬夜或睡觉，否认时间顺序中的“正常”仪式；一些度假者甚至把手表留在家，作为适应不正常“时间表”的明确象征；在饿的时候吃，而不是时钟叫他们的时候吃等，以让关系时间代替绝对时间在不同程度上接管计划理性。①

由于旅游表象是旅游意向的具象化，因而其逻辑有效性就在于合目的性，即旅游表象所涉及的具体内容与人的存在的自由状态的一致性关系。旅游表象的合目的性，这是旅游愉悦生成的第二个逻辑前提条件。在旅游活动过程中，有关旅游表象的工作机制就是随时将旅游过程中所展开的周围世界的表象与旅游表象进行对照，并将旅游表象与旅游意向进行对照，将旅游意向与人的存在的自由状态进行对照，最终，旅游活动与人的存在的自由状态进行对照，以判断旅游活动所展开的周围世界与人的存在的自由状态是否一致。一旦两者一致，旅游愉悦则会被激发。可见，旅游愉悦的实质就是旅游过程中人的存在的自由状态得以显现的必然反应，并最终指向人存在的自由的规定性。

旅游表象是激发旅游活动的经验性诱因。旅游者旅游活动展开之前，从海德格尔现象学来看，景观仅仅在作为存在者的人的意识中被揭示，但其存在仍是晦暗的。景观从海德格尔现象学视角看，它被其设计者和塑造者共同揭示，在旅游活动中通过合意性关系而被展开之前，不可理解为旅游者的现成上手事物，“森林是一片林场，山是采石场，河流是水力，风是‘扬帆’之风。随着被揭示的周围世界来照面的乃是这样被揭示的‘自然’”。“那个‘澎湃争涌’

① Gottlieb A. Americans’ Vacations[J].Annals of Tourism Research，1982（2）：165–187.

的自然，那个向我们袭来、又作为景象摄获我们的自然，却始终深藏不露。”[①] 可以说，景观“在那里”，但对于旅游者而言，它是非通达的。作为存在的景观，通过旅游过程中的“观赏”“体验”，开始显露自身的存在，但仍尚未能构成旅游愉悦的条件，仍未能成为周围世界之构成部分。

在旅游者的旅游活动过程中，寻视作为存在者的人的主观意识，“领会”所“打交道”的景观，景观与存在者的生存论意义上的关系建立起来，周围世界由此展开。旅游活动与劳动活动所展开的周围世界与作为存在者的人的关系不同。劳动活动中，周围世界是人将物以器物的名义组织起来并展开的。物的运行规则就是与彼此之间的合用性，归根结底就是与物与人之间的合用性。合用性关系的成立即劳动活动中愉悦得以激发的逻辑条件。与此不同，旅游过程中器物以景观名义与世界打交道，以“体现……意向的东西”。所谓“体现……意向的东西”即“体现旅游意向的东西”，即与旅游意向具有一致性关系的物。旅游意向在经验层面体现为旅游表象，因而合意性即与旅游表象的一致性关系。一个连续加班半个月的人，其旅游表象如果就是“找一个与工作环境截然不同的地方，晒晒太阳，发发呆”，那么旅游活动与这种旅游表象一致性关系成立，则旅游愉悦生成。

由于旅游表象是旅游意向的经验性形式，“体现旅游意向的东西”实际上在具体旅游情境中即“体现旅游表象的东西”，此即所谓合意性。旅游意向与人的存在的自由状态具有一致性关系，旅游表象与旅游意向具有一致性关系，旅游活动与旅游表象具有一致性关系，由此，合意性其实质就是旅游活动与作为存在者的人的自由状态的一致性关系。

通过劳动活动展开自身的器物是否也具有激发旅游愉悦的条件呢？通过劳动展开的器物及其整体组成了周围世界，对于作为人的存在者而言无疑是通达的。但是，这种通达建立于器物之间。作为器物，与人之间建立起合用性关系，这是劳动愉悦激发的基本条件。那么，器物能否作为旅游吸引物激发旅游愉悦呢？器物当然是劳动活动中的器物。在劳动活动中，劳动者的寻视并不具备旅游愉悦生成的条件。但是在某种特定条件下，在曾经的劳动环境中，器物

① 海德格尔.存在与时间（修订本）[M].陈嘉映，等，译.上海：商务印书馆，2015：93-94.

有可能被从劳动活动中剥离出来，从与其他器物的合用性关系中解放出来，并在旅游者的寻视中，以一种合意性关系重新展开彼此。由此，旅游愉悦生成的条件也就具备了。试想一下，一个导游以游客身份重新体验一下自己曾经跨省带团所涉及的景观，即在工作环境中，也可能会激发旅游愉悦。通过这个案例，我们可以得出结论，从逻辑上讲，器物具有激发旅游愉悦的可能性，关键就在于作为景观名义的器物需要在一定条件下与旅游表象达成合意性关系。进言之，旅游愉悦的激发并非必须在所谓“非惯常”环境中，① 也有可能就在惯常的工作环境中。换言之，是否激发旅游愉悦，不在旅游吸引物本身，不在旅游时空条件本身，而在它与旅游表象之间的合意性关系是否一致。

旅游愉悦并不是旅游活动过程中旅游者对旅游吸引物的必然反应，而是人对旅游吸引物刺激的反应是否与人的存在的自由规定性要求一致的反应。也就是说，旅游愉悦并非由旅游吸引物的规定性所确定，而是由旅游吸引物与人存在的自由观念的规定性的关系所设定。同样的旅游吸引物，对于不同生存状态的人来说，其旅游体验并非必然一致，其旅游愉悦也非必然激发。由此出发，所谓黑色旅游是否会激发旅游愉悦这个问题所面临的理论困境迎刃而解。在旅游活动中，任何“物”，只要能最终达成与人的存在的自由状态的规定性一致性的要求，即与自由表象的一致性的要求，都具有激发旅游愉悦的可能性。旅游愉悦也并非感官刺激的必然反应，而是感官刺激最终与人的存在的自由状态的规定性一致性的反应。旅游表象可能是抽象的，可能是具体的，可能是积极的，可能是消极的，旅游愉悦体验也相应可能是抽象的，可能是具体的，可能是积极的，可能是消极的。以人的存在的自由的规定性为逻辑前提，为旅游愉悦体验建立了坚实的逻辑前提，避免了将自身陷入经验性的变动不居的尴尬局面。

从海德格尔现象学来看，旅游愉悦的激发对于不同旅游者而言，是

① 张凌云认为，惯常环境指的是一个人的日常工作（或学习）环境、日常居住环境、日常人际交往环境的总和。与惯常环境相比，非惯常环境是可随意选择的、不确定的、开放的，其边界不仅可以延伸到人迹罕至的南北极地区，甚至还可以扩展到太空和外太空区域；不仅是物质的、现实的，甚至还是精神的、虚幻的（如迪士尼乐园等）和超现实的（如太空旅游）。非惯常环境是旅游的必要条件。参见：张凌云．非惯常环境：旅游核心概念的再研究——建构旅游学研究框架的一种尝试 [J]. 旅游学刊，2009（7）：12–17.

否存在普遍的、一致性的条件呢？在旅游者的旅游活动中，景观有可能在“你”“我”“他”之间共同照面，但景观与彼此间的合意性关系并不一致，彼此并不在彼此的周围世界中。也就是说，“你”“我”“他”和景观在同一时空中，却不在同一个周围世界中。也就是说，空间的统一性并非旅游愉悦生成的普遍的、一致性条件。那么，旅游愉悦生成在不同旅游者之间激发的普遍的、一致性的条件是什么呢？我们认为，那就是景观与不同旅游者旅游意向的一致性的合意性关系。尽管景观与“你”“我”“他”处于不同时空中，但是，只要景观与彼此旅游意向的一致性关系为一致，则彼此间具备旅游愉悦的同样条件，因而具有形成旅游愉悦通感的基本条件。由此，“你”“我”“他（她）”在旅游活动中共同照面，彼此意识到了同样作为旅游者的旅游愉悦的存在。

旅游者与旅游场域的居住者可能同处一个时空结构中，即有共同的小路、大街、桥梁、房舍等。旅游场域既是“我”的周围世界，也是居住者“他”的周围世界，但旅游者与居住者无疑是在不同的周围世界中。大桥、道路、街道、房屋都在一定方向上通过目的地居住者的操劳活动所显现，“物”的合用性关系被显现出来，向“他们”通达，如带顶篷的月台考虑到了风雨，公共照明设备考虑到了黑暗，也就是说，考虑到了“太阳的位置”；在钟表中则考虑到了宇宙系统中的一定的星辰位置。当他们看表的时候，不知不觉地使用了“太阳的位置”。[①] 官方天文学就是按照“太阳的位置”来调整时间量度的，在使用当下而不显眼的上手的钟表设备之际，周围世界的自然也就共同上手了。[②] 大桥、道路、街道、房屋都在一定的方向上通过合意性为作为旅游者的“我”的旅游活动所揭示，带顶篷的月台的合用性不在于遮挡风雨，而以特定民居景观而显现自身，公共照明设备可能也不一定只在于照明，而以创设浪漫氛围的器物以显示自身。我们明显看到，作为旅游者的“我”与居住者即使共在一个时空，但是所通达的世界其具体的意涵却不一样，根源在于彼此建立在不同关系之上。对于旅游者而言，这些小路、大街、桥梁、房舍通过合意性关系而显

① 海德格尔．存在与时间（修订本）[M]. 陈嘉映，等，译．上海：商务印书馆，2015：94.
② 海德格尔．存在与时间（修订本）[M]. 陈嘉映，等，译．上海：商务印书馆，2015：94.

现出来作为景观而存在。可以说，在现象学视域中，同样的事物，对于不同旅游者、本地居住者等不同的人而言，以不同的合用性或合意性而显现不同的存在面相。

旅游愉悦形成取决于人的自由状态及其相应的旅游意向与旅游活动之间的关系的现象学思考，在一些有关旅游活动动机的心理学研究中得到一些验证。如 Currie 认为个人的旅游行为与其旅游前准备状态有关，如家庭生活准备状态，主要为个人日常生活中所有行为（工作、休闲和生存）的累积；个人的心理状态包括对家庭和旅游环境的感知。旅游愉悦取决于这些需求所形成的对目的地的现实期望是否在旅游活动中得到满足。[①]

① Russell R Currie.A Pleasure-Tourism Behaviors Framework[J].Annals of Tourism Research，1997(4)：884–897.

4 文旅融合文化体验

文化体验是文旅融合体验的重要内容之一，MacCanell 提出，闲暇是由文化体验构成的，它们主要包括度假、娱乐、旅游这种针对日常活动进行的文化仪式的转移、玩耍和宗教仪式。① 目前有关旅游的文化体验相关研究主要有以下方面。

一是目的地文化体验。代表性观点如 Cetin 等提出，目的地文化体验主要包括五个要素，即社会互动（social interaction）、当地的真实线索（local authentic clues）、服务（service）、文化/遗产（culture/heritage）和挑战（challenge）。其中，社会互动主要被描述为当地人的特点，如乐于助人、礼貌、友好、有趣、慷慨、和平、冷静、分享、好客和有善意。当地的真实线索指的是代表当地文化特征的一些符号，如伊斯坦布尔博斯普鲁斯海峡及土耳其茶等。服务主要与目的地的旅游基础设施和服务设施有关（如酒店、员工、清洁、交通、景观美化和花卉等）。文化/遗产是受到旅游者最为关注的因素，如遗产、艺术、历史、娱乐、时尚、服装、文化活动、建筑和食品等。挑战指的是旅游者在当地遭遇到的一些负面经历，涉及目的地一些问题，诸如购物、交通、噪声、安全和保障、拥挤、旅游陷阱、语言、混乱、停车、缺乏标准等。② 总体而言，根据 Cetin 等的观点，目的地文化体验主要为旅游者在目的地文化环境中的体验，其核心是有关目的地居民的生活方式的体验。Chen 等则提出包括游客参与、文化接触、回忆性旅游体验（Memorable Tourism Experiences，MTE）、重访意向和推荐意向的标准化、理论路径因素在内的体验因素模型。

① Dean MacCannell. 旅游者：休闲阶层新论 [M]. 张晓萍，等，译 . 桂林：广西师范大学出版社，2008：38.

② Gurel Cetin，Anil Bilgihan . Components of Cultural Tourists’ Experiences in Destinations[J]. Current Issues in Tourism，2014（2）：137–154.

同时通过实证研究表明，游客参与文化旅游对游客的文化接触有积极且显著的影响，文化接触对文化旅游有直接影响显著。此外，回忆性旅游体验水平对文化游客的重访意向和推荐意向也有积极的影响。[①] 另外，Belhassen 等则主要关注宗教旅游中真实性体验的构成，认为旅游者在访问圣地期间真实的宗教旅游体验由三个相互关联的部分组成：朝圣活动背后的神性政治意识形态、所参观的地方以及朝圣者所进行的活动，这种体验内容是三者之间相互交融而形成的意义的交集。[②]

二是美食文化体验。代表性如 Seyfi 等提出六因素体验理论，即体验内容重要性预判、真实性、参与性、美食吸引力、文化交流和服务质量。第一个因素是体验内容重要性预判。如对大多数参与者来说，参观巴黎的体验取决于对埃菲尔铁塔、卢浮宫等地标性景点是否重要的预判，这种预判可能会影响人们访问目的地的决定。第二个因素是真实性。文化目的地所显示的真实性可以独特地表征目的地文化特色（如整体建筑和建筑印象、特色室内设计 / 建筑等）。第三个因素是参与性。在旅游期间对文化景点和地点的参与是形成难忘体验的重要因素，如参观巴黎不同文化景点的热情感等。第四个因素是美食吸引力。如在巴黎的旅游，受访者提到了法国美食、葡萄酒和奶酪等。第五个因素是文化交流。主要表现为当地人的乐于助人、礼貌、友好、社交、有趣、和平、分享等特点。第六个因素是服务质量。参与者提到了公共交通、出租车司机、导游、住宿、购物、交通、安全保障等因素。[③]Adongo 等的研究表明，游客的当地美食体验涉及五个主要领域：文化、知识、新奇性、享乐主义和不良体验。[④]Stone 等则认为令人难忘的美食旅行体验包括五种一般要素：所消费的食物或饮料、地点 / 环境、同伴、场合和旅游要素（如新奇性、真实性）。一个单

① Han Chen，et al.Cultural Tourism：An Analysis of Engagement，Cultural Contact，Memorable Tourism Experience and Destination Loyalty[J].Tourism Management Perspectives，2018（26）：153–163.

② Yaniv Belhassen，et al.The Search for Authenticity in the Pilgrim Experience[J].Annals of Tourism Research，2008（3）：668–689.

③ Siamak Seyfi，et al.Exploring Memorable Cultural Tourism Experiences[J].Journal of Heritage Tourism，2019（3）：341–357.

④ Charles A Adongo，et al.Will They Tell Others to Taste? International Tourists' Experience of Ghanaian Cuisines[J].Tourism Management Perspectives，2015（15）：57–64.

一元素（如主菜）就足以创造一个难忘的体验。①

三是遗产旅游文化体验。代表性如 Bryce 等根据游客在日本旅游期间对当地文化遗产的体验，建立了预设观念、真实性感知、参与和伴随的行为后果（忠诚）等概念之间的关系模型。②预设观念包括文化动机、休闲行为、遗产相关行为、自我联系，真实性感知包括基于目标的真实性和存在性真实性，对该概念模型的假设进行了实证分析。这些发现有助于更好地理解游客对日本旅游景点真实性的感知和评价。③

四是博物馆文化体验。代表性如 Chieh–Wen Sheng 等通过博物馆游客日记的内容分析对博物馆游客的体验期望进行了研究。他采用因子分析提取了五种类型的体验期望，包括轻松与娱乐、文化娱乐、个人认同、历史回忆和逃避现实。④此外，他还分析了参观博物馆的偏好以及不同体验期望的人口因素，提出不同类型的旅游者体验期待侧重点有所不同，受教育程度较高的女性通常期望有一种轻松和有趣的博物馆参观体验，收入较高的老年和已婚参与者往往期望有历史回忆等。⑤

由上述研究可知，当前有关文化体验的研究主要侧重目的地文化体验、美食文化体验、遗产旅游文化体验以及博物馆文化体验等领域，其内容主要是对旅游中的文化体验构成因素进行了剖析，对于深化相关研究具有一定的启发。需要指出的是，这些研究并未涉及文化体验形成的文化根源以及文化影响等基本理论问题，本书试图从现象学视角对此进行分析。

4.1 由自在的物到文化器物

人类社会一切器物诸如房屋、农具、道路，甚至山、水等自然存在物，无

① Matthew J Stone，et al.Elements of Memorable Food，Drink，and Culinary Tourism Experiences[J]. Journal of Travel Research，2017（8）：1–12.

② Derek Bryce，et al.Visitors' Engagement and Authenticity：Japanese Heritage Consumption[J].Tourism Management，2015（36）：571–581.

③ Derek Bryce，et al.Visitors' Engagement and Authenticity：Japanese Heritage Consumption[J].Tourism Management，2015（36）：571–581.

④ Chieh–Wen Sheng，et al.A Study of Experience Expectations of Museum Visitors[J].Tourism Management，2012（33）：53–60.

⑤ Chieh–Wen Sheng，et al. A Study of Experience Expectations of Museum Visitors [J].Tourism Management，2012（33）：53–60.

疑都是物质文化内容。那么，一个从来没有人来过的荒岛上的山和水，能否称其为文化器物呢？我们认为并非所有物的东西都可以被视为人类的文化器物，从来没有人来过的荒岛上的一切都不能称其为“有”文化。由此，一个值得深入思考的问题就是，自在的“物”在何种意义上转变为人类社会的“器物”而成为物质文化？本书试图从现象学角度对此进行分析。

按照海德格尔现象学，此在依寓世界而存在。所谓此在，是这样一种存在者，它在其存在中有所领会地对这一存在有所作为。[①] 能够对自身存在状态有所领会者，当然非人莫属。海德格尔以此在而不是“人”来命名，意在表明人作为存在者依寓世界而共在的存在特征。在海德格尔看来，人在与世界的关系中建构自身，而世界同样在与人的关系中展现自身的存在。

依寓世界而存在，绝非意指把一些现成物体摆在一起之类的现成存在，绝没有一个叫作“此在”的存在者同另一个叫作“世界”的存在者比肩并列那样一回事。[②] 依寓世界而存在指的是此在“在之中”的这些方式确是形形色色：和某种东西打交道，制作某种东西，安排照顾某种东西，利用某种东西，放弃或浪费某种东西，从事、贯彻、探查、询问、考察、谈论、规定，诸如此类。[③] 也就是说，“在之中”的存在方式指的是此在在操劳中，即料理、执行、整顿，也可以意指“为自己弄到某种东西”。[④]“在之中”依寓世界而存在，即此在通过操劳活动与世界打交道，具体而言，与以“器物”名义的存在者打交道。器物本质上是种“为了作……的东西”，有用、有益、合用、方便等都是“为了作……之用”的方式。[⑤] 器物这种“为了作……的东西”的特征，其本质就是与作为存在者的人的合用性关系，钢笔、墨水、纸张等作为书写器物，与此在存在以“书写”为功能的合用性关系中显现自身，而垫板、桌子、灯、家具、窗、门、房间等器物则以书写的场所为功能的合用性关系中显现自身。概言之，器物作为此在“在之中”的共在，以与作为存在者的人的合用性关系显现自身的存在。

① 海德格尔．存在与时间（修订本）[M]. 陈嘉映，等，译．上海：商务印书馆，2015：71–74.
② 海德格尔．存在与时间（修订本）[M]. 陈嘉映，等，译．上海：商务印书馆，2015：74.
③ 海德格尔．存在与时间（修订本）[M]. 陈嘉映，等，译．上海：商务印书馆，2015：77.
④ 海德格尔．存在与时间（修订本）[M]. 陈嘉映，等，译．上海：商务印书馆，2015：76.
⑤ 海德格尔．存在与时间（修订本）[M]. 陈嘉映，等，译．上海：商务印书馆，2015：91.

所谓合用性，其实质就是功能赋予。[①] 所谓功能赋予，即将某项功能赋予此在打交道的某物。功能赋予是人类一项基本能力，通过该能力作为存在者的人将与其打交道的一切“物”通过功能建立起通达的明晰的周围世界。确切地说，通过功能赋予，人类所体验的是一个以椅子、桌子、图画、街道、花园、剧院为名义组成的一个各自对于人类有其不同功能的“器物”所构成的世界。可以说，在人打交道之前，万物仅仅是“物”而已，是一个自在的存在者，一旦通过功能赋予，则“物”从自在状态脱离出来，而显现在周围世界之中，人所打交道的就不再是一个自在物，而是与人具有某种合用性关系的物，这个物是确定的、必然的。这个物也由此进入了人所主导的文化世界之中，这个过程就是物的文“化”过程。

功能赋予并非随意完成的，按照海德格尔现象学的逻辑，是在操劳活动过程中物与此在在合用性关系中显现出来的，并由此被此在的寻视所发现。那么，合用性关系的依据又是什么呢？也即此在如何意识到上手的器物与“我”之间具有“为了作……之用”的关系。“为了作……之用”当然指的是器物为了此在操劳活动过程中某项活动之用。而且器物必然性地用于某项活动，这才是功能赋予的前提条件。可以说，此在在操劳活动过程中，也即劳动或休闲过程中必然性地对这个过程中的器物具有某些必然的规定性要求，如犁田农具应该用铁器打造且头必须是尖的。但是，此在在操劳过程中对犁田农具也必然会有其主观倾向性要求，但内容各自不同，如有人认为尖头的形状比较细，这样好看，另外的人则不这样认为，等等。实际上，很多事物本身的功能赋予具有很大的主观倾向性特征，如河流的功能是什么？树的功能是什么？石头的功能是什么？不同的人在不同的操劳过程中会形成不同的要求，因而其功能赋予也会不同。一块石头，在不同的劳动活动中，会被赋予不同功能，有可能成为一块界碑，成为一把斧子，成为砌房子的材料，成为一件艺术品，等等。可以说，发源于此在劳动活动过程中的这种规定性要求，是器物达成合用性关系的逻辑前提。两者达成一致性关系，那么，器物显现了自身的存在，显现在了此在的周围

① 塞尔．社会实在的建构 [M]. 李步楼，译．上海：上海人民出版社，2008：14.

世界。

器物与“我”的合用性关系如何转变为器物与“你”“我”“他”的合用性关系？也就是说，个体周围世界中的器物如何变为一种被普遍认可的器物？所谓的普遍认可，即处于共在此在的一致认可。所谓共在，按照海德格尔现象学的观点，操劳活动过程的此在碰到了彼此，即他人在其在周围世界之中的共同此在中来照面。[①]海德格尔现象学认为，他人有可能在劳动中供使用的器物“共同照面”而成为共同此在。[②]所谓共同此在：

> 此在的世界所开放出来的有这样一种存在者：它不仅根本和用具与物有别，而且按其作为此在本身存在这样一种存在的方式，它是以在世的方式“在”世界中的，而同时它又在这个世界中以在世界之内的方式来照面。这个存在者既不是现成的也不是上手的，而是如那有所开放的此在本身一样，它也在此，它共同在此。假如人们竟要把一般世界和世内存在者等同起来，那么人们势必要说，“世界”也是此在。[③]

可见，所谓共同此在不是器物，因而“既不是现成的也不是上手的”，是另外的“在世的方式‘在’世界中的”此在。共同此在与“我”发生的关联在于操劳活动。通过操劳活动，作为他人的共同此在“在世界中”与“我”照面，即在“我”的周围世界中以一个不同于器物的世界内的存在者的方式与“我”照面。在共同照面中，“我”与“他”共同在此，彼此成为共同此在。海德格尔认为，这个“共同”并非指的是时空意义上的“共同”，而是指向共同的操劳活动意义上的“共同”，也即指的是存在论意义上的共同，即“我”与“他”都通过操劳活动而存在着的共同。由于这种有共同性的在世之故，世界向来已经总是我和他人共同分有的世界。此在的世界是共同世界，“在之中”就是与他人共同存在，他人的在世界之

① 海德格尔．存在与时间（修订本）[M]. 陈嘉映，等，译．上海：商务印书馆，2015：153.
② 海德格尔．存在与时间（修订本）[M]. 陈嘉映，等，译．上海：商务印书馆，2015：150.
③ 海德格尔．存在与时间（修订本）[M]. 陈嘉映，等，译．上海：商务印书馆，2015：151.

内的自在存在就是共同此在。[1]这里所谓共同世界，也即本书所谓“共在世界”。

所谓共在世界中“碰到”了彼此，并非指的是时空上彼此的交汇，而指的是在操劳过程中在某一点上彼此间建立了逻辑上的关联，可能是使用共同的器物，可能是器物的生产者与使用者等。“碰到”并非时空上的交汇，而是就操劳活动的某一项上建立了联系。现代社会中，各种媒体的发达，为“你”“我”“他”之间的碰到提供了更加方便的条件。可见，共在所指并非“你”“我”“他”在同一时空的共处，而是“你”“我”“他”在彼此的操劳活动过程中基于某一项特定的关联显现在了彼此的周围世界，彼此的周围世界由此相融合而成为共在世界。共在世界可能是一个班级，可能是上下游的产业链，可能是一个村庄，可能是一个具有共同关联的某一个更大群体如国家、民族等。

共在的“你”“我”“他”彼此间在操劳活动过程中的“碰到”行为实际上主要是一个交往行为。哈贝马斯认为，交往行为概念所涉及的是两个以上具有言语和行为能力主体之间的互动，这些主体使用（口头的或口头之外的）手段，建立起一种人际关系。行为者通过行为语境寻求沟通，以便在相互谅解基础上把他们的行为计划和行为协调起来。解释的核心意义主要在于通过协商对共识的语境加以明确。[2]共在的“你”“我”“他”在交往行为过程中，分享彼此间对于操劳活动过程以及过程中所使用器物合用性关系信息，并最终达成一致。当然也有通过其他非语言的行为进行交流的，如暴力甚至战争等。也就是说，达成一致是必然性要求。如果不能达成一致，那么彼此间的“碰到”就仅仅是碰面而已，并没有显现在彼此的周围世界而成为共在世界。换言之，彼此达成某种一致是共在世界形成的基本前提条件。

在共在世界中，“你”“我”“他”在操劳活动过程中就活动过程以及器物的合用性关系的意见达成一致以后，会得到不断强化，甚至会逐渐被转变为习俗以至强制性规范体系。在共在世界中，通过达成一致意见，操劳活动过程及

① 海德格尔．存在与时间（修订本）[M]. 陈嘉映，等，译．上海：商务印书馆，2015：151.

② 哈贝马斯．交往行为理论：行为合理性与社会合理化 [M]. 曹卫东，译．上海：上海人民出版社，2004：64.

其器物会在共在世界中由此获得彼此约定俗成的意涵，且可能不一定为共在世界外所能理解。具体而言，这种一致性意见主要体现在两方面。

一是器物的命名及其意涵的确定。共在世界中，“你”“我”“他”会就操劳活动过程中器物的命名以及意涵形成一定的一致性意见，如将一张纸命名为“货币”，将一块石头命名为“玉”，将另一块石头命名为“界碑”，将另一块命名为“装饰材料”，等等。如在中国，从史前遗址出土文物延续到现代工艺品，玉文化是中国历史上没有中断的文化连续体。玉文化不仅连接着中原华夏与西域多民族地区，更是勾勒出华夏版图的边界，承载着多样的文化内核。[①]在中国传统文化中，春秋战国时代开始形成“君子比德于玉”“君子无故，玉不去身”“君子必佩玉”的比德观念。[②]也就是说，在特定的共在世界中，一块石头会被赋予显示品德的功能，并因此具有“德”的意涵。概言之，某器物（U）在某共在世界（W）中被赋予某种功能（F），因而具有某种意涵（M）。这种意涵（M_1）实际上只有在特定共在世界（W_1）中才获得认同，一旦离开W_1，M_1也就不存在了。器物在共在世界中的这种存在结构实际上就形成了特定文化中的构成性规则。[③]所谓构成性规则，则是特定共在世界中器物的功能赋予及其意涵的命名规则。通过构成性规则体系的建立，共在世界形成自身的独特的器物命名及其体系，此即所谓物质文化体系的形成。

二是操劳活动的运行方式及其组织。共在世界中，“你”“我”“他”会就操劳活动过程中组织方式以及运行达成一致性意见。这种一致性意见的形成往往在人与环境的调适关系中生成。其中一个典型案例就是新西兰莫里奥里人的生活方式，莫里奥里人是移居新西兰的波利尼西亚农民的后代。波利尼西亚人一支于公元1000年左右移居新西兰，并从事农业，人口繁衍相对较快，因而发展出了相对复杂的社会结构，且由于他们长期从事残酷的战争，技术和武器相对先进，社会组织和动员能力相对强，并且在强有力的领导下进行活动。移居新西兰的波利尼西亚人逐渐演变成毛利人。定居新西兰几百年后，毛利人的

① 韩昊彤．文化研究视角下的“玉成中国”理论——《玉文化先统一长三角》书评报告[J].文化学刊，2023（8）：252–255.

② 朱怡芳．以玉比德：中国玉文化之伦理观[J].河北科技大学学报（社会科学版），2023（2）：51–58.

③ 塞尔．社会实在的建构[M].李步楼，译．上海：上海人民出版社，2008：25.

一支移居查塔姆群岛，逐渐演变成莫里奥里人。查塔姆群岛是一个小岛，不具备进行农业生产的基本条件。原来以农业为生的毛利人移居查塔姆群岛以后不得不放弃农业生产和与农业有关的一切技能，改为以狩猎、采集、捕鱼为生，其社会组织及运行方式相对比较简单，其价值观念倾向于和平，反对战争。① 从上述例子我们可以看到，共在世界中的人们不得不就共在的存在及其组织方式达成一致意见，以更好适应所在环境。概言之，共在的人们在操劳活动过程中，不得不就其存在及其组织方式生成一套与环境一致性关系的规则，这套规则即调节性规则，以对共在世界中的人们的操劳活动进行调节。在这套规则中，作为存在者的人（P_1）在某种环境下应该采取某种行动（A_1）。一定共在世界中的调节性规则及其体系是该世界中群体的价值规范以及制度体系的基本内容。

4.2 作为景观的器物

如前所述，按照海德格尔现象学，器物由此在在共在世界中以合用性为依据展开自身，“为了作……之用”是其作为存在者的存在方式。对于共在世界中的存在者而言，其存在价值在于其依附性，依附于其他器物成为一个整体而构成此在的周围世界，依附于作为存在者的人在操劳活动中的上手使用。可以说，器物仅仅是一个“为了作……之用”的存在者。

但器物却不仅仅止步于此，其指称的对象却在一定条件下转变景观，甚至旅游景观。那么，这个转变的过程是如何完成的呢？需要澄清的是，器物本身不会转变旅游景观，因为器物仅仅在合用性关系上被指称为器物，一旦合用性关系被抛开，那么器物就不再是之前共在世界中作为存在者的“我”上手的“器物”，而可能是他者的“合……意”的器物。旅游者就是一个他者，一个不在操劳活动过程中的“我”的共在世界中的他者。作为一个他者，他显示在了“我”的共在世界的时空，却没有能进入这个共在世界，“我”上手的器物，向着旅游者，在这个时空中被揭示出来，却不能成为他在这个共在世界中

① 贾雷德·戴蒙德．枪炮、病菌与钢铁 [M]. 谢延光，译．上海：上海世纪出版集团，2006：25–27.

的器物。原因在于，作为旅游者的他就“我”上手的这个器物无法在合用性关系上与“我”达成一致。旅游者有可能在扫视器物所指称对象的时候，与其建立起了某种关联，从而与其旅游意向达成一致性关系，从而让它重新转变为“合……意”的器物，即为了满足其旅游意向的器物，也即旅游景观。可见，器物还是器物，但是由“为了作（这个）之用”的器物转变为“为了作（那个）之用”的器物。一件铁犁在农夫看来就是一个犁田用的农具，在一个旅游者看来就是一个用以体验乡村生活的旅游景观。旅游者也由农夫的共在世界（这个村庄）的陌生他者转而成为乡村景区的共在世界的共在者。作为旅游者的他进入了村庄这个时空的另一个共在世界。这是一个自然状态下，器物转化为旅游景观的条件。实际上，旅游景观开发者与旅游者的关系也是如此。在开发者而言，旅游景观仅仅以一件商品而显现自身，即显现为供旅游者消费并由此带来经济效益的商品。开发者通过对旅游景观交换价值的开发，换取旅游者的旅游体验，完成商品交换过程。对于旅游者而言，这个旅游景观以旅游体验对象而显现自身的存在。旅游者显现于开发者的周围世界中的存在方式是一个消费者，而旅游者显现于旅游景观中的存在方式则是一个审美者、文化体验者等。

器物与共在世界中存在者的人之间的合用性关系并非一成不变，其中最大的可能性变化就是这种关系的中止（终止）。用牛拉的铁犁使用者越来越少，最终被犁田机器代替。器物所指称的这个对象一旦失去与人的合用性关系，就失去了“器物”这个称号，转而成为一个闲置的物品，只能退出作为存在者的人的共在世界。这种变化的直接诱因就是作为存在者的人的操劳活动方式及其组织形态发生了变化，对合用要求提出了新的要求，以器物名义存在的物品，其合用性关系亦随之终止。

所谓文化遗产，尤其物质文化遗产作为曾经的共在世界的器物，失去与人的合用性关系之后，即去功能化，退出了共在世界，从时间上来说，它已经被停止了，其实质就是被闲置的物品。物质文化遗产作为一种曾经的器物，固然如此，非物质文化遗产尽管并非以物的形式存在，但依靠一定的物质媒介而存在，因而仍然表现为器物。在曾经的共在世界中，它可能是器物的生产工艺或操劳活动方式及其流程，是以非语言的知识形态存在的器物。可以说，文化遗产凝聚了共在世界中的人太多关于那个世界及其存在者的存在方式的知识和经验，是为连接过去与现在的不同共在世界的中介，因而具有作为遗产而保存的价值。

已经退出共在世界的文化遗产有没有活化的可能？从海德格尔现象学来看，什么叫作文化遗产的活化？活化的实质就是重新进入共在世界，重建与人之合意性或合用性关系。合用性关系重建其实质即重新进行功能赋予，即再功能化，而合意性关系重建即器物的景观化。

本书以蛋雕为例对重建合用性关系以再功能化予以阐述。远在明清时期，民间在喜庆婚娶、祝福庆寿、喜得贵子时，为图吉祥如意，就有赠送红鸡蛋的习俗。[①] 当时在京城一带更是流行此风，而且用量也相当可观。于是就有一部分人摆摊设铺，专门卖用红色染过的鸡蛋，称其为“彩蛋”。后来，商贩们又在彩蛋上画些花鸟、鱼虫、脸谱等图案，以图生意兴隆。经过多年演变，彩蛋工艺逐步提高，最后，终于形成了具有较高欣赏价值的艺术珍品——蛋雕艺术品。[②] 可见，蛋雕作品曾经是“作为表达喜庆符号之用”的器物，是喜庆仪式活动场景的构成成分，与参与喜庆仪式中的人在承担喜庆符号这一点上处于合用性关系，因而与喜庆仪式中的其他器物以及参与中的人处于共在世界当中。蛋雕作品作为喜庆仪式的构成成分，随着喜庆仪式的变迁而退出它所在的共在世界，并曾经转变为“作为纯粹艺术欣赏之用”的器物而存在。但是由于传承人的流失及缺位，原材料蛋壳脆弱难以雕刻，不具备大规模机器生产条件，因而成本不具竞争优势等问题，蛋雕艺术传承出现困境。[③]

有蛋雕艺人试图将已经成熟的蛋雕艺术发展成更具市场价值的“蛋文化”系列产品。基于这种构思，有人计划将蛋雕艺术与生活中常用的夜灯、台灯、加湿器等器物结合起来，开发出“蛋文化”旅游文创产品，融合蛋雕的观赏价值和实用价值，使其更容易被普通消费者接受。[④] 此举通过将蛋雕艺术融入诸如夜灯、台灯、加湿器等产品当中，实质就是将蛋雕作品重新赋予功能，使之

① 谢宇宁，等．蛋雕艺术的传承现状与文创化发展 [J]. 今古文创，2021（23）：102-105.
② 高瑞锋．蛋雕：小蛋壳大世界 [N]. 内蒙古日报（汉），2022-12-19（6）.
③ 谢宇宁，等．蛋雕艺术的传承现状与文创化发展 [J]. 今古文创，2021（23）：102-105.
④ 牛乐，等．文旅融合视野下民族手工艺的转型与变迁——以临夏回族自治州为例 [J]. 西北民族大学学报（哲学社会科学版），2020（6）：23-29.

具有发光等功能，与人重新建立起合用性关系，成为“作为日常生活用品”存在的器物。

另一种活化方式就是重建合意性关系以将曾经的器物所指向的物件景观化。物与人的合用性关系终止之后，退隐共在世界，但蕴含在其中之人类知识经验在一定条件下仍具有与人建立合意性关系的可能。其策略就是让它以旅游景观名义重新出现在旅游者共在世界的时空结构中，为显现于其共在世界奠定时空基础。其中博物馆就是一个时空装置，让一些遥远过去的曾经的器物进行时空穿越与眼下在场的旅游者相遇，让彼此时空结构相交汇。但是，遥远过去的曾经的器物并不会因此必然显现于旅游者的共在世界。那么，它进入旅游者的共在世界的条件是什么呢？我们认为，那就是必须与旅游者建立某种合意性关系，即与旅游者旅游意向一致性关系的成立，如参观博物馆藏品的活动与旅游者求知的旅游表象一致性关系的成立等。合意性关系的成立意味着博物馆中藏品转化为旅游景观的过程完成，意味着博物馆的藏品进入了眼下在场旅游者的共在世界，意味着它在一定程度上活化了。

4.3 共在世界中的旅游真实性体验

真实性概念最初用于博物馆藏品的研究，即作为文物或事件的真实，也可以表示人的真实自我，或真实本质，[①] 后被 MacCannell 于 1973 年引入旅游动机和体验的社会学研究。此后，它就一直是旅游研究的一个重要话题。MacCannell 指出，所谓真实性与民族、历史或文化旅游等一些涉及历史文化的旅游有关，而与探亲访友、海滩度假、海洋旅游、自然旅游、个人度假等无关。[②] 真实性其意义往往涉及哲学、心理学等学科概念，反映了多方面历史渊源。在旅游研究中，真实性概念的意涵比较复杂。目前，真实性主要有以下几种观点。

① Carol J Steiner, et al. Understanding Existential Authenticity[J].Annals of Tourism Research, 2006(2): 299–318.

② Ning Wang.Rethinking Authenticity in Tourism Experience[J].Annals of Tourism Research，1999(2): 349–370.

第一种是舞台真实性。即 MacCannell 提出的舞台真实性，他认为，存在一种内部实际运行，却通常对外界关闭的社会空间，但基于旅游开发通过导游的组织可为外人提供进入机会，进入这个空间可以让人重新获得一种新奇感。如学校儿童参观消防站、银行、报纸和奶牛场等具"教育性"场所，这些重要地方的内部运作通常仅仅在专门组织的参观过程中被展示和解释。MacCannell 认为这个社会空间是一个舞台化后台区域，一种尚无专门术语分析的活博物馆，他将这种社会空间称之为舞台布景。舞台布景的特点是：它们在物理上无限接近或模仿真实社会活动；它们包含特定的、通常复杂的社会、职业和工业惯例；它们在特定时间可以接受外人的探视。而旅游者进入这个社会空间所形成的真实性体验即舞台真实。MacCannell 认为，这个舞台布景为六个不同阶段区域的连续体：①戈夫曼视域中理想的前台区域；②一个旅游前台区域，但展示原本为后台区域的文物（如餐馆展出的农业文物）；③一个完全类似于后台区域（如著名船只内部的复制品）；④一个外人可以进入的后台区域（如已故名人的住所）；⑤只偶尔或暂时地给游客展示的偏远地区（如戈夫曼的厨房和工厂）；⑥戈夫曼狭义的后台地区，在那里外人不受欢迎。①

Urry 认为 MacCannell 的舞台真实性并非对不真实事物的个人主义追求，但有必要对布景的真实性和被"看"的人的真实性以及不同旅游者体验的不同元素进行区分。②Chhabra 认为，MacCannell 的观点体现了一种信念，即真实体验存在于当代社会日常生活边界之外。③Cohen 认为，游客被允许走过"前台"进入它的"后台"，实际上是被欺骗了。这样的"后台"往往是设计出来的、不真实的"假后台"，专门为游客消费而表演，创造了一种虚假旅游体验。④ 可见，MacCannell 的真实性概念关注器物原本状态的相似度，即为仿真。

第二种是建构主义真实性。即 Cohen 提出的关于真实性的观点，被认为

---

① MacCannell D. Staged Authenticity：Arrangements of Social Space in Tourist Settings[J]. American Sociological Review，1973（3）：589–603.

② Urry J. The Sociology of Tourism [M]. Buffalo：Channel View Publications，2003：9–12.

③ Deepak Chhabra.Staged Authenticity and Heritage Tourism[J].Annals of Tourism Research，2003（3）：702–719.

④ Erik Cohen.Authenticity and Commoditization in Tourism[J].Annal of Toursm Research，1988（3）：371–386.

是一种建构主义传统，因为他认为真实性是社会话语协商的结果。[①]Cohen 认为，真实性要求的出现与现代性对社会存在统一的影响密切相关。从当代存在主义哲学人类学的角度看，现代人被看作一种追求真实性的存在，而现代社会并不真实。对真实性的追求促使现代人寻找原始的、自然的以及尚未被现代性触及并缺席于现代世界的东西，并认为它们是真实的。这种对前现代时代器物的追寻成为现代旅游的一个突出主题。可以说，旅游者在不同程度上寻求真实性，这取决于他们远离现代性的程度。或者说，他们会在不同程度上构思"真实性"。Cohen 的五种旅游体验模式中各自对于真实性有不同的要求。如存在主义体验模式的旅游者倾向于精神上放弃现代性，拥抱他人作为他们的选择中心。他们努力远离被打破的轨道，并与当地人亲近，更容易成为复杂形式的"舞台真实"的牺牲品。娱乐化模式的旅游者主要寻求日常生活的愉快修复和恢复，因此倾向于以开玩笑的态度接受他们在旅行中遇到的文化产品，其真实性标准更宽泛。事实上，为了体验，他们很可能会开玩笑地接受一种文化产品的真实性，尽管他们在内心深处并不相信。[②]

由于真实性不是原初生成的，而是可以协商的，人们必须考虑到它经由旅游者在自身文化中使之逐渐显现的可能性。换句话说，一种文化产品或一种文化特征，尽管开始时被认为是人为的或不真实的，随着时间的推移，可能被普遍认为是真实的，如某种以游客为导向的节日或工艺品等。[③]可见，建构主义真实性观念其关注点并不在于旅游过程中器物本身及其显现的真实性，更加关注的是体验的真实性，因而是一种主观建构的真实性，这种真实性观念更接近现象学真实性概念。

第三种是存在主义真实性。Steiner 等认为，存在主义真实性在很大程度上源于海德格尔现象学。[④]海德格尔所谓真实，指的是人类发现自己位于一个

---

① Karoline Daugstad，et al.Authenticity and the Pseudo Backstage of Agri-Tourism[J].Annals of Tourism Research，2013（43）：170–191.

② Erik Cohen.Authenticity and Commoditization in Tourism[J].Annals of Tourism Research，1988（3）：371–386.

③ Erik Cohen.Authenticity and Commoditization in Tourism[J].Annals of Tourism Research，1988（3）：371–386.

④ Carol J Steiner，et al. Understanding Existential Authenticity[J].Annals of Tourism Research，2006（2）：299–318.

世界中的事实。作为存在者的人的此在被扔进了这个世界，意味着在某种意义上，一个人总是出生、生活和死亡的时间、地点和文化的产物。[①]存在主义真实性的逻辑起点是与现实的直接接触，即真实性基于经验，而不是知识 / 逻辑。[②]也即只有经验才能确立存在的真实性。因为存在的真实性以经验为导向，存在的自我必然是短暂的，而不是持久的。因此，一个人并非总是真实的或不真实的，或者说一个人只能在不同的情况下暂时保持真实。因此，没有完全真实的和不真实的旅游者。有些旅游者可能更喜欢真实，而有些人则更喜欢不真实。所有的游客都有能力，在任何时候从真实转变为不真实，反之亦然。根据海德格尔的说法，人们是真实还是不真实不是取决于他们如何回应他们的可能性，而是取决于他们如何投射自己。即事物的真实性与自我投射有关。如果投射出一个“他们自己”，一个墨守成规的自我，那么他们就只会揭示出一个共同的、共同的可能性。[③]

Wang 则对存在主义真实性进行了充分论证。他认为，所谓旅游真实性问题，可以分为两个独立的问题：旅游体验的真实性和旅游物品的真实性。旅游体验的真实性指的是一种个人所感觉到的，自己与世界接触所得到体验的真实性，这种真实性不同于 MacCannell 提出的舞台真实性。他认为，从上述两方面问题来看，旅游真实性可分为客观真实性、建构性真实性和存在主义真实性三种类型。客观真实性源于博物馆相关展品的原始真实性，是旅游者所感知到的参观物品的真实性，可以用一个客观标准来衡量。按照客观真实性要求，即使游客自己认为他们已经获得了真实体验，如果所参观物品事实上是假的，那么仍然被认为是不真实的。建构性真实性认为，事物看起来是真实的，不是因为它们具有真实的性质，而是因为它们是根据观点、信仰、观点或某种力量予以构建的。因此，建构性真实性是相对的、可协商的、由情境决定的，代表性如 Cohen 的真实性概念。存在主义真实性是一种潜在存在状态，它在旅游活动

① Glen L Sherman. Martin Heidegger’s Concept of Authenticity：A Philosophical Contribution to Student Affairs Theory[J]. Journal of College and Character，2009（7）：1–8.

② Jonathan Davidov，et al.Existential Authenticity：Theory and Practice[M].Cham：Palgrave Macmillan，2022：5.

③ Glen L Sherman .Martin Heidegger’s Concept of Authenticity：A Philosophical Contribution to Student Affairs Theory[J]. Journal of College and Character，2009（7）：1–8.

中被激活，即旅游者在旅游活动过程中展开的真实性。如古巴的伦巴舞，其真实性来自旅游者的参与活动，而不仅仅是作为观众。①

存在主义真实性是一种自己所能意识到的真实，但真实或虚假是一个认识论问题。那么，“我”在何种意义上是“真实”或“虚假”的呢？Wang 认为人们只能通过在现代社会中产生的真实性理想来理解对真实的“我”的追求，真实性理想以怀旧或浪漫主义为特征。所谓怀旧，指的是它将生活方式理想化，即人们被认为比平时更自由、更天真、更自发、更纯洁、更真实。②人们怀念这些生活方式，因为他们想以旅游的形式重温它们，至少在时间上、移情上。与日常角色相比，旅游角色与理想真实性有关。因此，旅游被认为是一种更简单、更自由、更自发、更真实或不那么严肃、不那么实用、更浪漫的生活方式。③

有人可能仍然认为，存在主义真实性只是一种幻觉或幻想，因为旅游活动有诸如时间表、行程、排队、财务等方面的约束。Wang 认为需要用局部视角，而不是外部视角，回答这个问题。尽管这种体验有其限制，但不能否认这种幻想是真实存在的，而这正是一种奇妙的体验。这种体验的真实性，对旅游者而言是真实的，这是毋庸置疑的。这种奇妙的体验就是存在主义真实性的表述。④

上述 MacCannell、Cohen 和 Wang 从不同角度对旅游真实性问题提出了基本观点。其中，Cohen 的建构主义真实性观点和 Wang 的存在主义真实性观点相对而言，更加接近现象学旅游真实性观点。海德格尔现象学关注的并非事物作为自为客体本身的真实性，而关注的是作为人的周围世界中的存在者的物的真实性，即讨论的是作为存在者的存在本身的真实性。依据海德格尔现象学，一切事物以合用性关系为前提，在操劳活动中将自身显现为器物。也就是说，

---

① Ning Wang.Rethinking Authenticity in Tourism Experience[J].Annals of Tourism Research，1999（2）：349-370.

② Ning Wang.Rethinking Authenticity in Tourism Experience[J].Annals of Tourism Research，1999（2）：349-370.

③ Ning Wang.Rethinking Authenticity in Tourism Experience[J].Annals of Tourism Research，1999（2）：349-370.

④ Ning Wang.Rethinking Authenticity in Tourism Experience[J].Annals of Tourism Research，1999（2）：349-370.

器物是事物在人的周围世界中的存在方式，器物存在的真实性以合用性关系为逻辑前提。合用性关系的存在，则事物显现为器物，则其存在为真实的。所谓真实性，不在于器物的物理特征，从实质上来说，取决于器物与人的合用性关系。合用性关系成立，则器物存在于人的周围世界中，器物与共同此在合用性关系成立，则它存在于共在世界中。器物的真实性只存在于它存在的那个共在世界中。对于那些曾经的器物，当下共在世界中的闲置物品，在景观化过程中如何考虑其真实性问题？曾经的器物，当下共在世界中的闲置物品，退隐人的共在世界之后，真实性已经丧失。重建合意性过程中，曾经的器物以旅游景观名义进入旅游者的共在世界，追求完全的真实已经不可能，其所谓真实性只能是仿真。仿真的实质就是通过对器物及其环境以及使用流程等方面真实性物理特征的模仿。一座已经搬空的古建筑，作为曾经的器物，以作为居民生活居住空间的功能而存在，在景观化的过程中，尽量将古建筑的外在物理特征还原，但是已经无法也没有必要重现古建筑的生活方式。

4.4 旅游过程中的文化体验

文旅融合旅游体验的核心内容无疑就是文化体验。如前文所述，旅游体验就是旅游意向在旅游活动过程中的实现过程，而旅游过程中的文化体验与一般旅游体验不同在于旅游表象的不同。旅游过程中文化体验的旅游表象所指向对象无疑是文化吸引物，但表象的内容至少包含两方面：一是一般旅游表象所指向的内容，为文化表象；二是非文化表象，这两方面内容为同一类对象两方面不同的表象。文化表象指的是对象有关文化吸引物本身的存在及其相关活动表象；非文化表象主要指的是旅游过程中娱乐类表象，即平衡劳动与休闲紧张关系的娱乐功能的活动或娱乐类对象的意象。

作为表象对象的文化吸引物，指的是器物文化、礼俗文化、制度文化等内容。在旅游表象所指向的对象中，器物文化、礼俗文化、制度文化等往往涉及外显的曾经的器物。器物的表达公式为：某器物（U）在某共在世界（W）中被赋予某种功能（F），因而具有某种意涵（M）。作为共在世界中的器物，只有在器物使用者的共在世界中才能展开自身的存在。也就是说，在旅游表象中，器物仅仅是一个物的符号，并未向旅游者展开自身的存在。旅游者可能针对器物做一些准备性知识收集工作，以此对器物蕴含其中的人类知识和经验及其曾经的存在状况有所领会。这种情况下，器物在被旅游者领会这一点上被揭示了，但尚不能谓之被展开。

旅游活动展开的过程中，旅游表象与现实的表象一致性建立起来，那么，旅游愉悦被激发。旅游活动的文化体验则略有不同，是曾经的器物进入旅游者共在世界的过程，也是旅游者进入使用者所在共在世界的过程，是器物在其中被旅游者观念还原为器物的过程。在这个过程中，器物以景观名义被展示在旅游者共在世界的时空中，旅游者与器物在一个旅游场域中跨越时空相遇了。仅仅是相遇，器物并不会由此进入旅游者的共在世界，旅游者也并不会因此进入器物的共在世界。器物进入旅游者的共在世界，其条件是它与旅游者的非文化表象，主要是娱乐性表象一致性关系的建立，即合意性关系成立。器物进入旅游者共在世界，意味着它具有娱乐性的普遍功能，且具有进入旅游者周围世界的可能性，并使彼此共在因而成为共在世界。器物进入旅游者的共在世界，仅仅是器物活化的第一个层面，意味着它不但进入了旅游者的时空，还进入了旅游者的生活当中，显现为旅游者周围世界的构成。但是，这个层面的活化，还不足以让它还原为器物。旅游者进入器物本身之共在世界，这才是它还原为器物的前提条件。旅游者在何种意义上意味着进入了器物所对应之共在世界？器物曾经是作为存在者的使用者的上手事物，是操劳活动中所使用的工具或产品，且这些相关者在操劳活动中成为共同此在，也即共在世界的共同此在。曾经的器物还原为器物意味着，它要被进入使用者的共在世界中去被领会，即从器物（U）在共在世界（W）中领会到被赋予某种功能（F）及这种功能在共在世界中被集体认可的某种意涵（M）的内容。曾经的器物还原为器物的前提条件之一就是旅游表象中文化吸引物的存在及其相关活动的意象，即针对器物本身以及与共在世界关系的探究性活动的意象。而旅游活动过程中，对器物的凝视与旅游表象一致性关系则是第二个重要的前提条件。这两个前提条件满足后的逻辑结果就是旅游者领会到了器物使用者共在世界的存在，这个共在世界也就向旅游者展开了。在展开过程中，曾经的器物还原为器物，旅游者从逻辑上通过自身的操劳活动参与到了那个器物所指向的共在世界的构成，由此，他进入了那个器物的共在世界。

作为文物的器物，作为曾经的器物，以旅游景观名义被展示，器物被转化为文化记忆设施。器物进入旅游者的共在世界以及旅游者进入器物的共在世界的过程也是器物所在的时间与旅游者在场的时间建立关联的过程，即文化记忆。德国学者扬·阿斯曼提出，文化记忆是具有文化基础的记忆，文化记忆不是生物遗传，是必须保存在一代又一代的文化活动中，是客观化、存储、再生和意义循环的记忆。① 文化记忆是对意义的传承。② 本书认为，所谓文化记忆，就是当下的存在者的人的时空结构与曾经的存在者的人关于操劳活动过程、组织方式及其器物等各种活动遗存之间所建立起的时间、逻辑等方面的关联。

文化记忆设施是一种由社会所建构的空间设施，其意图在于通过空间的存在以显示时间的存在。扬·阿斯曼认为，回忆根植于被唤醒的空间，如房屋之于家庭，村落山谷之于那里的农民，城市之于它的市民，某个街区之于该区居民一样，它们是回忆的空间框架，当它们不在场时，便会被当作“故乡”在回忆里扎根。③ 从现象学看，记忆是对此在于周围世界中曾经的操劳活动的保持与再认，也即对于此在的记忆。记忆需要被不断重复，以对抗时间的遗忘。相对于个体心理层面的记忆，外在空间存在就成为记忆重复化的重要途径。因此，与某件事件有关联的照片或物件对个体记忆某件事具有重要的意义。当我们看到这张照片或物件，有关事件的回忆立即涌上心头。曾经显现于此在周围世界中的器物以及处所则成为显现记忆存在的空间提示，因而称其为这种记忆的空间关联物，也即符号表达项。集体记忆同样需要某些特定空间符号提示。按照扬·阿斯曼的观点，集体记忆附着于其符号载体之上，不能被随意移植。分享了某一集体的集体记忆的人，就可以凭特定符号证明自己归属于这一群体。④ 集体记忆通过这些符号提示的重复化而不断显现。在集体记忆中，这

---

① 扬·阿斯曼．宗教与文化记忆 [M]. 黄亚平，译．北京：商务印书馆，2018：9.

② 扬·阿斯曼．文化记忆：早期高级文化中的文字、回忆和政治身份 [M]. 金寿福，等，译．北京：北京大学出版社，2015：12.

③ 扬·阿斯曼．文化记忆：早期高级文化中的文字、回忆和政治身份 [M]. 金寿福，等，译．北京：北京大学出版社，2015：31.

④ 扬·阿斯曼．文化记忆：早期高级文化中的文字、回忆和政治身份 [M]. 金寿福，等，译．北京：北京大学出版社，2015：32.

些符号提示则以共在世界中的器物、仪式或节日等作为时间的提示符号表达项。器物为此在于周围世界中存在的空间提示符号，仪式为此在于周围世界中操劳活动的空间提示符号，节日则是此在存在的时间性的空间再现。这种集体记忆符号机制即形成对于“凝聚性结构”的空间提示。所谓凝聚性结构，即基于群体共同生活经历、共同遵守的规范和共同认可的价值，共同拥有过去的回忆，由此形成的共同知识和自我认知的一种结构。它起到一种连接和联系的作用，即把人和他身边的人连接到一起，让他们构造一个“象征意义体系”——一个共同的经验、期待和行为空间，这个空间起到了连接和约束的作用，从而创造了人与人之间的相互信任并且为他们指明方向。[①] 凝聚性结构运作的基本原则是重复。通过重复，凝聚性结构的空间提示符号被当作共同的文化元素得到认同。[②] 因此，任何一个群体，如果它想作为群体稳定下来，都必须想方设法为自己创造一些符号元素，并对其加以保护，因为它们是他们身份与认同的象征，是他们回忆的线索。可以说，任何集体都倾向于将记忆空间化。[③] 这些集体记忆的器物、仪式和节日等符号表达项往往被群体内部制度化，以成为其文化记忆设施，成为回忆不断重复化的物质载体，成为对这种记忆予以社会意义上保存的时空在场设置。

这种文化记忆设施即扬·阿斯曼提出的记忆辅助工具，其内容包括国家或宗教团体的记忆遗迹，纪念碑、仪式、宗教节日和风俗等。[④] 这种记忆辅助工具实际上是从曾经的共在世界中精心抽选出来的以对存在者的人曾经共在世界的活动起提示作用，并用以维系该社会群体记忆连续性的符号。符号指称的对象是曾经共在世界的一段经历。通过向旅游者开放记忆辅助工具的展示，以建立起作为当下在场者的旅游者与符号所提示的共在世界的时间和逻辑关联，让符号所提示的共在世界经历进入在场的旅游者的共在世界中，让眼下在场的旅游者进入符号所展示的共在世界中，通过符号的时空在场从而建立起时间的连

---

① 扬·阿斯曼．文化记忆：早期高级文化中的文字、回忆和政治身份 [M]. 金寿福，等，译．北京：北京大学出版社，2015：6.

② 扬·阿斯曼．文化记忆：早期高级文化中的文字、回忆和政治身份 [M]. 金寿福，等，译．北京：北京大学出版社，2015：7.

③ 扬·阿斯曼．文化记忆：早期高级文化中的文字、回忆和政治身份 [M]. 金寿福，等，译．北京：北京大学出版社，2015：32.

④ 扬·阿斯曼．宗教与文化记忆 [M]. 黄亚平，译．北京：商务印书馆，2018：10.

续性。通过旅游者不断进入，时间的连续性得以不断地更新。

旅游过程中的文化体验与一般旅游体验的不同之处在于它还涉及文化认同感。国内一些学者提出了一些代表性观点，如所谓文化认同，就是指对人与人之间或个人同群体之间共同文化的确认。使用相同文化符号、遵循共同文化观念、秉承共有思维模式和行为规范，是文化认同的依据。[①] 文化认同基于共性划界，把“我”变成“我们”，作为“我们”区别与“他者”的身份确认，从而使隶属某种文化的人们产生归属感和安全感，充分体现出排异性特征。[②] 不同文化有不同文化认同，文化认同表现为对其文化的归属意识，同时也能成为区分不同文化的边界，即在文化意义上“我”和“他”的边界。[③]

国外代表性观点主要有德国扬·阿斯曼的文化认同理论。他认为，所谓认同与意识相关，即它与一个无意识的自我认知所进行的反思相关。[④] 这一点同时适用于个体和集体两个层面。“我”在何种程度上可以为“人”，这首先取决于“我”在何种程度上将自己视为“人”。同样，对于一个被称为“部落”“民族”或者“国家”的集体来说，它们在何种程度上作为一个集体而存在，也取决于它们如何理解、想象和展现这些概念。[⑤] 扬·阿斯曼认为自我认同的形成是一个由外而内的过程。个体进入他所属集体的互动和交往模式中，逐渐形成自我。也就是说，集体作为“我们”的认同先于个体作为“我”的认同而存在。[⑥] 换言之，认同是一种社会现象或者是与社会相依的。个体是集体或者“我们”的组成部分和载体，集体或者“我们”的认同不能独立于这样的个体之外而存在，而是与个体的知识和意识紧密联系在一起。在此基础上，扬·阿斯曼提出，个体认同指的是每个人都具有一些可以将自身与那些他者区分开来的个体特征，具有建立在身体基础上的对自我存在的不可或缺性、自身与他者的不

① 张云鹏 . 文化权：自我认同与他者认同的向度 [M]. 北京：社会科学文献出版社，2007：212.

② 田迪，等 . 以文化认同赋能全人类共同价值：内在机理与困境破解 [J]. 长白学刊，2023（5）：149-156.

③ 郑晓云 . 文化认同论 [M]. 北京：中国社会科学出版社，1992：4.

④ 扬·阿斯曼 . 文化记忆：早期高级文化中的文字、回忆和政治身份 [M]. 金寿福，等，译 . 北京：北京大学出版社，2015：133.

⑤ 扬·阿斯曼 . 文化记忆：早期高级文化中的文字、回忆和政治身份 [M]. 金寿福，等，译 . 北京：北京大学出版社，2015：134.

⑥ 扬·阿斯曼 . 文化记忆：早期高级文化中的文字、回忆和政治身份 [M]. 金寿福，等，译 . 北京：北京大学出版社，2015：135.

可混同性及不可替代性的意识，即人的意识中所形成和稳固的一个对自我形象的认同。[①] 扬·阿斯曼认为，个体自我认同是社会建构的产物，因此，也总是一种文化意义上的认同。而所谓文化认同，在他看来，就是经过反思后形成的对某种文化的信仰。[②] 扬·阿斯曼认为，文化认同的形成具有一定的社会机制。本书将之概括为三个机制：一是象征性形式，即一个人要在与他人的交往中构建个体文化认同，就必须和这些人共同生活在共同的"象征意义体系"中，即象征性意义和符号系统中。二是再生产机制。文化认同通过互动来构建和再生产，在这种互动中循环着的是一种经过共同的语言、共同的知识和共同的回忆编码形成的"文化意义"，即共同的价值、经验、期望和理解，以此为基础制造了一个社会"象征意义体系"和世界观。三是再生产的空间展示机制。即通过典礼性社会交往的任务，完成文化意义的循环和再生产。[③] 典礼性社会交往的任务往往是仪式等空间展示活动，在这个意义上，可以把典礼性社会交往的各种形式看作是这种再生产的空间化。

本书认为，文化认同在很大程度上是人的主观体验，即文化认同感。从现象学视角看，文化认同感是作为存在者的人对于自己存在方式与所处周围世界存在方式一致性的领会。存在方式是存在者在周围世界中的操劳活动特征的总和，包括器物的命名及其与人的合用性关系、操劳活动组织方式等。两者的一致性关系，并非指的是存在方式的所有要素的一致性关系，而是在一定情境下，作为存在者的人所意识到的存在方式的某一项或多项要素的一致性关系。其表述公式为：P_1 在存在方式的 A 要素方面与共在世界 G_1 存在一致性关系，则 $P_1 \in G_1$。其逻辑结果是 P_1 认为自己属于 G_1。两者一致性关系成立，则"我"进入所处周围世界，"我"的周围世界与所处周围世界融合而成为共在世界。"我"进入其中，"我"成为共在世界的一员，"我"成为"我们"的一员。

旅游活动过程中的文化认同感取决于旅游者的旅游表象中自身存在方式的

① 扬·阿斯曼．文化记忆：早期高级文化中的文字、回忆和政治身份 [M]. 金寿福，等，译．北京：北京大学出版社，2015：135.

② 扬·阿斯曼．文化记忆：早期高级文化中的文字、回忆和政治身份 [M]. 金寿福，等，译．北京：北京大学出版社，2015：135.

③ 扬·阿斯曼．文化记忆：早期高级文化中的文字、回忆和政治身份 [M]. 金寿福，等，译．北京：北京大学出版社，2015：130–149.

表象与旅游活动过程中的文化吸引物所揭示的人的存在方式的一致性关系。一致性关系成立，意味着人的操劳活动及其存在方式所揭示的周围世界与旅游活动过程中所面对的文化吸引物周围世界融合而成为共在世界，作为旅游者的“我”进入了文化吸引物所揭示的周围世界。“我”与文化吸引物所揭示的周围世界共享某些共同文化要素，如器物命名及其规则、操劳活动组织等。旅游活动过程中文化认同感的形成实际上是文化认同的社会再生产机制的重要一环。旅游场域中文化吸引物作为文化认同的象征性意义体系中的文化符号，通过空间展示不断重复文化认同的再生产，而旅游者通过对文化吸引物的欣赏，并进入其周围世界，就文化意义与文化吸引物达成共识。从这个意义上看，旅游活动过程中旅游者以自身身体为载体，实现了文化意义的再生产，成为空间再生产机制的重要一环。

文旅融合审美体验 5

作为一种体验消费形式，旅游意味着它是“产生”幻想、想象和梦想的活动，其中特别涉及审美成分。① 在 Urry 的“游客凝视”概念框架中，自然界或建筑世界中美的秩序是其凝视镜头的具体内容，是重要的视觉财产。② 文化元素的融入，为旅游审美体验提供了新的可能。

5.1 旅游审美的一般研究

从目前文献来看，国内于 20 世纪 80 年代开始关注旅游审美问题，其中卢善庆于 1985 年发表的《旅游美学研究》为目前国内能找到的第一篇公开刊物相关论文。2002 年前，每年中国知网发表相关主题文章的数量为个位数，2002 年时为 15 篇，2011 年时为 20 篇，其余每年均为 15 篇左右。有趣的是，国外关于旅游审美主题的两篇较早出版物为 2003 年发表的《俄罗斯风景的起源：伏尔加河旅游与俄罗斯风景美学》（*The Origins of Russian Scenery: Volga River Tourism and Russian Landscape Aesthetics*）和 2007 年发表的《审美尴尬：19 世纪英国旅游业对如画风景的回归》（*Aesthetic Embarrassment: The Reversion to the Picturesque in Nineteenth-Century English Tourism*）。在 2014 年之前，国外发表论文较少，从 2014 年开始，各期刊的发表量显著增加。从研究主题看，国外相关研究主要包括旅游消费审美价值（需求侧）和旅游产品审美价值（供应侧）两个方面。其中，旅游消费审美价值主题约占发文量的 69%，主要涉及客人对

---

① Kirillova，et al. What Makes a Destination Beautiful? Dimensions of Tourist Aesthetic Judgment[J]. Tourism Management，2014（42）：282–293.

② John Urry，et al.The Tourist Gaze 3.0[M].London：SAG，2011：14.

旅游和酒店环境、设计和设置的美学特征的感知。旅游产品审美价值指为游客消费而设计和组织的旅游产品审美特征的感知，该主题占比较低（31%）。①

5.1.1 旅游美学学科研究

一是学科属性与地位讨论。国内于20世纪80年代开始关注旅游美学。卢善庆于1985年发表的《旅游美学研究》，为目前中国知网查询到的第一篇有关旅游美学文章。该文提出，旅游美学是美学在旅游领域的体现，也是旅游科学的一个分支学科，即既是旅游学分支学科，又是美学分支学科。②白银亮（2002）从学科、旅游者、旅游业、旅游管理专业四个方面提出旅游美学作为一门交叉性和边缘性新兴学科，对旅游活动和旅游业具有理论指导意义，对旅游者具有审美认知和审美教育功能，它在旅游专业课程体系中应处于基础与核心地位。③

二是学科研究内容与框架也是关注焦点之一。许共城（1987）提出，旅游活动离不开旅游者与环境，旅游美学从这两方面因素研究审美关系。旅游者因素指的是旅游审美心理问题，如知觉、想象、情感、理解心理要素等。旅游环境因素包括自然景观和人造景观两部分，旅游美学研究旅游环境的审美价值。④庄志明（1999）从旅游审美关系出发就旅游美学理论框架提出，按照主客体统一的基本思路，旅游美学理论框架包括旅游审美对象论、旅游审美本体论、旅游审美认识论、旅游审美文化论和旅游审美实践论五个方面。⑤就学科研究内容，唐超（2001）认为，旅游审美主要以审美规律为研究内容，认为存在普遍性审美规律、个别性审美规律、不同旅游活动类型的特殊审美规律，认为旅游美学具体包括旅游产品美学、旅游开发美学、旅游消费美学三方面研究内容。⑥

三是学科研究对象讨论。旅游审美是旅游活动过程中的审美活动，那么，

① Ksenia Kirillova.A Review of Aesthetics Research in Tourism：Launching the Annals of Tourism Research Curated Collection on Beauty and Aesthetics in Tourism[J].Annals of Tourism Research，2023(100)：1-12.

② 卢善庆.构建旅游美学交叉学科体系之我见[J].学术月刊，1997（2）：75-79.

③ 白银亮.旅游美学的地位[J].燕山大学学报（哲学社会科学版），2002（2）：71-76.

④ 许共城.旅游美学浅论[J].社会科学家，1987（1）：27-31.

⑤ 庄志明.旅游美学的基本内涵及其理论框架[J].桂林旅游高等专科学校学报，1999（S2）：55-59.

⑥ 唐超.关于旅游美学的几点思考[J].财贸研究，2001（2）：45-47.

这种审美活动与一般审美活动有什么不同？20世纪80年代，旅游业发展刚刚起步，国内旅游活动还以欣赏自然风光为主，反映在学术研究上，学者对于旅游活动中的自然美比较关注。如郑家度（1985）认为旅游审美对象为自然美，旅游的目的在于探索自然美，旅游业的任务在于开发自然美，发展旅游的关键在于保护自然美。① 随着旅游业的发展，旅游审美对象开始变得丰富起来。如黄贯群（1987）认为，具有文化性的社会美、艺术美也得到重视；② 李祝舜（1996）认为，旅游审美对象包括自然景观美和人文景观美。其中，人文景观审美为实用（实用功利性）和审美的双向发展，社会美与艺术美的融合统一，注重深层的文化底蕴。③ 但也有人认为，对象不能太宽泛，应抓住那些复杂因素中起决定作用的重要因素，才能比较科学地确定旅游审美对象。如颜亚玉（2000）认为，书法、美术作品、舞蹈等虽然从广义上说可以作为旅游的观赏对象，但它们与旅游并不存在必然的或重要的关系，有关它们的研究应该归入相应门类艺术的研究中去，而不应由旅游美学来承担。④ 章海荣（2002）认为，旅游美学应该包括生命美学和景观美学两方面学理来源，连接两者的理论衔接点就是主体动态审美。⑤

无疑，从对象本身来说，旅游审美与一般审美可能并无差别，如都可能为山水、园林、建筑、绘画等。那么两者差异究竟在哪里？目前，相关研究主要从美学研究的视角对于审美对象的不确定性以及对主体的影响进行了分析。如颜亚玉（2000）认为，门类美学研究它们的审美特征和如何创造它们的美，而旅游美学则还应关注它们对旅游者感官与心理的影响。⑥ 陈刚（1992）也认为，与一般审美活动中审美对象比较确定不同，旅游审美活动中确定的审美对象消失了，人们面对的是多姿多彩的审美化生活，包括艺术美、自然美以及社会美等各种审美形态。⑦ 张培茵（2004）也提出，尽管旅游审美活动包含自然美、社会美和艺术美等全部领域，但旅游审美的对象具有动态变化性，是一种动态

---

① 郑家度．旅游美学研究 [J]. 财贸经济，1985（6）：14–17.
② 黄贯群．关于旅游美学的几个问题 [J]. 广西社会科学，1987（2）：210–221.
③ 李祝舜．旅游人文景观的审美特征 [J]. 旅游科学，1996（1）：30–32.
④ 颜亚玉．试论旅游美学的研究对象和研究内容 [J]. 桂林旅游高等专科学校学报，2000（3）：5–6.
⑤ 章海荣．旅游美学学理源流探索 [J]. 同济大学学报（社会科学版），2002（6）：10–15.
⑥ 颜亚玉．试论旅游美学的研究对象和研究内容 [J]. 桂林旅游高等专科学校学报，2000（3）：5–6.
⑦ 陈刚．论旅游的审美本质 [J]. 旅游学刊，1992（4）：50–52.

的审美活动。[①] 国外也有少数涉及旅游美学学科性质的研究，如 Nelson Torti 认为，旅游美学是美学的一个分支，不仅涉及地理学，还涉及景观科学、文学、宗教文化、民俗、书法、绘画、雕塑、音乐、舞蹈、工艺等，以及通过旅行方式研究审美活动和审美价值。因此，旅游美学有助于运用美学原则引导人们欣赏自然美、艺术美和社会美，帮助我们更好地欣赏自然风光，理解文化艺术，了解世界不同国家的民俗。[②]

实际上，艺术美、自然美以及社会美，这是美学对于审美对象的常见区分，对于旅游审美研究而言，此类划分的科学性和合理性尚需论证。且就任何单一旅游审美活动而言，任何专门审美活动对象都可能是旅游审美对象，那么，旅游审美对象与一般审美对象不同之处究竟在哪里？就这一点，目前相关研究存在理论盲点。

5.1.2　旅游审美体验的心理学研究

心理学过程及其机制是有关旅游审美研究的重要内容，相关研究主要集中在以下方面。

在旅游审美动力方面，章海荣（2002）认为，当代人对旅游审美的追求不是对现实的逃避，也并非要把生活引向缥缈玄远不知所终的境地，它追求的恰恰就是“人诗意地栖居于这片大地”，一种更加真实、生动，更加切近人类理想的生活环境。[③] 在旅游审美过程方面，肖俭伟等（2006）提出“逸”所造成的旅游审美态度，也是旅游审美经验与其他类型的区别，其审美过程包括游观到直观，再到静观和观复。[④] 就旅游审美主体影响方面，史晓林（2018）提出，乌镇戏剧节建构着一场审美的乌托邦，带来了审美体验的新高峰。它让文艺青年们暂时摆脱了日常生活的枯燥与无聊，体验到了梦寐以求的艺术生活方式，

---

① 张培茵 . 论旅游活动的审美本质及对人类的深刻影响 [J]. 哈尔滨商业大学学报（社会科学版），2004（6）：66-68.

② Nelson Torti .Tourism Aesthetics and Values[J].Journal of Tourism and Heritage Studies，2015（2）：48-56.

③ 章海荣 . 从哲学人类学背景管窥旅游审美 [J]. 思想战线，2002（1）：35-38.

④ 肖俭伟，等 . 关于旅游审美经验的思考 [J]. 江西社会科学，2006（3）：73-78.

感受到了审美乌托邦的魅力。[①] 上述研究从不同角度对于旅游审美心理过程进行了阐述，但是多从应然角度进行阐述，所揭示的多为旅游审美的理想状态，对其实际状况及其机制研究较少。吴恒等（2022）援引认知心理学的双系统理论，提出旅游审美心理机制的理论框架，选取典型审美个体与审美群体样本，并结合案例分析与社会网络分析方法，论证了包括“美的知觉—美的理解—美的共创—美的审视—美的表达—美的转移”在内的旅游审美体验六个心理结构维度，各维度循环往复，实现启发机制到系统机制再回归启发机制的审美心理过程，游客在螺旋式循环的心理活动中实现由浅入深的旅游审美体验，并最终超越感官刺激下的审美偏狭，实现了逐步递进的美之生命体验。[②]

国外主要聚焦于旅游目的地审美心理研究。代表性如 Kirillova 等（2014）通过采访游客，提出旅游目的地的审美判断包括九个主题：规模、时间、条件、声音、平衡、多样性、新奇性、形状和独特性，以及具体抽象和主观目标连续体的两个维度的模型。[③] Breiby（2014）通过定性访谈，揭示了可能影响游客对自然旅游环境满意度的五个审美维度：和谐、变化 / 对比、风景 / 观赏、真诚和艺术 / 建筑。[④]Breiby（2018）通过问卷调查，考察了风景、清洁、和谐、艺术 / 建筑和真诚五种审美体验品质的作用发现，风景、和谐、真诚这三种审美体验品质都与游客对旅游线路的总体满意度成正相关，游客整体满意度直接影响三种类型的忠诚度，只有清洁和真诚两种审美品质，对重温同一旅游线路的意愿有直接（积极的）影响。[⑤]Horng 等（2020）通过多标准决策（MCDM），以具有美学相关知识和在餐厅相关组织工作经验的专家为对象，通过访谈收集共识意见，以构建包含四维度 23 个因素的餐厅整体审美体验模型：物理环境、产品和服务、员工的审美特征和其他客户的审美特

① 史晓林 . 新时代的旅游策略：艺术与节日双重构建的审美乌托邦——以乌镇戏剧节为例 [J]. 社会科学家，2018（10）：105–111.

② 吴恒，等 . 因何而美：旅游审美体验的溯源与机制 [J]. 旅游学刊，2022，37（1）：99–108.

③ Kirillova，Cai. What Makes a Destination Beautiful? Dimensions of Tourist Aesthetic Judgment[J]. Tourism Management，2014（42）：282–293.

④ Breiby M A. Exploring Aesthetic Dimensions in a Nature–based Tourism Context[J]. Journal of Vacation Marketing，2014（2）：163–173.

⑤ Breiby M A，etal.The Role of Aesthetic Experiential Qualities for Tourist Satisfaction and Loyalty[J]. International Journal of Culture，2018（1）：1–14.

征。[1]Kirillova 等（2020）对旅游体验设计中融入美学进行研究，提出三层次主题分析框架。第一层次基于目的地氛围的美学特征；第二层次涉及视觉、躯体、嗅觉、听觉和味觉等多感官氛围，以超越游客凝视聚焦视觉的特点；第三层次涉及氛围中作为景观的当地居民因素，即当地人也被视为审美环境的来源、共同创造者和受益者。[2]Yu 等（2021）通过机器学习技术对 Instagram 上旅游照片颜色与用户参与度之间的关系进行研究发现，在自然景观、高端美食和神圣建筑等照片中出现的蓝色有助于用户参与，红色 / 橙色的配色方案增强了关于当地美食和氛围的渲染效果，而紫色和暖色的共存对于具有城市景观和室内设计的照片至关重要。[3]

5.1.3 旅游审美体验的美学研究

一是审美体验内容的美学思考。当前存在将旅游审美体验的理想状态当作普遍状态的倾向。如吕崇龄（1994）认为旅游景观之所以美，就是因为它们都在不同程度上形象地体现了人的自由的、有意识的创造活动的本质。[4]曹诗图等（2011）提出旅游审美的最高境界是审美主体与审美客体融为一体，由“在场”洞见“不在场”。[5]潘海颖（2016）认为旅游之美在于天人合一，在于能动超越。旅游审美的本质是一种寻觅，对生命归属和文化价值的寻觅。[6]也有少数研究将旅游审美体验内容分为几个层次，如胡田（2013）提出三个空间的旅游审美观点，认为旅游审美的最高境界就是要从物质性的“第一空间”步入感觉生动、想象丰富的“第二空间”，并进而升华至象征高度自由的“第三空间”。不同空间中旅游者要求不同，“第一空间”和“第二空间”依赖朴

① Horng J S，et al. A Holistic Aesthetic Experience Model：Creating a Harmonious Dining Environment to Increase Customers’ Perceived Pleasure[J]. Journal of Hospitality and Tourism Management，2020（45）：520–534.

② Kirillova，et al. Travel Beautifully：The Role of Aesthetics in Experience Design [M]. Bingley：Emerald Publishing Limited，2020：154–163.

③ Yu J，EggerR. Color and Engagement in Touristic Instagram Pictures：A Machine Learning Approach[J]. Annals of Tourism Research，2021（89）：1–15.

④ 吕崇龄 . 旅游景观的审美属性 [J]. 昭通师专学报（社会科学版），1994（2）：53–59.

⑤ 曹诗图，等 . 旅游审美是诗意的对话——兼论中西哲学思想中的审美观 [J]. 旅游论坛，2011（2）：115–118.

⑥ 潘海颖 . 基于生活美学的旅游审美探析——从观光到休闲 [J]. 旅游学刊，2016（6）：73–81.

素情感，充满深刻和高尚审美体验的“第三空间”则需要旅游者具备相应人文素养和艺术修养。旅游“第三空间”是一个复合的、多层次的“纯意向性对象”，是一个由意向性构成的创造物，它既是空间规划者、策划者意识的创造物，又要通过旅游者“具体化”过程才能存在。[①] 其他如章海荣（2001）认为，旅游审美是主体走进景观的审美，是主体动态审美，并提出审美场所、审美容量等概念。[②] 王欣欣（2018）认为，身体舒适是最直接且最重要的感受，其中视觉感受占主导，与其他多种感官的感受共同构成丰富的审美体验。[③]

二是旅游审美体验过程的美学思考。旅游审美活动是旅游审美研究关注较多的话题。黎启全（1996）提出旅游审美活动是审美活动的一种特殊形式，与艺术审美活动相较，其显著特点就是功能综合性、对象多样性、主体的综合享受。[④] 章海荣（2002）提出旅游审美应分为旅游一度和二度审美两阶段。一度审美，指旅游资源开发设计和建造景观时对美的目标的追求，即观赏—建造过程。二度审美，指游客游览体验中美感冲动和情感创造，这是建造—观赏过程。[⑤] 吴海伦（2017）提出，旅游审美观照中的时空不再是物理的时空，而是文化的时空，是无限延展的时空。旅游审美观照总是以现实时空为基础，以主体心灵感悟无限时空，并超越现实的藩篱，使精神在现实与想象中自由往来，而又在无限中与宇宙融为一体。[⑥] 吴海伦（2020）认为旅游审美的内在逻辑可以概括为“观物”“体物”“感物”，旅游客体“物”在旅游主体的“以物观物”而非“以我观物”，“借怡于物”而非“留意于物”，“超然物外”而非“知诱物化”中显现自身之存在的美学意义，旅游主体也在此过程中体悟到精神自由

① 胡田．旅游“第三空间”的审美意蕴——基于哲学和美学的视角 [J]. 四川师范大学学报（社会科学版），2013（2）：46–51.

② 章海荣．旅游审美三论：动态、参与和快感 [J]. 桂林旅游高等专科学校学报，2001（4）：31–34.

③ 王欣欣．乡愁何寄？旅游背景下传统村落的审美体验研究 [J]. 旅游研究，2018（6）：18–28.

④ 黎启全．论旅游活动就是体现、丰富、发展和完善自由生命的审美活动 [J]. 贵州大学学报，1996（4）：41–47.

⑤ 章海荣．动态参与·二度审美·审美关系第三者——简议旅游审美场三特点 [J]. 青海师范大学学报（哲学社会科学版），2002（4）：85–88.

⑥ 吴海伦．旅游审美过程中的时空观照 [J]. 广西民族大学学报（哲学社会科学版），2017（4）：173–178.

与生命本真的审美境界。[①]朱运海等（2023）提出旅游审美活动与一般审美活动的不同就在于：第一，旅游观赏的验证性特点，即在审美活动发生前（旅游前）大多已经有所打算并形成了审美预期；第二，旅游观赏的综合性，即一种日常生活之外的、具有异地休闲性的、自由时空中的综合性审美活动，囊括了自然美、社会美、艺术美和生活美，且具有新异性、自由性；第三，旅游观赏是一种空间运动中的视、听、嗅等多感官的通感协调审美活动，是一种动态过程的综合体验艺术。[②]总体而言，无论审美时空变化、"观物""体物""感物"过程等观点都将旅游审美当作审美活动进行研究，未能揭示旅游审美作为旅游活动的特点。可以说，如何结合旅游活动特点研究旅游审美，也是一个理论盲点。

5.1.4 古代以及近代旅游审美思想

另有一些研究对中国古代旅游美学思想进行了介绍，如张复（1985）介绍了庄子"游于尘垢之外"关于旅游的无利害思想；[③]卢善庆（1987）阐释了中国山水景物在旅游中形成的审美观念的理论发展；[④]卢善庆（1991）介绍了明代《游唤》旅游美学思想[⑤]；章采烈（1992）介绍了柳宗元"旷""奥"两端的旅游美学思想[⑥]；卢善庆（1997）介绍了中国古代旅游美学思想发展演变，包括魏晋山水诗画旅游说的发端期，以宋代郭熙《林泉高致》为标志的成熟期，明代王思任和清代魏源为代表的终结期；[⑦]佘大平（2001）介绍了谢灵运奇趣盎然的旅游美学意境[⑧]；贾鸿雁（2001）介绍了大观园中的旅游美学[⑨]；司文等（2008）介绍了王维山水田园诗的旅游美学意境；[①]陶运宗（2013）介绍了桐城派文化旅游

① 吴海伦．中国文化语境下旅游审美之"物"及其意义生成 [J]. 中南民族大学学报（人文社会科学版），2020（10）：66–72.

② 朱运海，曹诗图．关于旅游审美理论研究的几个基本问题探讨 [J]. 三峡大学学报（人文社会科学版），2023（4）：40–47.

③ 张复．论游览的审美意义及其实践——我国古代游览思想初探 [J]. 学习与探索，1985（1）：27–37.

④ 卢善庆．中国山水景物在旅游中形成的审美观念的理论发展 [J]. 社会科学家，1987（5）：14–19.

⑤ 卢善庆．萌动旅游美学思想的专著——《游唤》[J]. 旅游学刊，1991（4）：5–6.

⑥ 章采烈．论柳宗元的旅游美学观 [J]. 江汉论坛，1992（2）：75–79.

⑦ 卢善庆．中国古代旅游美学思想总体特色 [J]. 上海艺术家，1997（2）：24–26.

⑧ 佘大平．谢灵运山水诗的旅游美学意境 [J]. 东南大学学报（哲学社会科学版），2001（2）：50–53.

⑨ 贾鸿雁．大观园中的旅游美学 [J]. 东南大学学报（哲学社会科学版），2001（2）：54–57.

① 司文，等．王维山水田园诗的旅游美学意境 [J]. 边疆经济与文化，2008（12）：29–30.

开发及其旅游美学价值；[①] 谭家健（2013）介绍了先秦诸子的山水旅游美学观；[②] 赵洪涛（2019）介绍了明末清初江南文人旅游审美探索。[③]

国外有代表性的学者如 Austin 对 19 世纪英国旅行文学作品的分析，以及当时“如画风景”思想在旅游活动中的体现及其旅游审美存在的一些问题进行了梳理。[④]Ely 对 19 世纪俄罗斯伏尔加河畔景观审美演变与旅游业发展关系进行了梳理。[⑤]

5.1.5 旅游审美的现象学研究

Alfakhri 等通过现象学访谈，收集游客的住宿体验，提出了一个“酒店服务景观”设计的概念框架模型，主要包括三个领域：价值创造（从酒店经营者和客户的角度来看），来自室内设计，为客人创造放松、娱乐、满意的氛围；另外两个包括意义的象征和体验的塑造等。[⑥]Nasiri 选择 Giorgi 的描述性现象学方法来指导数据的收集和分析，提出三种旅游审美体验的现象学描述，即“the ugly”“the beaugly”“the ugbeaful”。“the ugly”指不愉快的审美体验，而后两种则是边缘性体验。“the ugly”体验包括令人震惊、尴尬或令人困惑等具体内容；“the beaugly”这种体验被认为是对预期的违背，从有趣到不知所措、冷漠、失望、焦虑和恼火；“the ugbeaful”是一种意想不到但愉快的感觉，表现在人们对真实性与现代性或自然与人为两方面意想不到结合所感受到的惊喜，或处于由于超负荷而感到不满的边缘。[⑦]Tam Cheung 采用诠释学现象学方法探讨博物馆参观者的绘画体验，特别是成人非艺术专家的体验。通过对参与者进行现象学访谈，发现他们的体验包括两个主要领域：明确方面，指人们在描述自己体验时能够表达出来的各个方面，如他们谈论绘画的形式、品质、相

① 陶运宗．试论桐城派文化旅游开发及其旅游美学价值 [J]. 学理论，2013（23）：217-266.
谭家健．先秦诸子的山水旅游美学观 [J]. 诸子学刊，2013（1）：13-20.
③ 赵洪涛．明末清初江南文人旅游美学 [J]. 中北大学学报（社会科学版），2019（6）：69-74.
④ Austin L M. Aesthetic Embarrassment：The Reversion to the Picturesque in Nineteenth-century English Tourism[J]. ELH，2007（3）：629-653.
⑤ Ely C. The Origins of Russian Scenery：Volga River Tourism and Russian Landscape Aesthetics[J]. Slavic Review，2003（4）：666-682.
⑥ Alfakhri D，et al. The Role of Aesthetics and Design in Hotelscape：A Phenomenological Investigation of Cosmopolitan Consumers[J]. Journal of Business Research，2018（85）：523-531.
⑦ Nasiri H，et al. Beyond Beauty：Ugly and Borderline Aesthetic Experiences in Tourism[J]. Annals of Tourism Research，2024（105）：1-25.

关的文本信息、他们的日常经历、画家和博物馆环境；不明确方面，指的是人们无法表达的一些方面，如他们在表达自己的感受、他们与时间的关系，以及理解身体的角色方面都有困难等。[①]

5.1.6 其他

就旅游审美所存在的问题，苏北春（2008）认为，消费时代的到来，休闲主义与实用美学的广为流行，旅游审美趋于世俗化、符号化，旅游审美过程变成了旅游者参与快乐、体验休闲的消费过程，这既是旅游审美的解放，也是异化（由崇高到世俗的），导致自然和人文两种生态危机的同时出现。[②] 过度的旅游消费加剧了生态环境的恶化，带来了旅游审美的重重危机，促发人们对消费主义和庸俗美学的思考。[③] 贺丽丽（2013）认为旅游审美存在同质化现象。[④] 王美勤等（2022）认为，旅游审美关系中，主体（旅游者）是“审美需求者”，客体（旅游目的地）是“审美提供者”，当客体提供的“审美”与主体需要的“审美”失衡时，便引起旅游审美疲劳。[⑤] 吴海伦（2018）提出城乡二元旅游审美的观点：现代生活的流动性、快速性和无序性带来了人们的认同危机，追求诗意的乡村也成了人们寻求个人认同的方式。人们始终在城市与乡村之间徘徊，通过回溯和虚化乡村，去弥合精神的创伤，旅游主体站在城市的角度呈现出自在美丽的乡村画卷。[⑥]

就旅游审美结构，沈敏等（2011）认为旅游景观的审美结构包括空间—尺度、时间—历史、机制—功能三个维度。[⑦] 吴荻等（2018）提出“客观—主客相融—主观”的旅游景观审美结构框架体系，并由此梳理出旅游景观审美结构

---

① Tam Cheung.Understanding Museum Visitors’ Experience of Paintings：A Phenomenological Study of Adult Non-Art Specialists[D]. University of London，2006.

② 苏北春 . 快乐哲学与休闲体验：消费时代的旅游审美文化 [J]. 东北师大学报（哲学社会科学版），2008（4）：136–141.

③ 苏北春 . 快乐哲学与休闲体验：消费时代的旅游审美文化 [J]. 东北师大学报（哲学社会科学版），2008（4）：136–141.

④ 贺丽丽 . 论当前旅游审美活动中的同质化现象 [J]. 贵州民族大学学报（哲学社会科学版），2013（3）：180–183.

⑤ 王美勤，等 . 旅游审美疲劳：表现特征、形成机理与缓解措施 [J]. 旅游学刊，2022（1）：109–117.

⑥ 吴海伦 . 旅游审美的城乡二元结构 [J]. 思想战线，2018（1）：148–154.

⑦ 沈敏，等 . 旅游景观审美层次与结构探析 [J]. 安徽农业科学，2011（35）：21886– 21888.

的生成机制。[①] 其他如管宁生（2000）提出审美场、审美效果及其有关影响因素，并论述了它们在旅游中的利用价值。[②]

5.1.7 小结

总体而言，这些研究从旅游美学学科性质研究、旅游审美体验心理研究、旅游审美体验的美学研究、古代旅游审美思想、旅游审美的现象学研究等角度对于旅游审美进行了理论探讨，提出了一些具有启发性的观点，对于建立旅游美学学科研究框架具有重要的价值。但是相关研究存在一些理论盲点，主要包括从理论上如何解释旅游审美对象与一般审美活动对象不同之处；旅游审美心理的实然状况的研究；从审美和旅游活动两个维度相结合的视角建构旅游审美理论的研究；旅游审美体验研究将理想状态当作普遍状态以致旅游审美过程中美的体验的普遍性和必然性等理论问题尚未涉及。针对这些理论盲点，本书试图从海德格尔现象学视角出发，结合审美和旅游活动两个维度，建构一个旅游审美的哲学分析框架，以探讨建立旅游活动过程中审美体验的普遍性和必然性的理论尝试。

5.2 海德格尔现象学审美思想

旅游审美建基于一定的审美理论之上，其中，尤为关键的是关于美的体验如何发生的理论。本书主要借鉴海德格尔的审美理论。海德格尔对艺术作品的分析可以看作对艺术作品进行现象学分析的典范，也可以将其看作艺术现象学。[③] 海德格尔艺术现象学关注艺术作品作为存在者其存在的显现，包含的思想内容主要如下。

5.2.1 由物到器物

世界由物所构成，通常我们所说的物，其实指的是海德格尔现象学中的器

① 吴获，等．旅游景观审美结构的生成机制研究 [J]. 旅游论坛，2018（5）：64–69.
② 管宁生．关于审美场、审美效果及其旅游利用的探讨 [J]. 社会科学家，2000（4）：30–32.
③ 肖朗．海德格尔的现象学美学论析 [J]. 武汉理工大学学报（社会科学版），2015（6）：1067–1074.

物。一个自为存在的“物”在人类的视野之外，就算是与人类偶遇，也无法进入其生活之中。可以说，“物”在人类社会中是隐匿的、不被发现的，当然也就无从讨论其美的可能性。器物与物不同之处在于与作为存在者的人的关系不同。自为存在的“物”是一个自在的东西、对人类陌生的东西，而器物则是一个社会性事实，即它凝聚了人类的意识，是一定社会结构中与人有着一定关系的“物”。正因为这种关系的存在，器物在人类社会中被显现出来，是可切近的、是熟悉的。

依据海德格尔现象学，一切物的存在，只有在其与人的合用性关系中才能显现出来。根据海德格尔早期著作《存在与时间》中的观点，作为器物的存在者的敞开，以其合用性展开自身。之后，在《林中路》中，海德格尔的思想有所深化，在合用性基础上提出可靠性概念。可靠性指的是器物本质存在的充实圆满特征。器物的合用性，充其量不过是可靠性的必然结果。[①] 实际上，可靠性就是这种合用性的必然性和稳定性形成的条件。也就是说，物不以器物名义则无法显现自身的存在。事物的美，只有作为器物存在，才有被与器物打交道的人所体验的可能性。

如前所述，作为器物，都是以“为了作……之用”的方式存在。“为了作”其实质就是将原本自为存在的“物”赋予一种功能，从而使它面向打交道的人展开，如铁锤不是一个自为存在的铁块，而是一个为了“锤”这个功能的器物。那么，自然风光是否是器物呢？海德格尔认为，森林是一片林场，山是采石场，河流是水力，风是扬帆之风。随着被揭示的周围世界来照面的乃是这样被揭示的“自然”。那个“澎湃争涌”的自然，那个向我们袭来、又作为景象摄获我们的自然，却始终深藏不露。[②] 也就是说，森林对于存在着的人的“我”而言，它是作为提供林木之用的一片林场，或是其他用途的什么东西。也就是说，森林并不是自为存在的“物”，而是与人具有合用性关系的器物。

5.2.2 由大地到世界

现实生活中的器物在被转变为艺术作品之前，需具有一种艺术的可能性。在海德格尔现象学中，这种可能性通过“大地”概念予以表达。依据海德格尔

① 海德格尔．人，诗意地安居 [M]. 郜元宝，译．上海：上海远东出版社，2022：114.
② 海德格尔．存在与时间（修订本）[M]. 陈嘉映，等，译．上海：商务印书馆，2015：93–94.

的观点，大地就是器物其所是特性涌现出来所显现的整体性装置，“树木和草地、兀鹰和公牛、长蛇和蟋蟀才进入它们突出鲜明的形象中，从而显示为它们所是的东西……我们称之为大地”。[①] 大地不是具体的树木、草地、兀鹰、公牛、长蛇和蟋蟀，而指的是与所创造的艺术作品相关的一切器物的整体涌现。可以说，作为器物，其鲜明形象已经在与人的合用性关系中展开了自身存在，此即所谓“显示为它们所是”。但是作为整体的大地却是隐匿的，海德格尔提出：

> 石头负荷并且显示其沉重，这种沉重向我们压来，它同时却拒绝我们向它穿透。要是我们砸碎石头而试图穿透它，石头的碎块却决不会显示出任何内在的和被开启的东西。石头很快就又隐回到其碎块的负荷和硕大的同样的阴沉之趣中去了。要是我们把石头放在天平上面，试图以这种不同的方式来把捉它，那么，我们只不过是把石头的沉重带入重量计算之中而已。这种对石头的规定或许是很准确的，但只是数字而已，而负荷却从我们这里逃之夭夭了。色彩闪烁发光而且唯求闪烁。要是我们自作聪明地加以测定，把色彩分解为波长数据，那色彩早就杳无踪迹了。只有当它尚未被揭示、未被解释之际，它才显示自身……只有当大地作为本质上不可展开的东西被保持和保护之际——大地退遁于任何展开状态，亦即保持永远的锁闭——大地才敞开地澄亮了，才作为大地本身而显现出来。大地上的万物，亦即大地整体本身，汇聚于一种交响齐奏之中。[②]

这一段描述的是大地进入艺术作品之前，只能从逻辑上推断出来的被意识到的存在状态，并非实存状态。在这种状态中，作为器物的建筑用的石头和绘画用的颜料都是大地的构成部分，但是它们到底如何展现艺术魅力，仍处于隐匿状态。所以说，石头和颜料在大地中以隐匿其特性的方式将大地涌现出来。但大地的这种进入艺术作品之前的隐匿状态也只有在艺术创造过程中才能被揭

① 海德格尔．林中路 [M]. 孙周兴，译．上海：上海译文出版社，2008：24.
② 海德格尔．林中路 [M]. 孙周兴，译．上海：上海译文出版社，2008：28–29.

示，因而显现出来。从这个意义上说，艺术作品制造了大地，作品把大地本身挪入一个世界的敞开领域中，并使之保持于其中，作品让大地是大地。所谓制造指的是把作为自行锁闭者的大地带入作品世界的敞开领域之中：

> 石头被用来制作器物，比如制作一把石斧，石头于是消失在有用性中。质料越是优良越是适宜，它也就越无抵抗地消失在器具的器具存在中。而与此相反，神庙作品由于建立一个世界，它并没有使质料消失，倒是才使质料出现，而且使它出现在作品的世界的敞开领域之中：岩石能够承载和持守，并因而才称其为岩石；金属闪烁，颜料发光，声音朗朗可听，词语得以言说。所有这一切得以出现，都是由于作品把自身置回到石头的硕大和沉重、木头的坚硬和韧性、金属的刚硬和光泽、颜料的明暗、声音的音调和词语的命名力量之中。①

自为存在的物因其合用性而转换为器物。在此过程中，物的材料特性消失在合用性中。但是作为器物的大地构成成分，其合用性在艺术作品中获得了某种新的意涵因而被重新揭示而显现出来。如石头的坚硬、硕大特性消失在石砖的合用性中，但石砖的坚硬、硕大特性在神庙这个作品中以神庙的庄严名义被揭示而显现出来。从另一个角度来看，器物已经转化为意义符号，因而器物的材料并没有消失，而是“出现在作品的世界的敞开领域之中”。大地的构成成分的某种特性作为器物因而被揭示，大地却又退隐了，艺术作品世界显现了。

艺术作品的世界以人的周围世界为逻辑前提。作为人的此在的周围世界的展开以其操劳活动的开展为逻辑前提，在合用性关系中展开了器物。器物以操劳活动为逻辑前提，并在活动过程中向彼此展开自身成为共同存在，由此构成了操劳活动中人的周围世界。海德格尔认为，世界并非现成的可数或不可数的、熟悉或不熟悉的物的单纯聚合。他认为，世界绝不是立身于我们面前、能够让我们细细打量的对象，也即世界的非对象化，只要诞生与死亡、祝福与诅咒的轨道不断地使我们进入存在，我们人始终隶属它。石头是无世界的，植物

---

① 海德格尔 . 林中路 [M]. 孙周兴，译 . 上海：上海译文出版社，2008：27.

和动物同样也是没有世界的，农妇却有一个世界，因为她逗留于存在者的敞开领域中。[①] 也就是说，器物的可靠的合用性使得与之打交道的人的周围世界得以展开，一切物由此展开其时空结构，即“都获得了自己的快慢、远近、大小”。[②] 可以说，物开始以“器物”名义存在于世界中。而“器物”在农妇的操劳活动中得以展开自身。由此，可以说，石头没有世界，物没有世界，而农妇有其世界，这个世界即她的周围世界。

但艺术作品的世界却由作品本身建立。实际上，正是通过“世界”的世界化，建立了这个“世界”。所谓“世界”的世界化，即艺术作品世界是通过作品中人与器物合用性关系建立起的。海德格尔以希腊神庙为例予以阐述：

> 比如一座希腊神庙，它单朴地置身于巨岩满布的岩谷中。这个建筑作品包含着神的形象，并在这种隐蔽状态中，通过敞开的圆柱式门厅让神的形象进入神圣的领域。贯通这座神庙，神在神庙中在场。神的这种现身在场是在自身中对一个神圣领域的扩展和勾勒……这些敞开的关联所作用的范围，正是这个历史性民族的世界。出自这个世界并在这个世界中，这个民族才回归到它自身，从而实现它的使命。[③]

在海德格尔看来，在艺术作品中，岩石以及建筑材料等物以其与人的合用性打开了由器物所建构的世界，即作品的世界由此敞开。希腊神庙是希腊人通过建筑材料所建构起来的满足其精神需求的一个神的在场的世界。按照海德格尔的观点，神庙所建构的世界，是神圣者开启出来的世界，即神被召唤入其现身在场的敞开的世界，是神在尊严中、在光辉中现身在场的世界。

5.2.3 由世界到作品的美

海德格尔认为，艺术作品以自己的方式开启存在者之存在。[④] 那么，艺术

① 海德格尔．林中路 [M]. 孙周兴，译．上海：上海译文出版社，2008：27.
② 海德格尔．林中路 [M]. 孙周兴，译．上海：上海译文出版社，2008：27.
③ 海德格尔．林中路 [M]. 孙周兴，译．上海：上海译文出版社，2008：23-24.
④ 海德格尔．林中路 [M]. 孙周兴，译．上海：上海译文出版社，2008：21.

作品的存在者之存在是什么呢？美又是什么呢？本书试图通过他对梵·高的画作《农鞋》的分析展开其审美思想。他说：

鞋具有什么看头呢？人人都知道鞋是什么东西，如果不是木鞋或者树皮鞋的话，我们在鞋上就可以看到用麻线和钉子连在一起的牛皮鞋底和鞋帮。这种器具是用来裹脚的。鞋或用于田间劳动，或用于翩翩起舞，根据不同的有用性，它们的质料和形式也不同。①

这里，他指出，鞋从性质上说就是一个器物。作为器物，鞋通过“裹脚”这个合用性展开自身存在，或用于田间劳动，或用于起舞等。

从鞋具磨损的内部那黑洞洞的敞口中，凝聚着劳动步履的艰辛。这硬邦邦、沉甸甸的破旧农鞋里，聚积着那寒风料峭中迈动在一望无际的永远单调的田垄上的步履的坚韧和滞缓。鞋皮上粘着湿润而肥沃的泥土。暮色降临，这双鞋底在田野小径上踽踽而行。在这鞋具里，回响着大地无声的召唤，显示着大地对成熟谷物的宁静馈赠，表征着大地在冬闲的荒芜田野里朦胧的冬眠。这器具浸透着对面包的稳靠性的无怨无艾的焦虑，以及那战胜了贫困的无言喜悦，隐含着分娩阵痛时的哆嗦，死亡逼近时的战栗。这器具属于大地，它在农妇的世界里得到保存。正是由于这种保存的归属关系，器具本身才得以出现而得以自持。②

上述这一段话，讲的是这双鞋的存在状态，它磨损了、旧了。正是这种“黑洞洞的敞口”“硬邦邦”“沉甸甸”“破”，将鞋及其打交道的那个农妇的存在境遇一下子敞开了，农妇的周围世界打开了。所以，海德格尔说，梵·高的油画揭开了这个器物，即一双农鞋实际上是什么，也即这个存在者进入它的存

① 海德格尔．林中路 [M]. 孙周兴，译．上海：上海译文出版社，2008：15.
② 海德格尔．林中路 [M]. 孙周兴，译．上海：上海译文出版社，2008：16.

在之无蔽之中。[①] 也即鞋自身通过合用性的展示完全展开了自身，成为自己之所是。上述这双农鞋以及农妇的存在状态及其境遇的显现通过颜料的色彩调配予以实现。在这个过程中，作品创作过程中大地和世界发生了争执。作品世界通过对器物所涉及人物的周围世界的显现而自行敞开，而大地却永远自行锁闭。两者彼此有别，却相依为命。世界建基于大地，大地穿过世界而涌现出来，两者处于对立统一的关系。世界作为显现的存在无法容忍大地的锁闭，但大地是庇护者，它总是倾向于把世界摄入它自身并且扣留在它自身之中，大地离不开世界之敞开领域，因为大地本身是在其自行锁闭的被解放的涌动中显现的。[②] 而世界不能飘然飞离大地，因为世界是一切根本性命运的具有决定作用的境地和道路，它把自身建基于一个坚固的基础之上，[③] 两者在真理的发生上统一了。

艺术作品中，存在者按照自己之所是展示出来，也即器物的本性显现出来，也就有了作品中真理的发生。所谓真理，在海德格尔看来，就是真实之本质。[④] 而所谓的真实，就是将器物之所是的状态显现出来。艺术作品所揭示的器物的存在状态须从它所显现的世界中才能显示其所是。而所谓真实，即物转化为器物的其所是的过程，即农妇与器物打交道的其所是的状态。“世界”的世界化，即艺术作品《农鞋》所揭示的世界是一个展示其所揭示的人（农妇）的真实存在状态的世界，即一个他所是的周围世界。由此，海德格尔认为，在艺术作品中，存在者之真理已经自行设置入作品中了。[⑤] 而美是作为无蔽的真理的一种现身方式。[⑥] 所以说，在梵·高的油画中发生着真理，并不是说在此画中某种现存之物被正确地临摹出来了，而是说在鞋具的器物存在的敞开中，存在者整体，也即在冲突中的世界和大地，进入无蔽状态之中。[⑦]

总体而言，器物、世界、大地、真实等几个概念是理解海德格尔现象学美学思想的关键所在。按照海德格尔现象学美学，美是艺术作品中真理的现身方式，而真理则是艺术作品中器物及其所打交道的人的生存境遇的真实显现。海

① 海德格尔 . 林中路 [M]. 孙周兴，译 . 上海：上海译文出版社，2008：18.
② 海德格尔 . 艺术作品的本源 [M]. 孙周兴，译 . 北京：商务印书馆，2022：39.
③ 海德格尔 . 艺术作品的本源 [M]. 孙周兴，译 . 北京：商务印书馆，2022：42.
④ 海德格尔 . 林中路 [M]. 孙周兴，译 . 上海：上海译文出版社，2008：31.
⑤ 海德格尔 . 林中路 [M]. 孙周兴，译 . 上海：上海译文出版社，2008：18.
⑥ 海德格尔 . 林中路 [M]. 孙周兴，译 . 上海：上海译文出版社，2008：37.
⑦ 海德格尔 . 林中路 [M]. 孙周兴，译 . 上海：上海译文出版社，2008：37.

德格尔现象学美学的总体特点就是美的依据并非来自对象本身，而是人与对象的关系。按照海德格尔的观点，美是真实的现身方式，而真实就是作品世界成为其所是的状态，即人的真实的周围世界。从这个意义上说，作品所缔造的世界要与人的周围世界一致性关系成立，才能实现现身。其实质就是认定美是作品与人的周围世界的一致性关系，而人的美感则是人对这种一致性关系的必然反应。海德格尔现象学美学思想中，美并非完全取决于个人的纯粹主观感受，其必然性就在于美来源于人的周围世界，周围世界的普遍性就是个人审美感受的必然性。这些思想为本书展开旅游审美的论述提供了理论依据。

5.3 现象学视域下的旅游景观与美

本书试图依据海德格尔现象学美学思想，建立一个分析文旅融合审美体验的哲学框架，以深化相关研究。

5.3.1 旅游意向

与一般艺术审美活动最大不同就在于，旅游审美是以旅游活动为中介的活动，是贯穿整个旅游过程的活动。将旅游审美活动纳入旅游活动当中，这是考察旅游审美活动性质的出发点。如前所述，作为旅游活动，其体验受制于旅游活动与旅游意向之间的一致性关系，即合意性。旅游意向是休闲意向的重要内容之一。旅游意向的激发是人对其有关劳动与休闲两种存在方式的失衡感的一种主观反应。如前所述，旅游意向概念指的是存在者的人进行旅游活动的主观倾向性。这种主观倾向性的实质内容就是扭转人存在的失衡状况恢复至人的存在的自由状态，而旅游意向的对象即人的旅游活动。由此，旅游意向的目的即旅游活动与人的存在自由状态的一致性关系，两者合乎一致性关系，即目的达成，此即形式合目的性。可以说，旅游意向最终指向与人存在自由状态的一致性关系，因而其内容具有唯一性。但是这种唯一性实现的途径是多样化的，此即“多”。具体而言，旅游意向的“一”需要通过旅游表象的“多”予以实现。旅游表象的内容是多元的，而旅游审美的表象就藏于其中。旅游意向的内容是非经验的，但是旅游表象的内容却是完全经验的。一个连续工作半年的城市白领所形成的旅游表象可能是“沙滩、白云”，也可能是“茅草屋、农田、青山、绿水”，还可能是“摩天轮、大摆锤”等。

旅游表象是激发旅游活动的经验性诱因，但是并非必要条件，一场想走就走的旅游并非不可能。在这场旅游活动中，遇到很多预期外的旅游景观可能性非常大。那么，是否所有遇到的旅游景观都能成为旅游审美对象呢？如前所述，一般认为，旅游审美不同于艺术审美之处就在于其对象广泛性。① 其实不然，尽管“我”偶遇旅游景观，但是它们并非都能成为审美对象。关键就在于旅游景观能否与“我”的旅游表象建立一致性关系。一个连续工作半年的城市白领所形成的旅游表象中有“茅草屋、农田、青山、绿水”，这时看到乡村田园风光会激发愉悦，路过城市高楼大厦，可能意兴阑珊。从现象学分析，这种一致性关系的成立，意味着“茅草屋、农田、青山、绿水”的旅游景观在“我”的周围世界中显现了，它进入了“我”的周围世界，凭借这种一致性关系，“我”开始意识到，“我”也具备了显现于它的世界的可能。另外，城市风光可能进入了另一个旅游者的周围世界，但是并没有进入同一时空结构中的“我”的周围世界，审美活动也就无法发生。可以说，并非旅游活动过程中一切遇见的旅游景观都能成为旅游审美对象，而是那些与旅游表象一致性关系中的旅游景观才是真正的对象。

有没有可能不以指向人存在自由状态的旅游意向，或者说，旅游意向就是纯粹的审美呢？生活中，可能存在一些现象，即一个城市白领就想到乡村，也不干什么，就坐着晒晒太阳，看看乡村田园美景。这种情况下，旅游意向不就是纯粹的审美吗？本书认为，旅游意向并非来自经验，而是非经验的逻辑推断，即劳动与休闲两者关系的反映。人存在的自由状态是两者平衡的逻辑结果。所以，旅游意向的目的就在于指向两者平衡之状态，这是逻辑必然结果。旅游活动过程中，旅游景观只有与旅游意向一致性关系成立，才能称其为旅游景观，即旅游景观的意涵向旅游者由此展开。与旅游意向不一致的一切物，无法进入旅游者的世界，当然无法向旅游者展开其作为旅游景观的意涵，旅游审

① 张培茵．论旅游活动的审美本质及对人类的深刻影响 [J]. 哈尔滨商业大学学报（社会科学版），2004（6）：66-68.

美也就无从谈起。而上述情况下，田园风光之所以作为旅游景观向旅游者展开，就在于它与旅游意向的一致性。

另一种可能的现象，即一个艺术家到外省一个博物馆专门去欣赏一幅古画。这种情况下，他的旅游意向是什么呢？这种现象可能有两种不同情况。一种情况下，艺术家到外省一个博物馆专门去欣赏一幅古画这个活动意在借鉴古画创造技巧，为自身创作所用，因而属于工作活动。从性质上说，这类活动为劳动，而非休闲，因而其意向为劳动意向而非休闲意向，无非工作地点改为外地而已。另一种情况即所谓专门的以古画为对象的休闲活动，这时他的旅游意向可能就是这幅画本身。

总体而言，旅游意向是人的存在的自由状态与旅游活动之间的中间环节，是将人作为主动性的主体通过旅游活动实现其自身存在的自由状态的中介。与旅游意向的一致性关系，这是旅游审美活动的逻辑前提条件，也是旅游审美之所以带有旅游特色的关键因素。

5.3.2 旅游景观与美

首先思考第一个问题，即旅游景观美的客观规定性和必然性是什么。如上所述，按照海德格尔现象学美学，美是真实的现身方式。那么，在旅游景观中，美是什么？美是如何创作出来的？本书认为，所谓旅游景观，按照文化渗入的不同方式，主要有两种形态：一是器物，二是仪式。器物以物的形态而存在，仪式以身体活动形态存在。两者之所以能够成为旅游景观，在于可视化，即可以进入旅游者的视野中。器物是物在人类世界中的存在方式。作为自为存在的物不具备成为旅游景观的前提条件，只有与人具有合用性关系的物，才能以器物名义进入人的周围世界，成为审美对象。所谓器物，由共在世界中“你”“我”“他”就操劳活动过程中具有某种合用性，并进行命名以及就其意涵所形成的一致性意见的某物。所以，器物所具有的客观性和必然性就在于共在世界中“你”“我”“他”的一致性认同。这种客观性和必然性为器物的美的客观性和必然性提供了逻辑上的可能性。那么，具体来说，哪些器物可以作为旅游景观而存在呢？本书认为，一切器物都具有作为旅游景观而存在的可能性。根据器物构成的基本公式，人类社会中一切劳动工具和成果都在某共在世界（W_X）中被赋予某种功能（F_X），因而具有某种意涵（M_X）。由此，毋庸置疑，这些劳动工具和成果以器物名义而存在。这些器物在我们的旅游场域中，以文化景观名义存在，如一件农具、一块宝玉甚至一幢古寺庙等。那么，我们通常所谓的自然旅游景观，如山、水、沙漠等为何以器物名义存在呢？离开人类视野的山、水、沙漠尽管作为自为的物而存在，但它们并没有进入人类的社会，因而对于人类而言，它们是隐匿的。山和水等自然物是所处之人的周围世界的物理构成成分，如山作为屏障或为阻碍等，它们就被赋予了构成成分（F_{X1}）这个功能，因而对于所处之人的共在世界而言具有某项意涵（M_{X1}）。因而，山、水等进入人类社会中的自然物逃离不了器物的掌控。器物还承担文化象征物的角色，是特定社会群体中生活方式的象征符号。之所以需要象征物，就在于以象征物作为符号指称特定社会群体中生活方式，从而将其通过有限时空结构予以展现出来。从这个角度看，文化象征物是特定社会群体中生活方式的时空聚焦，以建造一个有限时空结构的旅游场域，将特定社会群体中生活方式转变为面向旅游者的旅游景观。即以生活方式的某种器物指称一种生活方式，如中国古代青铜器簠，指涉祭祀中盛装小米或是黍这类祭品的容器；觥是一种大型的盛酒器，下半部的器身宛若西餐中船形酱汁壶，有着环形支足（圈足），上半部则是做成动物兽类头部连着背部形状的长盖子。[①] 这些器物可以作为中国古代日常生活方式的文化象征物。

仪式也是重要的文化象征物。仪式是一整套稳定的活动规则，通过活动的不断重复，制造特定的集体记忆。[②] 这种记忆反映的是特定社会群体的特有生活方式。这些生活方式可以视为该群体中共在的人们在操劳活动过程中，就其存在及其组织方式所生成的一套与环境一致性关系的规则体系。这套规则即调节性规则，以对共在世界中的人们的操劳活动进行调节。在这套规则体系中，作为存在者的人（P_1）在某种环境下应该采取某种行动（A_1）。农耕社会中，人们在日出条件下出去劳作，在日落情况下终止劳动回家休息。人们围绕固定的土地进行劳作，因而彼此都是熟悉人。在中国几千年的历史发展演变中，逐渐形成了基于儒家伦理的礼俗社会。费孝通在《乡土中国》中提出，中国古代

① 戴克成．读懂中国青铜器 [M]. 杨成耀，等，译．南京：译林出版社，2016：40–42.
② 扬·阿斯曼．宗教与文化记忆 [M]. 黄亚平，译．北京：商务印书馆，2018：11.

乡土社会是一个熟悉人社会，熟悉人社会以礼俗为约束。在中国传统社会中，礼俗就是儒家以个体修身为基础建立起的行为规范体系。[①] 这种规范体系以三纲五常、仁义礼智信为基本道德要求。也就是说，在中国古代社会中，作为存在者的人在这种社会背景下，应该依据儒家伦理采取行动。中国古代社会中存在大量有关生活方式的文化仪式，如《朱子家礼》中的居家礼仪：

> 凡子事父母，妇事舅姑，天欲明，咸起盥漱，栉总具冠带。昧爽，适父母舅姑之所省问。父母舅姑起，子供药物，妇具晨羞，供具毕乃退，各从其事。[②]

可见，儒家所建立的家礼规范体系，对成员日常生活细节的活动程序进行规定，将伦理秩序身体化，其实质就是将儒家伦理秩序空间化。在这种情况下，作为存在者的人（P_1）在儒家伦理支配的环境下应该采取经常性省问行动（A_1）。由此，通过省问仪式的实施，彼此成为儒家伦理秩序的共在世界。家庭成员通过仪式，与家庭伦理秩序建立了彼此“在其中”的关联。此外，如代表韩国儒家价值观影响的典型仪式是为已故父母举行悼念仪式。该仪式被视为代表家庭传统的主要职责之一，并被开发为旅游项目，游客可以通过网络预订观看。[③]

值得进一步思考的问题是器物和文化象征物作为旅游景观如何被转变为旅游活动中审美对象？所谓转化为旅游审美对象指的是器物和文化象征物经过一定的改造，使之具有成为旅游者审美对象的可能性。与专门创作的艺术作品不同，无论器物或文化象征物都不是专门艺术作品，而是人的周围世界的构成成分，因而它们不是一般意义上的物，而是凝聚该社会群体的共在世界中人们有关社会生活方式的一致性意见的物。按照海德格尔现象学美学思想，器物或仪式的美就在于作为一定社会群体中人的共在世界其生活方式的构成成分，是特定人群生活方式的时空聚焦的真实呈现。即器物或仪式作为旅游景观，在依附

① 费孝通．乡土中国 [M]. 北京：北京出版社，2004：34–35.

② 孔子文化大全编辑部．帝范·家范·帝学·家礼 [M]. 济南：山东友谊书社，1992：613–614.

③ World Tourism Organization （UNWTO） and Korea Culture & Tourism Institute （KTI）.Case Studies of Traditional Cultural Accommodations in the Republic of Korea，Japan and China[DB/OL].https：//www.e-unwto.org/doi/book/10.18111/9789284417407.

或脱离固有之共在世界之后，在旅游场域中重新建构了一个世界，一个时空上缩微的特定人群生活方式的共在世界。

5.3.3 共在世界、真实与美

器物和仪式作为旅游景观被创作出来以后，进入旅游场域中，等待旅游者的审美审视。旅游者进入这个场域之后，是如何发现这种美的？

进入由器物或仪式构成的旅游场域中，仅仅意味着旅游者从时空上与它们遇见了，并不意味着真正的进入。进入其所处的共在世界，那个重构的、缩微的所处的人的共在世界，作为旅游者的“你”“我”“他”才能算是真正进入这个旅游场域中，与它们相遇。这个共在世界指的是什么呢？如前文所述，这个共在世界主要包括器物、器物的命名规则、所处的人的操劳活动及其运行规则。器物只有在这个共在世界中才能被展示出来称其为器物，所处的人的操劳活动及其运行规则亦然。也就是说，共在世界中，一切事物有其特有的文化意义，操劳活动、物及其运行规则在其中被建构起来，这就是一个共享文化意义的世界。而所谓进入作为旅游场域的这个共在世界，意味着旅游者旅游意向与这个共在世界的某一个方面的一致性关系的建立。

进入旅游场域中的共在世界只是完成审美的第一步，即眼下所在的器物或仪式作为一个整体已经具备被旅游者视为审美对象的条件，具体的审美活动发生在与某个器物或仪式的共在世界打交道的过程中。具体而言，审美活动发生需要旅游者与旅游场域中器物或仪式所处共在世界的双重进入。旅游者在器物或仪式与旅游意向一致性关系成立的条件下遇见了它们，器物由此进入旅游者的共在世界。这意味着它们作为具有娱乐性普遍功能而成为旅游者新的器物，意味着器物不仅仅进入了旅游者的时空，还进入了旅游者的生活当中，成为旅游者周围世界的构成成分。一个城市白领，完全没有乡村生存经历，作为旅游者进入一个乡村，所看到的农具风车，一个农村劳作常用的器物，尽管是一个景观，但是它对于这个城市白领而言，仅仅可能是一个娱乐玩具而已。因为，这个风车进入了这个旅游者的共在世界，但是旅游者却没有进入这个风车的共在世界。旅游者如何进入器物的共在世界呢？器物是人在操劳活动过程中所使用的工具及其成果，其共在世界是所处操劳活动中的人群之间周围世界的叠加。进入器物的共在世界，其逻辑前提在于旅游者将器物还原为操劳活动过程中的工具的角色。也就是说，旅游者要进入器物制造或使用者的共在世界中去领会，即从器物（U_x）在共在世界（W_x）中领会到被赋予某种功能（F_x）及这种功能在共在世界中被集体认可的某种意涵（M_x）的内容。这种领会也是有条件的，即旅游者周围世界文化表象与器物共在世界之文化表象的关联性关系。关联性关系成立，则旅游者具有领会器物共在世界之可能。旅游者世界的文化表象是他在日常操劳活动过程中所形成的关于自己或相关生活方式的表象。器物共在世界的文化表象即旅游者眼下旅游者所接受到的器物之共在世界及其文化表象。这两类表象的内容都无非是器物的物及其命名规则、操劳活动及其组织运行规则等。这两类文化表象的比较是旅游者进行审美活动的前提条件。关联性关系成立，则旅游者由进入旅游场域进而进入审美场域。一个有着乡村生活经历的城市人，进入乡村旅游场域中，作为乡村生活共在世界的人，看到作为旅游景观的犁田用的铁犁，其关于器物的审美活动瞬间可能被激发，也即他进入了审美场域。

进入审美场域之后的旅游者如何发现旅游景观的美呢？按照海德格尔现象学美学的观点，美是真理的现身方式，真理意指真实之本质。[①] 所谓真实就是与实在符合；而实在就是处于真理之中。[②] 真实之实质就是存在者进入了其存在的无蔽之境，作品的真实其实就是其所揭示的器物的无蔽之境的存在状态。[③] 本书认为，旅游景观的真实其实质就是作为旅游景观的器物或仪式其所是的状态，此即所谓“无蔽之境”。器物或仪式其所是的状态就是它与复数的“你”“我”“他”在操劳活动过程中的合用性关系。由于器物的合用性关系适用的范围不是单数的“我”，还涉及操劳活动过程中的共在的他人，因而是器物或仪式的合用性是在一定群体的共在世界的合用性。总之，本部分内容所谓真实，指的是旅游景观所构建的世界中，器物或仪式将其与所处的人的共在世界的合用性的真实展示，此即所谓美。

旅游者在旅游活动过程中所感受的真实，是对旅游景观美的再发现。旅游

① 海德格尔．艺术作品的本源 [M]. 孙周兴，译．北京：商务印书馆，2022：47.
② 海德格尔．艺术作品的本源 [M]. 孙周兴，译．北京：商务印书馆，2022：46.
③ 海德格尔．人，诗意地安居 [M]. 郜元宝，译．上海：上海远东出版社，2022：115.

景观的实质即它建构了一个器物或仪式的共在世界。其真实性指的是旅游者是如何发现器物或仪式的真实的共在世界的。所谓发现，是旅游者在对景观寻视过程中对旅游者周围世界的有关文化表象与器物或仪式共在世界之文化表象的一致性关系进行比较的逻辑结果。

我们以一个西班牙富恩特拉维亚小镇的阿拉德（Alarde）重大公共仪式为例予以说明。[①] 该仪式源于纪念 1638 年富恩特拉维亚战胜法国 69 天围攻的历史事件。仪式的参与者包括小镇几乎所有的男人、部分妇女和儿童。富恩特拉维亚小镇每个区都派出一支由孩子们组成的特遣队，孩子们在游行中演奏巴斯克民谣和鼓，他们穿着白色的衬衫和裤子，红色的凉鞋、腰带和贝雷帽以象征巴斯克人。每个区还派出一支分遣队拿着猎枪，并从年轻女性中选出一位最好的 cantinera（水的承运人）。她穿着军装式的制服，背着一个水壶。各种非本地化的职业群体也有代表，如伐木工分遣队穿着羊皮斗篷，留着胡子，戴着高高的黑皮帽。镇长和议员身着军装，骑在马背上，带领游行队伍。

仪式过程就是游行，他们首先在教堂城堡门外的广场集合。每一队孩子列队穿过街道大门，沿着两条街走到肃穆的查理城堡所在的广场，即第五大道就位，数百名亲属聚集在广场上欢呼。军乐演奏得非常热烈，每一群人不停地走过，演奏着不同的曲调。镇长和议员骑在马背上，是领导、高贵和英勇的象征。他们在一片欢呼声中从市政厅到广场街大约一半的地方，然后下马，走向市政厅下面的阳台上，俯瞰阅兵式。在 cantinera 的带领下，每个区的武装人员沿着街道行进，在市政厅下面阳的台上停下来。敬礼后，他们齐声鸣枪，枪声震耳欲聋。游行结束时，镇长和议员重新加入队伍，在广场上一起齐射，直到弹尽。此后，仪式结束，人群开始散去。

这一游行仪式对于当地居民而言是团结和勇敢的象征。当地旅游局将这种游行仪式当作一个重要旅游吸引物予以宣传，因此引来大量游客。街道太小，游客站不下，很多人站街上看不到这个游行，因此这个游行被要求每天表演两次。原来参与游行的人是志愿者，后来随着旅游活动的推广，大家都不愿意积

① Greenwood D J.Culture by the Pound：An Anthropological Perspective on Tourism as Cultural Commoditization[J].Hosts and Guests：The Anthropology of Tourism，1977（1）：129–138.

极参与。由此，镇政府推出给参与的人一定报酬，这样参与者就失去了固有的参与意义。[①]

这个仪式对于富恩特拉维亚小镇的居民而言，是真实的、是美的，因为它们处在一个共在世界里面，这个共在世界有着抵抗法军入侵的共同历史记忆。这个仪式就是通过仪式活动的重复，并在仪式过程中通过对勇敢和团结的尊崇，以不断进行历史记忆的再生产。而居民通过不断的仪式参与，不断进入这个基于共同历史记忆的共在世界，从而获得文化认同。但是，进入旅游场域以后，作为旅游景观的仪式却在发生变化。其中，根本性的变化是参与者共在世界的瓦解。越来越多旅游者成为仪式的参与者，他们并没有富恩特拉维亚小镇这段抵抗法军的英勇历史记忆，其周围世界的有关文化表象与该仪式共在世界之文化表象的一致性关系并没有建立起来，他们不需要理解仪式背后所表达的英勇、团结的文化意义，因而对于他们而言，这个仪式活动就是一项庄严的娱乐活动，而不是一项真实的仪式。旅游者与这项仪式相遇了，却无法进入其中，这让参与其中的当地居民感觉到了严重的落差。

① Greenwood D J.Culture by the Pound：An Anthropological Perspective on Tourism as Cultural Commoditization[J].Hosts and Guests：The Anthropology of Tourism，1977（1）：129–138.

6 文旅融合符号建构

6.1 人作为符号而存在

6.1.1 符号概念

德国学者卡西尔有一个著名的观点，即人不再生活在一个单纯的物理宇宙之中，而是生活在一个符号宇宙之中，语言、神话、艺术和宗教则是这个符号宇宙的部分。[①] 人并不直接地面对自为实在，而是凭借语言形式、艺术想象、神话符号以及宗教仪式等符号媒介面对世界。人凭借符号将世界建构为之自身所能领会的模样，其中语言是最为重要的符号，甚至成为提升人类认识和改造自然能力的重要因素。卡西尔认为，信号和符号属于两个不同的论域：信号是物理的存在世界的一部分；符号则是人类的意义世界的一部分；动物具有实践的想象力和智慧，而只有人类发展了一种新的形式符号化的想象力和智慧。

对符号的兴趣，作为对知识文化普遍兴趣的一种主题性或特殊性研究对象是在20世纪最初出现的一种现象。符号，在西欧是在"semiology"名下，该名称来自瑞士的索绪尔，在东欧则是在"semiotics"名下。[②] 索绪尔最初集中关注的是语言这种人类专有的交流形式，并且将其符号视野限定在文化领域。因此，20世纪学界对符号的普遍兴趣，无论东欧还是西欧，最初都是源自索绪尔这位瑞士语言学家。比索绪尔稍微早一些，美国哲学家皮尔斯也曾独立地进行类似研究，他将其称作"semiotic"，并且他把符号活动——关于符号知识的

① 卡西尔．人论 [M]. 李化梅，译．上海：上海译文出版社，2004：33.

② 珊·佩特丽莉．符号疆界：从总体符号学到伦理符号学 [M]. 周劲松，译．成都：四川大学出版社，2014：1.

研究从其中提取而来——称作“semiosis”。[①] 皮尔斯认为，“符号学”是一门研究有关各种可能的符号过程的本质特性及其基本种类的学说。[②]

就符号的概念，皮尔斯提出，符号可定义为任何一种事物，它一方面由一个对象所决定，另一方面又在人们的心灵中决定一个观念，而对象又间接地决定着后者那种决定方式，他把这种决定方式命名为符号的解释项，由此，符号与其对象、解释项之间存在着一种三元关系。[③] 他将符号定义为某物 A，它把某物（也即其解释项）带入与它同样相对应的某物 C（也即其对象），这样一来，A 自身（符号自身）就代替了 C。[④] 符号是任何一种事物，它可以使别的东西（它的解释项）去指称一个对象，并且这个符号自身也可以用同样的方法指涉（它的对象）；解释项不停地变成（新的）符号，如此延绵以至无穷。[⑤] 叶姆斯列夫将语词“符号”作为术语来表示这样一个单位，它包括内容形式、表达形式以及两者间我们称为符号功能的联合关系，这样定义语词“符号”似乎更加恰当。[⑥]

法国学者巴尔特认为符号是由一个能指和一个所指组成，如在公路规则中绿灯的颜色表示通行的指令。能指构成表达面，所指则构成内容面。能指是一个纯关系项，是一种中介物，它必须有一种质料，如声音、物品、形象等，它们都在典型记号概念的名义下被同一种质料所体现，即语言记号、图式记号、肖似记号、姿势记号等，各自都形成一种典型记号。[⑦] 所指不是“一件事物”，而是该“事物”的心理表象。[⑧] 所指和能指都有其内容和形式，表达的内质，如发声的而非功能的声音内质，它是语言学的而非音位学的研究对象；表达的

---

① 珊·佩特丽莉．符号疆界：从总体符号学到伦理符号学 [M]. 周劲松，译．成都：四川大学出版社，2014：1.

② 皮尔斯．皮尔斯：论符号——李斯卡：皮尔斯符号学导论 [M]. 赵星植，译．成都：四川大学出版社，2014：3.

③ 皮尔斯．皮尔斯：论符号——李斯卡：皮尔斯符号学导论 [M]. 赵星植，译．成都：四川大学出版社，2014：31.

④ 皮尔斯．皮尔斯：论符号——李斯卡：皮尔斯符号学导论 [M]. 赵星植，译．成都：四川大学出版社，2014：32.

⑤ 皮尔斯．皮尔斯：论符号——李斯卡：皮尔斯符号学导论 [M]. 赵星植，译．成都：四川大学出版社，2014：32.

⑥ 路易斯·叶姆斯列夫．叶姆斯列夫语符学文集 [M]. 程琪龙，译．长沙：湖南教育出版社，2005：185.

⑦ 巴尔特．符号学原理 [M]. 李幼蒸，译．北京：中国人民大学出版社，2008：33.

⑧ 巴尔特．符号学原理 [M]. 李幼蒸，译．北京：中国人民大学出版社，2008：29.

形式，它由聚合规则和组合规则构成（同一形式可具有两种不同的内质，即声音的和字形的）；内容的内质，如所指之情绪的、意识形态的或概念的特点，即其“肯定的”意义；内容的形式，即诸所指之间的形式关系组织，它是按某一语义标记的有无而成立的。①

艾柯认为，当代码将传达系统的成分指派到被传达系统的成分时，前者就变成后者的表达形式，后者则成为前者的内容；符号—功能就产生于表达和内容相联系之际，而所联系的这两种因素则是此种关系的功能函项；符号是编码规则引起的暂时性结果，它确立了成分之间的瞬时关系，其中每一成分都有资格介入（在特定的编码环境下）另一种关系，从而构成一种新的符号。②

皮尔斯、巴尔特、艾柯等符号学理论除应用于人类社会专门符号系统的研究外，还不断拓展其应用领域。1963 年，托马斯·A. 西比奥克提出，所有动物而不仅仅是人类，使用符号并通过符号交流，由此，他将符号活动的理解推广到整个动物王国。③法国学者巴尔特将符号学应用到原始社会人类生活、医学、城市规划以及文学作品等社会文化领域。④他提出符号包括意指作用的对象物，一个意指作用的支撑物，以及第三种要素变项。这三种要素同时存在，在语段上不能割裂，且每一要素都可以加入不同的实体，如长袖开衫或口袋，领子或口袋盖布，闭合状态或存在，这种意指单元即为母体。⑤他用省略符号 O 表示意指作用的对象物，用 S 表示支撑物，用 V 表示变项，母体则用图形符号 OVS 来表示，具体如下：

\ 一件套头毛衣有一个闭合的领子 /= 庄重正式

O V S

\ 一件毛衣有一个船形领子 /= 时装⑥

O V S

另外，也有少量研究将之应用于旅游领域，如饶广祥等提出旅游为以追寻

① 巴尔特 . 符号学原理 [M]. 李幼蒸，译 . 北京：中国人民大学出版社，2008：26–28.
② 乌蒙勃托·艾柯 . 符号学理论 [M]. 卢德平，译 . 北京：中国人民大学出版社，1990：55.
③ 珊·佩特丽莉 . 符号疆界：从总体符号学到伦理符号学 [M]. 周劲松，译 . 成都：四川大学出版社，2014：1–2.
④ 巴尔特 . 符号学原理 [M]. 李幼蒸，译 . 北京：中国人民大学出版社，2008：168–210.
⑤ 巴特 . 流行体系：符号学与服饰符码 [M]. 敖军，译 . 上海：上海人民出版社，2000：71.
⑥ 巴特 . 流行体系：符号学与服饰符码 [M]. 敖军，译 . 上海：上海人民出版社，2000：71.

意义为指向，以可支配的时间、精力、金钱等通过交换获取，必须亲身体验的人与物——符号二联体的短期互动活动，即旅游对象是偏向意义的物——符号二联体，人与旅游对象之间有特定期待的互动，这种互动以追寻意义为指向，必须亲身前往方可实现，以可支配的时间、精力、金钱等通过交换获取等。[①]

概言之，所谓符号，指的是一种表达方式，即在一定条件下（C），用事物 B 表达事物 A。事物 B 和 A 之间有可能存在一定关联，如部分与整体关系、相似关系等，也有可能是完全不同事物。一方面，符号是内容实体的表达，也是表达实体的符号，这样说也许听起来有点荒谬，只有在这一层意思上，符号才可以说是表示某事物的符号；另一方面，我们似乎没有理由（也没有人这样想），将符号看作仅仅用来表示内容实体；符号是一个双面单位体，和双面门神一样有两个视角："向外"朝着表达实体，"向内"朝着内容实体。[②]

符号的表达方式意在表达一定意义，借用我国学者赵毅衡的观点，即它是携带意义的感知，意义必须用符号才能表达，符号的用途是表达意义。反过来说，没有意义可以不用符号表达，也没有不表达意义的符号。[③]

6.1.2 符号存在的逻辑

符号是人类在社会生活过程中形成的，巴尔特以"功能—记号"理论对人类社会中符号的形成过程进行了分析。他认为，多数符号学系统（物品、姿势、形象）都具有一种本来不介入意指作用的表达内质，而社会往往把一些日常用品用于意指目的，如衣服本来是用来御寒的，食物是用来果腹的，然而它们也可被用来进行意指。即在社会生活中的事物及其功能，被赋予某项意指的意涵，由此，人类对物品的一切运用都转变成此运用的记号。[④] 例如，雨衣意在防雨，但这种运用与作为某种气象状况的记号密不可分。

借助于符号，人类超越时空认识世界。以语言符号为例，它所针对的不是特殊的状况，而是一个以具体感性材料为基础的，以抽象为特点的普遍适用的

① 饶广祥，等．商品符号学文集 [M]. 成都：四川大学出版社，2017：141.
② 路易斯・叶姆斯列夫．叶姆斯列夫语符学文集 [M]. 程琪龙，译．长沙：湖南教育出版社，2005：183-184.
③ 赵毅衡．符号学：原理与推演 [M]. 南京：南京大学出版社，2011：1.
④ 巴尔特．符号学原理 [M]. 李幼蒸，译．北京：中国人民大学出版社，2008：27.

概念及原理。概念是反映客观对象本质属性的思维形式，反映事物内容或质的规定性，是所反映对象本质属性的总和，而外延则是指事物的适用范围或量的规定性，是对象的全部种类及个体的总和。人类个体由于活动时空的局限性，不可能将对象所涉及范围全部纳入经验范围，因而无法感知事物的全部。语言符号则帮助人类借助有限个体认识事物本质，扩大人类思维的范围。可以说，按照卡西尔的观点，符号系统的原理由于其普遍性、有效性和全面适用性，成了打开特殊的人类世界——人类文化世界大门的开门秘诀！[①] 从现象学角度看，借助于符号，人类的操劳活动将不同时空的彼此连接在一起，成为共在者，从而使得共时的共在世界成为可能。正是由于符号具有超越时空的功能，因而借助于符号，人类可以超越时空储存经验。符号本身指称一定事物或意涵，因此远古时代的人类通过文字符号将生活经历和经验传递给后代，当代人可以通过对古代文献的解读，领会古人的思想。仪式也是另一种重要的传递文化信息的符号。在尼尼微城亚述王国的档案中包含了一个与集体记忆仪式相关的文本，受试者和臣属们来到京城宣誓。这里，所有东西都提醒他们记住伟大国王的权力。然而，一旦他们回到自己的封邑，仪式被定期地重复以便记忆得到不断更新。[②]

人类认知与社会活动的一个惊人特征是它们其实是通过无数的意义的形式的媒介作用而达成，而意义是由词语、图画、艺术和其他的人为制作并日常使用的关于世界的模型所创造和传达的。人类世界实际上是一个意义携带形式的世界，有关这些形式的系统性研究从属于符号学，我们一般称之为“符号的科学”。[③]

借助于符号，人类建立起复杂的社会制度。人类的符号能力赋予了我们更多自由来建构环境和定位自己。[④] 我们经常在新闻报道中看到所谓“揭牌仪式”，这种仪式仅仅是一个形式吗？无疑不是的。“揭牌仪式”之后，往往是一

① 卡西尔．人论 [M]. 李化梅，译．上海：上海译文出版社，2004：41–45.
② 扬·阿斯曼．宗教与文化记忆 [M]. 黄亚平，译．北京：商务印书馆，2018：11.
③ 西比奥克，德尼西．意义的形式：建模系统理论与符号学分析 [M]. 余红兵，译．成都：四川大学出版社，2016：1.
④ 约尔根·迪耐斯·约翰森，斯文·埃里克·拉森．应用符号学 [M]. 魏全凤，等，译．成都：四川大学出版社，2018：4.

个组织或机构的创立。2021 年 1 月 20 日中午，美国总统就职典礼在华盛顿特区国会大厦西面正式举行，民主党人乔·拜登正式宣誓就任美国第 46 任总统。实际上，美国总统就职仪式的实质就是一个符号，指称的是总统权力的获得。实际上，总统职位也是国家政治体制中的一个符号。在经济运行过程中，商品交换通过货币实现。货币是充当一般等价物的商品，[①]其实质就是一种代表一定价值量的符号。当代社会中，货币的物化形态就是一张纸，但是这张纸却标识的是一个制度性事实。所谓制度性事实，即通过系列制度所创建的事实性存在。[②]以法定纸币为例，它是被国家某些法定的机构（如政府或中央银行）宣布为一些纸券，并具有其面额所标识的交换价值。为了支撑起面额价值，国家须以自身信任作为担保，并建立起相应的保障制度。通过系列制度，承担货币的这张纸被该群体中的全部人员认定为具有交换价值的货币，即由货币这张纸指称背后的交换价值，这张纸即相应交换价值的符号。

人类社会中一切物，包括人本身，从宽泛意义上说其实都作为符号而存在。人作为社会的存在者，并不仅仅是一个肉身，还是一定身份持有人，其中最为基本的身份即公民。同样，任何一个国家的公民身份都由系列制度创建并确保，拥有一些权利和义务，并赋予某一个肉体的人承担该公民身份。而由某个法院判决的犯罪分子会被剥夺公民某些权利。同样，这个肉身经过法定程序通过医师资格考试成为医生，并按照法定流程作为一个医生在这个社会中“流通”，并领取结婚证书，生下一个孩子，作为一个父亲在社会中“流通”。而生下的孩子取得准生证，在某地取得了一个户口，并在公安机关登记一个名字。按照海德格尔现象学的观点，一切按照与人的合用性作为器物而展开自身的存在。器物由此被赋予某项功能，作为承担某项功能的物而存在。即物作为承担某项功能的器物，从这个意义上，承担器物的物是器物的符号。物作为器物存在，其基础就在于特定共在世界中人对于器物被赋予功能的集体认同。这种集体认同或者由制度通过强制力量予以推广，或者通过习俗在自然演化中形成。由此可知，指称器物的物作为符号背后掩藏着不为人知的制度或习俗。而正是

① 马克思 . 资本论（第一卷）[M]. 郭大力，等，译 . 上海：上海三联书店，2009：27.
② 约翰·R. 塞尔 . 社会实在的建构 [M]. 李步楼，译 . 上海：上海人民出版社，2008：7–8.

这一点，为器物的再符号化奠定了基础。所谓再符号化，即器物本身作为符号的指示物，用以指称其背后的制度及其特征或习俗及其特征。而这种再符号化，将器物背后的制度和习俗及其特征展示出来。

6.2 由符号化到象征化的转向

人即符号的存在，人类社会是一个建基于符号系统之上的社会。但是，进入现代社会以后，在符号化之后，人类的存在进入了一个新的阶段，即象征化。象征化的趋势通过一个概念“景观社会”充分体现出来。

6.2.1 消费与景观社会

“景观社会”的概念是法国著名学者居伊·德波于1967年出版的《景观社会》中提出的重要概念。德波的景观社会理论，试图通过景观概念的提出，宣告一个新的历史断代，即由马克思所面对的资本主义物化时代过渡到他所指认的视觉表象化算位为社会本体的颠倒世界，或者说过渡为一个社会景观的王国。① 所谓景观并不是园林、建筑、地理等学科所指的景观。当前国内对“景观”一词的解释较为一致的是：景观原意是风景、景物，是指土地及土地上的空间和物体所构成的综合体，是复杂的自然过程和人类活动在大地上的烙印，包括土地、空间、植物、地貌、水体、道路、公共设施、公共艺术，甚至气象、时令等物质对象所构成的综合体。②

德波并没有对景观概念进行明确界定。通过上下文，他所指的景观是由符号所组成，即由感性的可观看性表象所建构，以各种不同的影像为其外部显现形式。③ 即景观是一种文化事实。④ 在德波看来，景观主导了现代社会生活的方方面面，出现在新闻、宣传、广告、娱乐表演等各种领域中。任何符号都有所指，符号背后所指称的事物才是关键。在德波看来，影像符号背后是权力和资

① 居伊·德波.景观社会[M].王昭凤，译.南京：南京大学出版社，2006：11.
② 李方联.景观设计[M].长沙：中南大学出版社，2009：1.
③ 居伊·德波.景观社会[M].王昭凤，译.南京：南京大学出版社，2006：11.
④ 塔拉斯蒂.存在符号学[M].魏全凤，等，译.成都：四川教育出版社，2012：311.

本主义的伪意识。因而，德波认为这些外部可视的影像实为幻想。实际上，德波所谓景观社会指的是社会的象征化，即社会中一切可视的器物都具有获得象征意义的可能性。法国另一个学者让·波德里亚（也有译为让·鲍德里亚）则专注于消费领域中的象征化。他认为，现代社会中，消费者与物的关系发生了变化，各种商品除了作为器物之外，还会被塑造另外一层含义，即被暗示为高档的商品，[①] 也即商品的象征化。德波对于商品的象征化进行了描述：

> 在商品丰裕的情境下，不再来自商品使用价值的满足，现在通过对作为商品的它们价值的认识来寻求：为了商品的至高无上的自由（它的使用价值对自身是充足的），消费者充满了宗教般的激情。对特定产品的热爱通过全部大众传播媒体的宣传，迅速以闪电般的速度播撒开来。电影激发了时尚狂热；杂志宣扬了夜市的发达，在那里依次排列着各式各样的新鲜商品。[②]

让·波德里亚在另一本书中则进一步提出，物不仅是一种实用的东西，它具有一种符号的社会价值，正是这种符号的交换价值才是更为根本的——使用价值常常只不过是一种对物的操持的保证（或者甚至是纯粹的和简单的合理化）。[③] 由商品的象征化到社会中一切物的象征化，无疑这是理解社会现象的一个重要突破。其实，作为器物，已经是所依附的物基于与人的合用性在共在世界中获得的功能的称谓，也就是说是物的符号化。而器物的象征化，无疑是在此基础上获得新的象征意义，是进一步的符号化，或者说，是物的再符号化。在让·波德里亚看来，通过作为器物的商品消费所取得的一些象征意义，如知识、权力、文化等在社会分层过程中具有重要的分量：

> 人们从来不消费物的本身（使用价值）——人们总是把物（从广义的角度）用来当作能够突出你的符号，或让你加入视为理想的团

① 让·波德里亚．消费社会 [M]. 刘成富，等，译．南京：南京大学出版社，2001：17.
② 居伊·德波．景观社会 [M]. 王昭风，译．南京：南京大学出版社，2006：25.
③ 鲍德里亚．符号政治经济学批判 [M]. 夏莹，译．南京：南京大学出版社，2009：2.

体，或参考一个地位更高的团体来摆脱本团体。[①]

作为器物的商品的象征意义成为社会分层的重要影响因素，反过来会进一步强化象征意义的追逐，并由此形成一个社会机制，这个社会机制甚至制约消费需求形成的象征化：

> 消费系统并非建立在对需求和享受的迫切要求之上，而是建立在某种符号（物品 / 符号）和区分的编码之上。婚俗规矩提供了多种用以保障女性在社会集团内部流通的方式，也就是用某种联姻的社会学系统取代源自生理的血缘关系系统。这样一来，婚俗规矩和亲缘系统就可以被看作一种语言，也就是用以保障个体与集团之间某种特定沟通的那些活动的一种集合。消费亦是如此：财富和产品的生理功能和生理经济系统（这是需求和生存的生理层次）被符号社会学系统（消费的本来层次）取代。[②]

也就是说，景观社会中，消费需求并非必然来自人的直接需求，而是被符号化编码之后的需求。消费社会中，大部分人的基本需求已经能够得到满足。在这种条件下，对器物的需求并非必然直接来自周围世界中构成成分不足的匮乏，即合用性的匮乏，还可能来自合意性不足。所谓合意性，即与人的存在的休闲意向的一致性。如前文所述，劳动和休闲是人的两种主要存在方式。其中，劳动的主要内容就是准备或进行生产、生活活动，并由此预期或获得生存资料，是维系人类作为类存在的基本手段。劳动之所以是人的最基本的存在方式，就在于劳动在人的身体活动过程中展开了时间和空间。依据海德格尔的观点，劳动是人在世的操劳活动的重要内容之一。人通过劳动与事物建立的一种合用性关系，为人的世界建构奠定基础。[③]而休闲则是通过休闲活动甚至是不活动从而获得身体和精神的再生产，以使人的存在得以延续。旅游、购物等

① 让 · 波德里亚 . 消费社会 [M]. 刘成富，等，译 . 南京：南京大学出版社，2001：60.
② 让 · 波德里亚 . 消费社会 [M]. 刘成富，等，译 . 南京：南京大学出版社，2001：81–82.
③ 海德格尔 . 存在与时间（修订本）[M]. 陈嘉映，等，译 . 上海：商务印书馆，2015：132.

消费活动是休闲活动的重要内容之一。与劳动不同，在休闲活动中与人打交道的物展开自身的逻辑前提并非仅仅为器物的合用性，还包括其合意性。在基本物质需求得以满足的条件下，合意性是其基本逻辑前提。器物以满足周围世界中构成成分不足的匮乏为导向，而合意性则取决于与休闲意向的一致性。如前所述，休闲意向为抽象的主观倾向性，要将它转化为休闲活动，还需要一个中介环节，即休闲表象。休闲表象是将休闲意向的对象具象化的主观意象，是通过想象形成的针对休闲活动的主观知识，与存在者的个体经验有关，是将休闲意向与具体情境下人的存在状态结合起来而形成的主观意象。在基本物质需求得以满足的条件下，一些抽象需求开始涌现，即基于一定生活观念所衍生的需求，如健康生活、绿色生活等，甚至某些特定商品品牌等。就健康生活而言，有学者提出，身材是人们赢得社会地位与尊重的重要方式，也是中产阶层追寻的标志。因而有中产阶层因参与瑜伽、打球、跑步、爬山等健身项目形成一些消费需求。①

这些抽象需求在一定社会背景下具有一定稳定的符号标志，因而这些抽象需求不可避免地通过符号标志予以体现。反映到休闲表象中，休闲表象对象不仅仅涉及满足具体物质需求的器物的物理或化学属性，还包括一些符号化表象，它们指向抽象意向，并蕴含一定的社会象征意义，如健康生活、绿色生活等。另外，消费对象的符号化也是符号消费的重要内容。消费需求的符号化必然导致消费对象的符号化，但是也存在消费需求并无特定符号要求，但是消费过程及其方式有符号化要求，旅游活动在某些特定情境中就是消费符号化的具体表现，如一些情侣特别喜欢要求到特定旅游场域的高档餐厅就餐，甚至还需专门播放特定音乐等。

从现象学视角分析，所谓消费的符号标志，以处于一定共在世界中为前提条件。符号只有在认为是符号的人的周围世界中才能获得认可。这一切的前提就在于处于共在世界的人在接收到相应符号标志以后，领会其指称的象征意义具有必然性。因而，当代社会中，消费活动的展开依据不仅仅涉及合用性，还包括合意性。

---

① 吕庆春．中产阶层的心理焦虑与符号消费之困 [J]. 社会科学辑刊，2020（4）：115–121.

6.2.2 景观社会象征化形成原理

那么，象征化是如何发生的呢？直接原因在于经济发展导致物质较大丰富。德波认为，人类社会发展中，在物质不丰富的时代，占有物资以维系生存很重要。物质极大丰富之后，生存的主要问题无疑已经解决，物质不再仅仅是物质，物质是表达财富的符号。这种情况下，德波认为，“经济增长已将社会从强迫人们为了生存同其进行直接斗争的自然压力中解放出来，商品的独立性扩展到由商品所统治的整个经济领域中”，[①]“一切实际的占有现在都必须来自其直接名望和表象的最终功能”。[②]这就意味着社会导向了从占有向显现的普遍转向。所谓显现，则是通过器物等各种物化表征凸显一定社会文化意涵，如权力、财富、身份、地位、认同、道德等。德波以媒体明星为例，对通过符号化予以显现的现象进行说明：

> 媒体明星，作为一个活生生的人类存在的景观代表，通过一系列可能角色的对象化体现了一种普遍的陈腐和平庸。作为“表面生活的专家”，明星是那些补偿他们自己真实生活的碎片化和生产专门化的人们所认同的表面化生活的证明物。名人的功能就是以一种全面的、完全自由的风格，实践多种多样的生活方式和社会政治观点。他们通过戏剧化表现的社会劳动成果的副产品，体现了常人难以达及的社会劳动的成果，这一社会劳动成果的副产品竟魔法般地将自己置于社会劳动成果之上，并作为它的最终目标：权力和休闲。[③]

通过上述例子，我们发现，作为明星以显现自身，即以“证明物”“表面生活的专家”作为基本存在方式。与常人不同，明星的一切显现行为，即“表面化生活”，通过一定符号意涵的表达，即“以一种全面的、完全自由的风格，实践多种多样的生活方式和社会政治观点”以维系其权力与地位。作为明星，维系粉丝受众之时空粘连是其存在之根本所在。与以粉丝符号存在的人的时空

① 居伊·德波．景观社会 [M]. 王昭风，译．南京：南京大学出版社，2006：14.
② 居伊·德波．景观社会 [M]. 王昭风，译．南京：南京大学出版社，2006：5.
③ 居伊·德波．景观社会 [M]. 王昭风，译．南京：南京大学出版社，2006：22.

粘连的逻辑前提就是让其进入明星的周围世界，以建立彼此间的共在关系。其策略就是根据不同粉丝的偏好不断进行符号化行为。如针对彼此间的时空隔阂，显示平易近人的风格，如就某个社群，发表与其相近的言论等。

从人类历史来看，各个阶段都存在以器物的占有凸显特定社会文化意涵的现象。如俄国学者普列汉诺夫发现，在原始社会，有把兽角加在人头上，把兽爪和兽牙挂在颈项上，甚至把羽毛插入嘴唇、耳朵和鼻中的习俗。这些被捕获动物的羽毛、皮肤、脊骨、牙齿和脚爪等不能用于吃，而以之作为捕获者的力量、勇气或灵巧的证明和标记。[①] 再如在中国，约从汉武帝时期起，军队中就有了武将戴褐冠的制度，这种做法一直延续到清朝。褐冠就是用褐马鸡尾羽装饰而成的帽子。褐马鸡喜欢过“集体生活”，在繁殖季节里，雄鸡之间为争夺配偶时常发生格斗。格斗时雄鸡表现得异常勇敢顽强，双方互不相让，甚至至死方休。褐马鸡这种顽强特性深为人们称赞，帝王以褐马鸡尾羽赏赐武将，以示勇顽善斗，不获胜利，绝不罢休。[②]

但是，现代社会中，以器物作为符号以表达一定社会意涵的情况却有所变化。从现象层面来看，这种变化在于物质丰富之后，人的存在意涵发生了变化，即作为消费者的身份符号得以在社会中普及。在物质稀缺的时代，作为存在者的人需要为物质而争夺；在物质丰富的时代，作为器物的物以商品名义存在，并为消费者的注意力而争夺。广告业、传媒业等产业的实质就是争夺消费者注意力的社会机制。随着信息技术的发展，这种注意力的社会机制不断扩张，进入电梯、通过手机 App 进入各种短视频平台等，它们试图控制和占领人生活的一切时空。正是在这个意义上，我们发现，商品注意力争夺的社会机制其实质就是作为存在者人对生活时空的争夺。

这种争夺的内在逻辑是什么呢？本书试图从现象学视角进行分析。如前所述，作为消费者存在的人，主要以劳动和休闲两种方式存在。一般而言，注意力的争夺主要发生在休闲时间段。在物质非常丰富的条件下，商品的使用价值，即其合用性已经不足以促成消费者的购买行为。作为消费者如何选择呢？

① 普列汉诺夫．普列汉诺夫美学论文集 [M]. 曹葆华，译．北京：人民出版社，1983：419.
② 赵惠霞．现代美学——审美现象发生机理和规律 [M]. 西安：西安交通大学出版社，2020：143.

从现象学看，是否进入自身之周围世界，是重要的条件。商品要进入消费者的周围世界，首要在于其合用性。但是，在所有同类商品都能满足合用性的情况下，与其周围世界的某个因素建立关联，即某种象征意义，确立合意性，以承担他周围世界之构成成分。商品制造者通过塑造一定的象征意义，将商品转化为符号，是确立合意性的前提。马克思第一个发现了商品的象征性或商品崇拜特征，它能够构成意义，以使我们想到满足物质之外的需要的东西。[①] 就商品设计而言，在物质稀缺时代，商品只需关注其合用性，因而其功能是竞争力，耐用性是质量的核心。在物质极大丰富时代，商品的合用性需要一定的文化内涵进行包装，以满足合意性，其实质就是通过文化内涵意义的引入，将商品合用性与作为消费者的个体周围世界建立关联，从而助其进入消费者周围世界，以实现销售的完成。但是在随后的工业社会发展史中，正是这一特征获得了最大的发展，使单纯的工业世界转变为现代世界——人们要求在精制食品中添加味精，要求收音机效果更逼真，甚至连汽车部件都遵循这一原则。[②]

与古代社会最大的不同之处就在于，现代社会中，商品所塑造的象征意义，与使用价值一起被卷入市场的商品流通环节之中，被进行交换，并因此可能获得更多销售机会或更高价格。通俗来说，这种操作就是所谓“讲故事”。这就是基于使用价值基础上的象征意义的溢价。通过象征意义所获得的交换价值的溢价，其实质就是合意性所带来的增值，由此，商品获得超越其合用性的交换价值。由于合意性的介入，商品的交换价值并不完全取决于其合用性，还取决于合意性所带来的愉悦体验。因此，商品的交换价值是其合用性与象征意义所能带来愉悦体验的综合体。

旅游产品中，无疑存在大量的象征意义。旅游产品的交换价值中，合意性所占比重较之物化形态的商品更多。如旅游线路并没有物化形态，其交换价值主要基于合意性；旅游纪念品虽然也具有一定的合用性，但是合意性在其购买的价值衡量过程中起到了重要作用。如前所述，旅游场域中，不同旅游者对于

① Dean MacCannell. 旅游者：休闲阶层新论 [M]. 张晓萍，等，译 . 桂林：广西师范大学出版社，2008：22.

② Dean MacCannell. 旅游者：休闲阶层新论 [M]. 张晓萍，等，译 . 桂林：广西师范大学出版社，2008：22.

同一符号的象征意义可能有不同理解，即不同旅游者对于符号表达项的象征意义并不一定必然一致。因而，文旅融合的旅游产品的使用价值并非必须是其符号所约定俗成的象征意义，而是抽离掉具体使用功能指向的使用价值，即一般意义上的使用价值——旅游产品的愉悦性。

6.3 景观符号开发

旅游领域也是符号学应用的一个重要领域。MacCannell 于 1976 年出版的 *The Tourist: A Theory of the Leisure Class*（国内翻译版于 2008 年出版）是较早将符号学应用于旅游领域的著作。他认为，旅游胜地就是符号，其吸引力就是景物、标志和游客之间的关系。[①]Culler 认为，旅游景点的产生依赖于符号机制。旅游符号，作为其运作的象征性机制的一般框架和产物，是一个广泛的现代共识，是一种系统化的、充满价值的世界知识。[②] 目前，国外有关旅游领域中的符号学研究主要应用于旅游营销方面，如有学者提出了将符号学与旅游营销研究相结合的框架；[③] 通过收集照片或文字描述，对其进行符号学分析，揭示这些照片和文字描述在表达文化和遗产旅游以及国家品牌方面的特征及其对目的地形象的影响，为旅游目的地营销人员提供理论支持。[④]

国内主要有以下方面主题：一是旅游景观的符号学研究，如陈岗等（2010）借助符号学相关理论，对旅游景观的形成与演变机制进行分析，提出景观符号化过程是将“能指”与“所指”结合成一体的过程，也即意义的形成过程，并指出旅游景观符号意义的形成过程还包括一个意义博弈过程等。[⑤] 唐文跃（2014）认为，书法景观对旅游者产生了一定程度的符号效应，具体表现

① Dean MacCannell. 旅游者：休闲阶层新论 [M]. 张晓萍，等，译 . 桂林：广西师范大学出版社，2008：123.

② Jonathan Culler.The Semiotics of Tourism，Framing the Sign：Criticism and its Institutions[M]. Norman：University of Oklahoma Press，1990：10.

③ Charlotte M. Echtner.The Semiotic Paradigm：Implications for Tourism Research[J].Tourism Management，1999（20）：47–57.

④ Jody W Pennington，Robert C Thomsen.A Semiotic Model of Destination Representations Applied to Cultural and Heritage Tourism Marketing[J] .Scandinavian Journal of Hospitality and Tourism，2010（1）：33–53.

⑤ 陈岗，等 . 旅游景观形成与演变机制的符号学解释——兼议符号学视角下的旅游城市化与旅游商业化现象 [J]. 人文地理，2010（5）：124–127.

在书法鉴赏、文化象征、审美引导三个方面，对应于外在行为、文化环境知觉、景观审美活动三个层次的行为效应。① 二是旅游目的地的符号学研究。张海洲等（2016）以安徽巢湖为案例，对湖泊旅游地的休闲旅游进行了符号学分析，并尝试构建包括符号挖掘与建构、符号传播与营销、符号消费与互动三大板块七个具体步骤的湖泊休闲旅游符号体系和休闲旅游开发的符号化运作模式。② 陆宇彤等（2023）结合“供给方”旅游城市官方发文与热点事件探究旅游目的地形象传播与旅游者感知热度变化的关系，提出并解析“核心层—中间层—边缘层”旅游符号圈结构，并发现：“网红城市”旅游符号包含参与体验、观光游览、文化知识、情感四种类型，游客对参与体验、观光游览型旅游符号感知热度较高；“网红城市”形象传播主要通过影视、综艺等媒介特征与明星 / 网红同款打卡驱使旅游者网络亚文化行为产生并吸引潜在消费群体；“核心层—中间层—边缘层”旅游符号圈结构中，观光游览与文化知识型旅游符号主要分布于“核心层”与“中间层”，参与体验型旅游符号处于“中间层”和“边缘层”，情感型旅游符号位于“边缘层”与“核心层”，其中“边缘层”旅游符号更能有效激发旅游者关注与认同，为旅游城市形象优化重点路径。③ 余菲菲（2024）选取猫途鹰、去哪儿、携程三家旅游网站 5538 条旅游评论进行文本数据分析，从游客体验视角识别和解读皖南古村落旅游商业化符号表征，并提出皖南古村落商业化符号表征主要表现为旅游商业环境符号、旅游空间环境符号、旅游产品符号、旅游经营管理符号及旅游群体认知符号五类；游客关注点主要集中于对旅游目的地的景观特色和氛围感知方面。④ 三是其他方面研究。主要如齐坤山等（2016）提出旅游产业符号化概念，旅游产业符号化描述的是旅游被其他产业作为一种身份符号或身份标签以促进自身发展的一种现象。⑤ 占胜蓝（2020）对旅游纪念品符号化意义再生产过程进行了研究，提出旅游纪念品供给者和购买者必须首先将旅游纪念品符号化为“旅游目的地形

① 唐文跃 . 桂林旅游景区书法景观符号效应分析 [J]. 旅游科学，2014（1）：76–84.

② 张海洲，等 . 湖泊休闲旅游开发的符号化运作——以安徽巢湖为例 [J]. 旅游论坛，2016（2）：72–94.

③ 陆宇彤，等 . 家喻户晓能否门庭若市？“网红城市” 旅游形象符号演变与圈层结构研究 [J/OL]. https：//link.cnki.net/urlid/31.1693.K.20230825.1501.002.

④ 余菲菲 . 基于网络文本分析的皖南古村落旅游商业化符号表征研究——以西递、宏村为例 [J]. 安庆师范大学学报（社会科学版），2024（1）：75–81.

⑤ 齐坤山，等 . 构成、融合、符号化：旅游产业界定的三重概念 [J]. 旅游论坛，2016（1）：14–19.

象”，之后纪念品购买者再基于自身需求符号化为记忆、证明等意义；纪念品购买者周边的微社会群体对旅游纪念品记忆、证明等意义进行增强等。[①]

当前有关研究主要对旅游营销、旅游目的地、旅游产品、旅游景观等方面符号学应用进行了研究，对于本书有关现象学视域下的文旅融合景观符号学研究具有重要意义。

进行现象学视域下的旅游景观符号学研究，首先要对旅游景观所涉及的对象予以说明。本书认为，除由专门机构或部门设计制造，并专门用于旅游者游览的以旅游景区命名的存在物外，与人类生活有关的一切事物，包括以过去文化遗产命名的存在物、自然风光以及当前社会生活方式有关的存在物都有可能作为吸引物而成为旅游景观。如 19 世纪的英国伦敦贫民窟旅游，[②] 当代巴西和印度贫民窟的旅游开发等。[③] 尤其巴西贫民窟正成为了解贫民生活甚至黑社会的一个热门旅游吸引物。对于文化遗产，联合国教科文组织认为包括以下方面：一是文物，即从历史、艺术或科学角度看具有突出的普遍价值的建筑物、碑雕和碑画，具有考古性质的成分或结构、铭文、窟洞以及联合体；[④] 二是建筑群，即从历史、艺术或科学角度看，在建筑式样、分布均匀或与环境景色结合方面具有突出的普遍价值的单立或连接的建筑群；[⑤] 三是遗址，即从历史、审美、人种学或人类学角度看，具有突出的普遍价值的人类工程或自然与人类联合工程以及考古地址等。对于自然遗产，联合国教科文组织认为包括以下方面：从审美或科学角度看，具有突出的普遍价值的由物质和生物结构或这类结构群组成的自然面貌；从科学或保护角度看，具有突出的普遍价值的地质和自然地理结构以及明确划为受威胁的动物和植物保护区域；从科学、保护或自然美角度看，具有突出的普遍价值的天然名胜或明确划分的自然区域。[⑥] 其中，文化遗产以及与社会生活方式有关的存在物都有可能成为文旅融合景观。

---

① 占胜蓝．旅游纪念品符号化生产与再生产——以美国黄石国家公园纪念品为例 [J]. 旅游研究，2020（2）：11–22.

② 刘洁莹．作为景观的伦敦东区——19 世纪末英国的贫民窟旅游 [J]. 文化研究，2017（4）：94–107.

③ 冉群超，等．巴西和印度贫民窟旅游对我国城中村旅游开发的启示 [J]. 湘潭大学学报（哲学社会科学版），2023（4）：94–123.

④ UNESCO. 保护世界文化和自然遗产公约 [DB/OL]. https：//whc.unesco.org/en/conventiontext/.

⑤ UNESCO. 保护世界文化和自然遗产公约 [DB/OL]. https：//whc.unesco.org/en/conventiontext/.

⑥ UNESCO. 保护世界文化和自然遗产公约 [DB/OL]. https：//whc.unesco.org/en/conventiontext/.

6.3.1 符号表达项由物到旅游吸引物的转变过程

文旅融合景观可以说范围非常广泛。那么，文旅融合景观由一个“物”转变成旅游吸引物的符号过程是怎样的呢？我们可以设想一下文旅融合景观转变为符号的实际过程。A 村有一幢著名的清代建筑，为某历史名人故居。这幢古建筑有可能还在住人，也有可能不住人，但是建筑内部有厕所、电灯等生活设施。从性质来看，这幢古建筑无疑属于住房。从现象学分析，这幢建筑以其住的合用性而展开自身的存在，故其为某历史名人周围世界的器物。作为器物，是在一定共在世界中被视为具有某种合用性的物件，因而本身就是该物件的指称内容。从这个意义上说，器物本身就是符号。但是，一般情况下，器物并未被视为符号，根源在于，作为一定文化环境中的人生活于符号体系中，只有特别的专门符号才有资格被视为“符号”，比如口头或书面语言等。

这个古建筑景观是如何被视为符号的呢？MacCannell 以旧金山旅游为例对这个符号过程进行了揭示：

> 观光者在游览旧金山时，真正实地体验的并不是旧金山。他们看见的是渔人码头、缆车、金门大桥、联合广场、柯伊特塔、普西迪公园、城市之光书店、唐人街，也许还会看到那条号称嬉皮街的海特—埃施勃里区（Haight Ashbury），或者去北巴巴里海岸酒吧欣赏舞蹈表演。这些都是“旧金山”的元素，每个元素都是一个象征性的标志。①

在 MacCannell 看来，在旅游场域中，所谓旅游景点是由一系列象征性旅游标志构成。它们脱离是“它”自身，而且被认为代表非“它”自身的其他事物，即旅游景点。当然，任何一项旅游标志本身还可以进一步细分，即它本身也可能是一个景点，由系列标志构成。如金门大桥本身对旅游者而言可以显现旧金山的标志，同时可能以一座大型吊桥而显现自身。MacCannell 认为，只有在上述两种意义上，旅游者获得了旅游体验。由此，所谓旅游体验，在

① Dean MacCannell. 旅游者：休闲阶层新论 [M]. 张晓萍，等，译 . 桂林：广西师范大学出版社，2008：126.

MacCannell 的旅游符号学看来，其核心内容即旅游景点获得一种代表“它”自身之外的事物的象征意义。换句话说，如果景物仅仅是景物，关注景物本身的行为会使游客对景物失望。[①] 他特别以月球土壤为例予以说明，月球土壤本身几乎不值得游览，但与此相关的信息却使游览很有价值，即它来自月球，让人有诸多想象空间。

MacCannell 认为，旅游者将事物视为一个景物[②]的过程，一方面与事物本身的某些特点有关，如它是某项事物的一部分，如月壤取自月球，金门大桥是旧金山的一部分等；另一方面，在很大程度上是社会推动的结果。符号能指（符号表达项）和所指（符号内容项）之间的区别在于它们是一套社会价值观所强加的结果。事物本身不会一方面是能指的汇集，另一方面又是所指的汇集——是我们根据社会的结构和组织给自然赋予了它们审美和实用的价值。[③] 也就是说，旅游者之所以将某事物视为某个景物，一方面是受到事物本身的一些特点所影响，另一方面是一定社会文化背景下的非自觉行为，是某些文化因素发挥影响的结果。在这个过程中，对事物代表某项象征意义的认同是这种影响发挥作用的关键所在，也即 MacCannell 所谓“景物标志→景物”的置换，或者等同过程：

> 许多纪念品都是它们所标志的景物的复制品或者雕像，既是景物的标志之一，其本身也是一个小小的景物。这些纪念品被称作“饰物”，女人们经常将它们系在手镯上。有时也可能买到非景物本身复制品的饰物，即景物标志的复制品。例如，人们在巴黎能买到一个小小的蓝白瓷釉的“里沃利街”街牌复制品。街牌饰物是双重的等同过程……首先，真正的街牌在游客辨认的过程中取代了街道，然后，饰物又取代了街牌成为一个景物，而只有饰物上的题字“里沃利街”和

① Dean MacCannell. 旅游者：休闲阶层新论 [M]. 张晓萍，等，译 . 桂林：广西师范大学出版社，2008：127.

② “景物”大致相当于本书的“旅游景观”一词。MacCannell 原文用的概念即“景物”，因此本书这部分内容也用“景物”一词。

③ Dean MacCannell. 旅游者：休闲阶层新论 [M]. 张晓萍，等，译 . 桂林：广西师范大学出版社，2008：135.

实际的街道在这里有着单一的地位：前者是景物的标志，后者是景物本身。街牌和饰物同时既是景物标志又是景物本身，正是这一点使得饰物非常有魅力（换句话说，使得图腾具有了令人崇拜的特性）。①

由上述可知，纪念品是景物的符号表达项，而纪念品上的饰物又取代纪念品本身成为景物的符号表达项，甚至更进一步，饰物上的题字进而取代饰物而成为景物的符号表达项。可见，符号表达项与内容项在具体的旅游情境中会发生不断转变，即旅游符号内容项的再符号化，不断转变为符号表达项，形成对景物的多层次符号表达，此即符号的语意变化。②

那么，旅游者将事物视为景物，即将事物视为一定内容项的符号表达项的现象学意涵是什么呢？还是以上述建筑为例予以说明。有一天，该古建筑被认为具有开发为“某名人故居”旅游景点的使用价值，由此原来居住的人也被要求搬离。其原主人即某历史名人的生平、生活各种经典事迹被挖掘出来，用文字予以描述，并粘贴在墙上，该名人的生活场景被尽可能真实地复原，曾经用过的家具被尽可能找到，实在找不到也尽量按照原来样式复原。该古建筑的空间被人用一定物理手段予以隔离，使之成为一个旅游景点。在这个过程中，该建筑发生了变化，即它不再是作为住房存在的器物，而是一个以“某名人故居”存在的器物，即其合用性由“为了住”而变为“为了展示”。而旅游开发的过程实际上就是某名人的周围世界的还原过程。尽管这个还原过程以真实性为原则，但是真正的“真实”藏身于时间中，并随时间流逝而永远无法还原。所谓真实，只能是将该名人周围世界“应该是”的样子展示出来。周围世界“应该是”的样子只能通过关键性的器物予以代表，比如该名人看过的书以及个性化的书房配置等。这里，关键性的器物的作用在于承担代表整个该名人周围世界的功能，也即它们被符号化了。因而，这种真实只能是基于符号化的真实。通过旅游开发，通过器物的符号化，该建筑建立起了一个以还原该历史名人周围世界为指向的象征世界，并以此充当以旅游景点命名的旅游场域。

① Dean MacCannell. 旅游者：休闲阶层新论 [M]. 张晓萍，等，译 . 桂林：广西师范大学出版社，2008：141.

② 肖金花，等 . 语意的传达产品设计符号理论与方法 [M]. 北京：中国建筑工业出版社，2005：39–45.

上述属于将器物符号化，以建构旅游象征世界的情况。此外，还存在专门的以人工方式建造文旅融合旅游景观的情况。如兴建于 1996 年的浙江省东阳横店影视城，原为拍摄电影《虎门销烟》而搭建，此后陆续建成香港街、清明上河图、明清宫苑、圆明新园等影视区。[①] 影视城的建设，当初并非用于旅游，而是作影视拍摄之用。影视城总面积 5 万多亩，涵盖超 30 个影视拍摄基地，拥有百余座甲级（电影级）、乙级（电视级）摄影棚，古装、年代、现当代影视拍摄场景数量超 2000 个，构建了完整的影视产业生态链：中国 2/3 的影视作品出于此，累计接待剧组 3600 多个，是全球最大的影视实景拍摄基地之一。[②] 那么，影视城市如何转变对游客具有吸引力的旅游景点的呢？又是如何进行符号化转变过程的呢？

影视城的建设，其核心内容就是按照影视场景拍摄要求仿建相应秦汉、宋、明清以至民国时期建筑，包括街道、店铺及其招牌等。电视剧拍摄的时候，临时聘请大量群众演员参与其中。从符号学角度看，这些影视城建设的实质就是搭建一个符号体系，其中建筑、街景以及场景都按照影视所涉及历史时期场景特征建设。也即这些影视建筑设施 B_1 所指称并非自身，而是 A_1 影视作品之场景设施 C_1，A_1 影视作品之场景设施 C_2，即 C_x。由此，可以说，在影视城 S 这个环境中，B 被视为 C_x，也即 B 为 C 的符号表征而存在。本书将符号表征 B 称之为符号的表达项，而 C 则称其为符号的内容项。无疑，这些仿建的建筑和场景都并非用于其本来所是的用途，即用于居住和生活，而是用于影视拍摄。由此，从现象学分析，这些建筑和场景以其用于影视拍摄的合用性而展示自身之存在，即作为拍摄的器物存在，与拍摄用的摄像机等器材的性质并无二致。

值得思考的问题就是，这些仿建的建筑和场景设施在影视作品中也作为符号表征而存在，即在影视作品 A_1 中，作为 C_1 存在的 B_1 具有代表 H_1 历史时期建筑及其周围世界的功能，是那个时代主人公周围世界的构成成分。有旅游者

① 刘白云，等 . 基于 AHP–SWOT 分析的影视城发展战略 ——以横店影视城为例 [J]. 首都师范大学学报（自然科学版），2016（6）：93–97.

② 董易鑫，等 . 浙江横店推进影视产业一体化、标准化、数字化发展 [DB/OL].https：//www.chinanews.com/cj/2022/03-19/9706629.shtml.

之所以来影视城旅游，就在于在观看相关影视作品之后，对其主人公形成“喜欢”的态度和情感。由此，在影视作品 A_1 中，作为 C_1 存在的具有代表 H_1 历史时期建筑及其周围世界的功能的 B_1 对于粉丝群体 L_1 来说就是一个“喜欢”的表征 F_1。同样，也有可能是其他表征 F_2，如喜欢 H_1 历史时期的原因，将之当作表征，甚至还有 F_X。当然，还有进一步符号化的可能，因而形成一个符号套娃，且不同人有不同的符号化倾向，即形成不同的象征意义。

作为影视设施的建筑以及街道场景等之所以变成吸引物，成为旅游景点，其原理就藏身于不断再符号化过程之中。表达项之所以能够指称内容项，即另一个事物，在于借助于符号中介进行交流的存在者之间对于表达项及其与内容项两者之间的稳定关系具有共识。这种共识可能具有一定客观性，如以事物的“部分”指向其“整体”等，或两者之间具有某种外观或其他物理特征的相似性等，也可能完全缺乏客观基础，仅仅来源于旅游者个体的偏好或已有生活经验，甚至想象，即具有情境性，以合意性为依据。一般而言，专门的符号体系，如语言，表达项及其内容项两者之间的关系一般比较稳定。所谓稳定，即两者的关系在共在世界中，作为存在者的人之间达成的共识比较稳固和持久。共在世界是在使用同一符号进行交流的共同存在者彼此周围世界的融合，共在世界的稳定性取决于共在存在者之间的共识的稳定性和持久性，正是这种稳定性和持久性为语言的传承和发展奠定了基础。但是，在旅游领域中，符号的形成则在客观性基础上还具有情境性和合意性，且这种客观性并非必须，也就是两者关系并不必然是稳定的和持久的。所谓情境性，即两者关系的形成取决于一定情境。如上述例子中，在影视作品 A_1 中，作为 C_1 存在的具有代表 H_1 历史时期建筑及其周围世界的功能的 B_1 对于粉丝群体 L_1 来说就是这个“喜欢”的表征 F_1。这种“喜欢”是作为粉丝群体对于该影视主人公在某种特定情境下的情感倾向性，这种情境一旦消失，则这种“喜欢”随之消失。上述例子中，由于 B_1 作为表达项指称内容项 F_1 具有情境性，且不具有持久性，很可能随着时间的变化或社会风向的改变，粉丝群体 L_1 趋于瓦解，粉丝之间的共在世界趋于瓦解，维系符号关系的作为共识的这种“喜欢”由此不再存在，因而，B_1 作为表达项与内容项 F_1 两者之间的指称关系也随之瓦解。

从另外的角度来看，这种情境性，也为旅游领域中通过器物的不断再符号化，即符号套娃，以将其转化为旅游吸引物提供了无限的机会和可能性。其中的关键就在于为旅游者旅游意向一致性关系的可能性，也即建立合意性的可能性。进一步分析，我们发现，从旅游者视角来看，不断符号化的过程也是符号表达项不断向旅游者展开自身并获得意义的过程。符号表达项在某种情境下展开自身，以与一定数量旅游者的合用性关系的成立为前提，即作为这些存在者群体在共在世界的交流载体而展开自身，也即存在者在共在世界中就符号表达项与内容项之间的关联达成共识这一点上展开了自身。可以说，符号表达项展开自身的过程就是在一定情境下某共在世界中与一定符号内容项建立符号关联的过程。而符号表达项可以在不同情境下与不同存在者在不同共在世界中与符号内容项建立符号关联。这个过程其实质就是符号表达项对于不同共在世界中的旅游者而言，由外在于人的“物”通过合用性关系的建立而转化为共在世界内之器物，即其构成成分的过程。那么，一切存在于其中的器物都应是通达的，即对旅游者而言具有通达性，这种通达性意味着存在者的人对符号表达项有所领会。但仍不能上手，符号表达项作为共在世界的存在者尚未进入他的周围世界。按照海德格尔现象学，周围世界由依场所确定上手东西的形形色色的位置所构成。[①] 因而，空间结构是周围世界作为此在与在操劳活动中打交道的所有器物存在于其中的物质基础。符号表达项要进入作为存在者的人的周围世界，需要成为其周围世界的器物，成为其周围世界的空间结构的组成部分。作为文旅融合景观的符号表达项与存在者的人并不在一个时空结构当中，这种进入如何完成呢？旅游是旅游者的周围世界进行空间转移的重要途径，通过旅游活动，通过合意性的达成，为符号表达项进入存在者的人的周围世界提供了逻辑前提。由此，景观经由符号表达项由物转变为旅游吸引物的过程得以完成。

6.3.2　景观符号的结构

文旅融合景观符号的基本单元是什么？也即最基本的符号表达项是什么？

① 海德格尔．存在与时间（修订本）[M]．陈嘉映，等，译．上海：商务印书馆，2015：132.

这是文旅融合景观符号建构的关键问题。索绪尔认为语言符号的基本单位不是一个物或一个名，而是一个“概念”和一个“音响形象”，后者不是一个实质性的声音，不是一个纯粹的物理的东西，而是声音在我们的意识里形成的一种心理印迹。[①] 概念是内容项，是思维的基本单位。作为思维的对象，它已经不能再细分，而指称概念的符号表达项则是词。语言符号表达项的内容包括声音和文字。声音包括元音、辅音等，文字如汉字又包括声旁和形旁等。也就是说，符号表达项本身在词基础上还可以再细分，但是不能以元音或辅音、偏旁为基本单位，因为它们不可以表达一个独立的内容项。所以，概念是思维的基本单位，它所表达的内容在思维过程中已经不可以再分解。

而巴特对服饰符号的研究对我们理解符号单位也有一定帮助。他从语言角度提出服饰的能指，也即符号表达项包括第一个要素，即对象物，如长袖羊毛开衫，它收到意指；第二个要素，即支撑物，如领子，它支撑意指；第三个要素，即变项，如闭合或敞开，则创建意指。三者结合在一起成为一个母体，为不可再分的服饰符号能指单元。[②] 就服饰的物理形态而言，支撑物和变项实际上是衣服的一个部件，即衣领，变项表示的是衣领的形状，而衣领是这种形状的支撑物，而一件衣服则是衣领的支撑物。巴特所谓能指，即本书所谓符号表达项。服饰符号与语言符号的不同之处就在于巴特将一个服饰符号表达项分为几个因素的集合体，其中，仅仅只有变项因素用以表达符号内容项，而其他部分则提供支撑或载体。

就旅游符号而言，它所能表达的事物的范围从一个国家（如美国、加拿大或丹麦）到地理政治实体（如佛罗里达州、新斯科舍省或博恩霍尔姆岛），再到一个较小的地理区域，如佛罗里达州的某个小镇或某个小镇的海滩；从不同的物理实体看，它所能表达的事物可以是实物，也可以是行为；甚至它所能表达的事物可以是真实的，也可以是想象的。[③]

本书认为，符号的基本单位指的是符号表达项所要表达内容项的不可分割

① 索绪尔．普通语言学教程 [M]. 刘丽，译．北京：中国社会科学出版社，2009：80.
② 巴特．流行体系：符号学与服饰符码 [M]. 敖军，译．上海：上海人民出版社，2000：70–71.
③ Jody W Pennington，Robert C Thomsen. A Semiotic Model of Destination Representations Applied to Cultural and Heritage Tourism Marketing[J]. Scandinavian Journal of Hospitality and Tourism， 2010（1）：33–53.

的最小单位，其中所要表达内容，也即意义的不可分割性是关键因素。文旅融合景观构成比较复杂，既包括人文景观，如文物、建筑、遗址，又包括自然风光等，从物理形态看，既包括大型设施，也包括小的物件，还包括人的系列动作如礼仪等，甚至包括声音景观。要分析文旅融合景观的基本单位，首要的问题就是确定其不可分割的表达项是什么。

本书试图从海德格尔现象学视角予分析。在海德格尔看来，作为存在者的此在通过操劳活动与器物打交道的过程中而展现自身的存在。而器物通过合用性展现自身的存在，并成为存在者的人的周围世界的基本构成成分。“你”“我”“他”的周围世界通过操劳活动相互连接而成为共在世界。所谓文化，其实质就是特定共在世界中存在者所打交道的器物及存在者的存在方式和组织的总和。其中，器物为外显的物化存在，而存在者的存在方式及其组织，为抽象的存在，须通过相关器物予以外显方能显示其存在。从符号学视角看，器物就是符号。也就是说，器物（U）的承载物即为符号表达项，而因某种功能（F）所具有的意涵（M）即为符号内容项。而所谓特定共在世界（W）的构成，除可视化的器物外，其他内容就是作为存在者的人的存在及其组织方式，具体而言即包括一系列规则：作为存在者的人（P_1）在某种环境下应该采取某种行动（A_1）的要求及其流程。而在行动中所涉及的器物（U_1）则被抽象出来指称此类规则体系（W_1）。由此，器物（U_1）作为符号表达项投射该规则体系（W_1）。概言之，从海德格尔现象学视角看，人存在的周围世界以及共在世界对于存在者的人而言，尽管并非全部可视，但通过操劳活动过程中与器物的“打交道”，使得一切都可以显现自身而变得可通达。在人的周围世界中，一切可视或不可视的物，通过器物都可以直接显现或折射自身。也正是由于器物的可视化特征，文旅融合景观的设计核心就是器物的景观化，即将器物打造为景观，或者直接将其设计为器物的样式。因而，本书将器物视为文旅融合景观的基本单元。

器物实际上是以合用性展开自身的“物”，是作为存在者的人的周围世界的构成成分。从符号学视角看，器物的符号表达项是某种物，而内容项则是对于人而言具有某种功能的工具、物件或其他事物。从物理形态上看，器物的符号表达项可能是具有一定组织结构的山水风光、农具等，也可能是人的活动序列如礼仪等。山水风光通过空间隔离，使之以“作为观赏用”而显现自身，即以观赏的合用性而作为旅游景点的器物名义存在。作为观赏之用的园林，其符号表达项构成因素即为颜色、线条等。同样的园林，还有供人休憩之用，因而还有一些用于休憩的空间布局以及设施。园林景观造型要素包括点、线、面、体、色彩、质感等都具有指称一定文化意涵的功能，也就是说能够成为符号表达项并指称某种文化意涵。如垂直线有庄重、严肃、坚固、挺拔的意涵；倾斜线动感较强，具有奔放、上升的意涵；直线表现越来越抽象化，极简主义的彼得·沃克景观设计中大量运用直线；自由曲线能表达丰满圆润、柔和、富有人情味的意涵，在园林设计中运用最广泛，园林中的桥、廊、墙，以及驳岸、建筑、花坛等处处都有曲线的存在等。[①] 尽管景观线条可以承担符号表达项，它能否独立成为一个器物呢？线条是物体的空间构造所形成的视觉形象，是物的空间属性所表现出来的形象特征。线条不是独立器物的根本原因在于它与颜色等属性共享同一承载物，即它并非独立拥有一个承载物。所以，作为一个器物，它须对于人而言具有合用性，且这种合用性具有单独的承载物为支撑。

一个器物，作为符号表达项，是如何指称符号内容项的呢？本书以上述园林景观中的一座桥为例，对器物作为符号表达项的构成结构进行分析。作为园林景观中的一座桥，以其水上交通的合用性作为器物而存在。如苏州园林中最小的石拱桥——网狮园的引静桥，为椭圆拱石拱桥，桥身长 2.48 米，桥面宽约 0.75 米，成人三步可逾，俗称“三步桥”。桥身用花岗石砌筑，桥顶刻有牡丹浮雕，两侧雕刻有 12 枚太极图案，含阴阳互生之意；东西各五个台阶将桥面划分得细致有序。下桥东台阶，有一个 1 平方米大小的篆体“寿”字，寓长寿之意。[②] 引静桥作为器物，其符号表达项为各种图案的花岗石的组合。花岗岩以其作为桥的建筑材料的合用性而显示其器物的性质，是桥的构成成分的器物。因此，桥作为器物，是另一个器物花岗岩的组合体。其中，花岗岩石作为器物是桥作为器物组合体的符号表达项形式，而花岗岩石的组合线条、上

① 徐清．景观设计学 [M]. 上海：同济大学出版社，2014：77.
② 李旸．私家园林中的桥 [D]. 苏州大学，2008.

面的雕刻图案及其组合和颜色则是其符号表达项内容。引静桥作为符号表达项，其结构可以分为两个部分：桥身是整个符号表达项的支撑项，是整个符号表达项的整体结构及其符号表达的物质支撑条件；而花岗岩石的组合线条、雕刻图案和颜色等特征项，是符号表达项意图予以表达内容的形式结构，是支撑项中表达符号内容项的部分。由此，作为器物组合体的引静桥的符号表达项，其结构可以表述为：符号表达项＝支撑项（桥身）＋特征项（特别图形部分）。

另外，还有一种值得思考的文旅融合景观符号现象，即仪式。仪式是一整套稳定的活动规则，通过活动的不断重复，制造特定的群体记忆。[①] 在各类作为旅游景观的仪式中，景观符号表达的结构是什么呢？从现象学看，仪式在人的身体活动的过程中通过对其象征意义的展示而显现自身的存在。由于一些活动都以身体为支撑物，因而，我们将仪式的符号表达项结构为：符号表达项＝支撑项（身体）＋特征项（活动及其流程）。

6.3.3 景观符号及其象征世界

文旅融合景观的符号（以下简称景观符号）表达项与符号内容项之间的稳定关联的建立，意味着对景观建设者而言，它已经被揭示出来，但是对于旅游者而言，它仍是隐晦的、自身未显现的。作为文旅融合景观符号，其合用性就在于被凝视，这就意味着它需要进入旅游者的视野中，与旅游者的周围世界建立关联。所以，这种关联建立的实质就是让景观符号进入旅游者的周围世界。如何建立这种关联呢？本书认为，其策略就是搭建关系符号。所谓关系符号是文旅融合景观与旅游者建立关联的支架，起到中介的作用。前文已经从现象学视角对文旅融合景观符号的性质进行了分析，提出器物是其基本构成单元，而旅游者的周围世界的基本构成单元也是器物。因此这种关联的搭建要从器物入手。关键在于，景观符号表达项所支撑的器物与旅游者周围世界的器物不一定属于同一个共在世界，因此，景观符号表达项所支撑的器物并不属于旅游者的周围世界的构成成分。关系符号的实质就是搭建一个中介，将景观符号转变

① 扬·阿斯曼. 宗教与文化记忆 [M]. 黄亚平，译. 北京：商务印书馆，2018：11.

为旅游者周围世界的构成成分之一。下面通过土耳其纯真博物馆案例对此进行分析。

纯真博物馆于2012年建成，是2006年荣获诺贝尔文学奖的土耳其作家费利特·奥尔罕·帕慕克根据其2008年出版的同名小说《纯真博物馆》布展的私人博物馆，该博物馆在2014年甚至获得了欧洲年度最佳博物馆奖。纯真博物馆位于土耳其伊斯坦布尔的达尔戈奇·契柯玛泽街24号，即小说《纯真博物馆》中女主人公（芙颂）的家。[①] 在小说《纯真博物馆》中，这个家是一个象征世界，这个象征世界由小说男主人公所搜集的，包括服装、饰品、鞋、包、帽子、扑克牌、餐具、身份证等系列作为女主人公日常生活用品的器物为表达项的符号所堆叠、指称并建构。博物馆的陈设主要参照小说的内容进行布局。

故事主人公之所以搜集这么多女主人生活用品，在于他对女主人公无法自拔的爱。小说中，男女主人公一见钟情，迅即相爱。但70多天后，女主人公消失。之后，男主人公无法自拔，沉迷于女主人芙颂碰触过的一切，以平复她消失所造成的伤痛。之后的近8年时间里，男主人公去女主人公家1500多次，平均每周4次左右，积攒了4000多个烟头，还有数不清的各种日常生活用品，并建成“纯真博物馆”存放这些物件，把它作为自己的家。[②]

小说中，男主人公通过在自己家里存放所搜集的这些具有符号功能的器物，试图让它们进入自己的周围世界，以营造一种与女主人公共在的象征意义。这些器物是女主人公的周围世界的构成成分。现实中，对于建造者而言，纯真博物馆主要是那个象征世界的空间复制，但并非完全复制。对于男主人公而言，这个博物馆是一个女主人公存在于自己周围世界的符号表达。对于通过小说阅读，进入男主人公周围世界的旅游者而言，进入这个博物馆，往往会直接感受到男主人公对于女主人公爱得那种无法自拔的震撼，因而，给出“真的棒”“观看体验不错”“我喜欢这里”“我很感动”“必游之地”等评价。但是对于广大旅游者而言却并非必然如此，尤其是对于尚未阅读该小说的人而言，纯

① 彭宗兰．文化IP助力文化旅游产品开发[J]．文化产业，2023（22）：13-15.
② 支运波．《纯真博物馆》的隐喻与象征性阐释[J]．译林，2012（4）：129-137.

真博物馆中女主人的日用品就仅仅是日用品而已。也就是说，日用品作为女主人公周围世界的符号表达项，这一点对于他们而言是尚未揭示的。实际上，对于不了解小说情节的人而言，参观纯真博物馆的体验并不好，与传统意义上的博物馆相比较，他们觉得展品太普通，花钱来看“太不值”。[①] 由此可见，如何将其符号所表达的象征世界及其背后的故事传递给潜在旅游者，这是纯真博物馆营销成功与否的关键所在。纯真博物馆也试图做出一些尝试，其中最核心的举措就是让小说与博物馆进行关联，如凭《纯真博物馆》书中赠送的门票可免费参观博物馆一次等。这种措施让《纯真博物馆》这本小说成为连接旅游者与纯真博物馆的中介，从而使旅游者转变有关博物馆的“未揭示”状态，为让它进入自己的周围世界奠定基础。从这个意义上说，小说充当了一个关系符号，连接了景观符号与旅游者的周围世界。

上述案例中，书作为关系符号起到了重要的引流的作用。此外，还有很多文旅融合景观本身就有现成的关系符号。如历史上，长城主要作为“军事要塞”，其符号表达项指称“保家卫国”的文化意涵。但一句“不到长城非好汉”重构了长城的文化形象，使一个军事要塞变成“好汉”的符号代表。其他还有少林寺、华山、西湖等，这些文化景观，作为符号在大量的文学作品中出现，尤其少林寺、华山已经成为中国武侠小说所描绘的“武侠世界”的代表性符号。

由上述案例可知，文旅融合景观通过符号体系的建构，建立起一个所涉及人物的器物系统及其所处周围世界，即一个由符号建构的象征世界。八达岭长城景区通过蜿蜒曲折高低不平的长城城墙、好汉碑等符号营造了一个克服困难登临长城的好汉的象征世界；少林寺景区通过武术表演、格斗兵器展示等符号建构了一个武侠的象征世界；等等。旅游活动过程中，旅游者通过合用性将景观符号所建构的器物体系纳入自身周围世界，从而将其显现出来。旅游者进入八达岭长城景区，在克服困难爬上长城的过程中体验了“好汉”的角色等。也就是说，在这个景观符号建构的周围世界中，旅游者一旦成功与之建立关联，使自己进入其中，则要承担一定象征性角色，这个角色本身也具有符号意涵。

① 彭宗兰. 文化 IP 助力文化旅游产品开发 [J]. 文化产业，2023（22）：13-15.

正如 Culler 所言，旅游活动“最重要的是，从暂时成为一个优于自己的社会阶层的成员中获得秘密的快乐，扮演一个‘购物者’和一个花钱者的角色，只有当一个人通过选择购买什么来发挥权力时，他的生活才会变得重要和令人兴奋……一个游客最好被定义为一个暂时拥有不习惯力量的幻想家”。[①]

① Culler Jonathan.Semiotics of Tourism[J]. The American Journal of Semiotics，1981（1）：127–140.

7 文旅融合景观叙事

7.1 景观叙事概念

法国学者热拉尔·热奈特提出，所谓叙事，其第一层含义，如今通用的最明显、最中心的含义，指的是用口头或书面的话语承担叙述一个或一系列事件的陈述。[①]叙事第二层含义不大普遍，但为今天叙述方面的分析家和理论家所常用，它指的是真实或虚构的、作为话语对象的接连发生的事件，以及事件之间连贯、反衬、重复等不同的关系。[②]"叙事分析"意味着撇开把行动和情境告知我们的语言或其他媒介，对这些从本身考虑的行动和情境的总体进行研究。叙事的第三层含义看来最古老，指的仍然是一个事件，但不是人们讲述的事件，而是某人讲述某事（从叙述行为本身考虑）的事件。[③]可见，热拉尔·热奈特所认为的叙事为以语言为符号媒介的叙事。叙事学兴起于 20 世纪 60 年代中期，当时欧洲文学批评界对文学作品的关注由文本外部转向内部，着力探讨作品内部结构规律和各种要素之间的关联。最近 20 年，叙事学研究囿于作品文本的局面开始被打破，且同不同学科结合，形成不同领域的叙事，如景观叙事。

我国学者赵毅衡（2013）以叙述代替叙事，并将之界定为叙述文本包含由特定主体进行的两个叙述化过程：一是某个主体把有人物参与的事件组织进一个符号文本中；二是此文本可以被接收者理解为具有时间和意义向度。[④]赵毅衡有关叙述的观点将叙事所涉及外延扩充至一切符号媒介，实现了对语言文本的突破。

① 热拉尔·热奈特．叙事话语 新叙事话语 [M]. 王文融，译．北京：中国社会科学出版社，1990：6.
② 热拉尔·热奈特．叙事话语 新叙事话语 [M]. 王文融，译．北京：中国社会科学出版社，1990：6.
③ 热拉尔·热奈特．叙事话语 新叙事话语 [M]. 王文融，译．北京：中国社会科学出版社，1990：6.
④ 赵毅衡．广义叙述学 [M]. 成都：四川大学出版社，2013：7-8.

就景观叙事而言，波泰格与普灵顿在两人合著《景观叙事——讲故事的设计实践》中的观点颇具代表性：

> 一般我们通常不会把景观看作讲故事，景观可以用作书面故事或口述故事的背景或标志，但它本身很少被人们认为就是故事。然而，漫步林中可能心归沉静，发现并阐释自然历史等故事。而踏出的小道记载着这些愿望，以及其后把愿望变成更加具体的形式。就这样，景观和故事交织在一起。本书从这一前提出发：叙事是人们形成经验和理解景观的一种基本方法。故事则把对时间、事件、经历和记忆等无形的感知同更为具体的地点联系起来，由于故事把对地点的体验串联成各种有趣的关系，因而叙事就能提供认知和形成景观的方法，而这些方法一般在传统文件、地图、实测甚或正式的设计文件里都不被承认。①

根据波泰格与普灵顿的观点，一般而言，叙事与语言文本有关。景观之所以能“叙事”就在于它作为故事发生的地点与故事相连接。从这个意义上，景观是背后故事的符号展示。就景观叙事概念，国内学者陆邵明（2018）提出，景观叙事可以这样定义：基于叙事学的相关理论与方法，来分析、理解、审视景观的基本要素、空间结构、文化语义及其建构策略，进而有效建构主题性或在地性的景观及其认同。景观叙事是一种认知、表达、塑造、评价景观及其文化意义的方法，这种模式可以促进创作者、使用者美学体验的升华，来建构主客体之间的场所依恋关系。② 依据陆邵明的观点，景观叙事是人认识景观的方法。

本书试图从现象学视角重新审视景观叙事，并就其概念提出不同的观点。从现象学视角看，作为土地及土地上的空间和物体所构成的综合体，无论土地、空间、植物、地貌、水体、道路、建筑还是艺术品，在人类社会中都以合用性而展示自身作为景观而存在。园林以其用于观赏的合用性而存在，建筑用

① 波泰格，普灵顿．景观叙事——讲故事的设计实践 [M]. 张楠，等，译．北京：中国建筑工业出版社，2012：1.

② 陆邵明．景观叙事：解码海派古典园林 [M]. 北京：中国建筑工业出版社，2018：7.

于办公或住家等。以合用性而存在的景观其实质就是器物，所不同者在于是一个器物或是系列器物的组合体。作为器物的景观叙事就是展示“其所是”的方式，也即展示其作为器物的合用性的方式。一切器物都依存于特定个体周围世界以及共在人群的共在世界而存在，所以，作为器物的景观叙事的内容就是展示景观与人的周围世界乃至共在世界的方式，这种存在方式通过一定故事予以体现。如前文所述，作为器物的景观，其表达形式的实质即符号，因此，景观叙事就是以景观符号展示与人的周围世界乃至共在世界的方式。从符号学视角看，景观叙事包括两方面内容。一方面是符号表达方式，即叙事的形式维度，具体而言，即景观符号表达项表达相应内容项的一些特征。另一方面是叙事的内容维度，具体而言，即景观符号表达项所表达的内容项，即相应人的周围世界或共在人群的共在世界的内容特征，其主要内容即故事。所谓叙事的故事就是关于这些人的存在方式及其状态的故事，包括人物、情节和时空环境。故事的人物指的是景观符号内容项所涉及的人物，时空环境发生在景观所涉及人物的周围世界或人群的共在世界中，而情节则指的是系列有因果关联的事件。

景观故事要有一个主题予以统摄。所谓主题，即对故事事件之间逻辑关系予以统摄的话题。主题之所以被需要就在于它是一个景观与受众之间联系的中介。文旅融合景观是否吸引旅游者，在很大程度上就在于其所叙述的故事是否有吸引力，而故事的吸引力就在于其主题的选择。而文旅融合景观故事吸引人的关键就在于其主题内容与特定共在人群在共在世界中存在状态的关系，即与旅游意向的一致性关系，而旅游意向则指向人的存在的自由状态。也就是说，文旅融合景观故事吸引人就在于其主题内容最终与人的存在的自由状态的一致性关系。旅游景观最终在旅游者的周围世界中显现出来就在于其合意性，即与旅游者的旅游意向的一致性关系。

7.2 现象学视域下的景观叙事

7.2.1 文旅融合景观的叙事逻辑

文旅融合景观作为器物或器物组合是如何“讲故事”的？海德格尔以一座

希腊神庙为例，对此进行分析：

> 一件建筑作品并不描摹什么，比如一座希腊神庙，它单朴地置身于巨岩满布的岩谷中。这个建筑作品包含着神的形象，并在这种隐蔽状态中，通过敞开的圆柱式门厅让神的形象进入神圣的领域。贯通这座神庙，神在神庙中在场。神的这种现身在场是在自身中对一个神圣领域的扩展和勾勒，但神庙及其领域却并非飘浮于不确定性中。正是神庙作品才嵌合那些道路和关联的统一体，同时使这个统一体聚集于自身周围；在这些道路和关联中，诞生和死亡，灾祸和福祉，胜利和耻辱，忍耐和堕落——从人类存在那里获得了人类命运的形态。这些敞开的关联所作用的范围，正是这个历史性民族的世界。出自这个世界并在这个世界中，这个民族才回归到它自身，从而实现它的使命。①

由上述可知，这座希腊神庙景观由巨岩构成的岩谷作为背景，布满神像，由圆柱式门厅和道路等构成，形成一个器物，即作为神居住的场所。在海德格尔现象学中，器物以其合用性而展现自身的存在。神庙之所以作为神庙的存在，就在于“神”居住于其中，因此，神庙叙事的核心就在于将它的存在展示出来。神既是具象化的，也是非具象化的。无处不在的神像是一个个符号表达项，表示“神”本尊在神庙中的在场。而神庙周围的道路和其中的仪式，则是另外的符号表达项，它们在道路的不同形状中将神的神秘力量揭示出来，它影响甚至决定众生的生命、命运。总之，通过这些符号表达项的建构，神庙将自身展示为“神在神庙中在场”。海德格尔并未将神庙景观停留于此。“神”通过对众生命运的操劳活动，而与他们建立起一个共在世界，这就是希腊民族的共在世界。这个共在世界有着共同的“神”的信仰，他们的命运被这“神”所操劳。希腊民族由这个共在世界所塑造，并在其中共同存在，只有在其中，所以他们“出自这个世界并在这个世界中，这个民族才回归到它自身”。也就是说，

① 海德格尔．林中路 [M]. 孙周兴，译．上海：上海译文出版社，2008：23-24.

神庙景观通过揭示了希腊民族在“神”的共在世界中的存在基本状况而显现了其自身的存在。

由上述神庙景观的案例，我们可知，文旅融合景观叙事的意义在于建立起景观所涉及主人公的周围世界甚至所在人群的共在世界，并在其中显现其真实存在状态。在海德格尔现象学中，世界之为世界，是一个存在论概念，指的是“在世界之中存在”的一个组建环节的结构。① 而我们把在世认作此在的生存论规定性。由此看来，世界之为世界本身是一个生存论环节。具体而言，在海德格尔现象学中，世界主要指的是：

> 世界还可以在另一种存在者层次上的意义下来了解，这时，它不被了解为本质上非此在的存在者和可以在世界之内照面的存在者，而是被了解为一个实际上的此在作为此在“生活”“在其中”的东西。世界在这里具有一种前存在论的生存上的含义。在这里又有各种不同的可能性：世界是指“公众的”我们世界或者是指“自己的”而且最切近的“家常的”周围世界。②

由上述可知，世界并非以存在者而存在，而是作为此在（存在着的人）在世界之中存在的组建环节，即世界是人“‘生活’‘在其中’的东西”。世界不是一个具体的时空，作为具体时空的存在者的自然不是世界，世界也不是自然的，世界是此在（存在着的人）在生存论上存在于其间的东西，此在是“世界中”的，而自然是“世界内”的。“世界中”显示的是人的生存论的存在方式与状态，而“世界内”显示的是存在论的存在者。作为存在者的人存在于“世界中”，而自然是世界内的存在者，它没有自己的世界，它进入的只能是“世界中”的人的世界。作为世界中的人，从时间上看并不会永远“在世界中”，随着时间的流逝，人会逝去，随着时局的变动，人会离开惯常的时空结构。有一些离开对于个人而言是不得已的，如三峡搬迁。1992 年 4 月 3 日，七届全国

① 海德格尔．存在与时间（修订本）[M]. 陈嘉映，等，译．上海：商务印书馆，2015：86.
② 海德格尔．存在与时间（修订本）[M]. 陈嘉映，等，译．上海：商务印书馆，2015：86–87.

人大第五次会议审议并通过了《关于兴建长江三峡工程的决议》。新滩所处区域海拔较低，三峡水库蓄水后绝大多数古民居将被淹没。经专家现场考察和反复论证，决定对新滩江渎庙和郑氏家族9座最具代表性的民居实施搬迁保护，集中复建到三峡大坝上游的凤凰山上，郑韶年老屋就是其中的一处。[①] 院落整体青砖灰瓦，规矩有序，风火墙鳞次栉比，木雕、灰塑、彩绘精致古朴。[②] 史书记载，新滩民居始建于两晋，保存下来的多为清代建筑。民居群皆沿江依坡错落而建，多呈长方形，其布局以大门、厅堂、天井和堂屋为中轴，两旁为厢房。[③] 人搬迁之后，无疑离开了之前固有的周围世界。显然，人们并不想忘记这段生活经历，其中一些器物也具有非常重要的价值，被列为文物，如新滩江渎庙和郑氏家族9座最具代表性的民居。因此，在人搬迁的同时，这几处民居也被随着搬迁重建。事实上，这几处搬迁后的民居尽管是众多民居之一，但多数民居被淹没之后，它们就成为人们固有的生活方式以及历史记忆凝结并显现于其中的代表，因而成为人们缅怀过去生活的符号象征。也就是说，这些民居以其时空的再现而成为人们被淹没的生活方式及其周围世界的符号表达项。

在海德格尔看来，世界是一个生存论概念，即所谓“具有一种前存在论的生存上的含义”。所谓“前存在论”指的是它在逻辑上作为生存论意义上的存在前于存在论的存在。也就是说，生存论上的存在建构是它作为存在者而存在的逻辑前提。生存论意义的世界在人在操劳活动中与“物”打交道的同时就展开了自身，而所打交道的“物”随即成为“世界内”的存在者。而所谓世界，在海德格尔现象学中，就是此在作为存在者向来已在其中的“何所在”，是此在无论怎样转身而去，但纵到天涯海角也还不过是向之归来的“何所向”。[④] 世界作为世界亮相意味着它是展开了的。所以，展开即是在存在者的此在操劳活动中形成的，世界是作为存在者的此在存在的逻辑前提，而世界的展开又以此

---

① 李光明．三峡库区新滩古民居及其搬迁保护——以郑韶年老屋为例 [J]. 文物建筑，2009（2）：139–147.

② 李光明．三峡库区新滩古民居及其搬迁保护——以郑韶年老屋为例 [J]. 文物建筑，2009（2）：139–147.

③ 李光明．三峡库区新滩古民居及其搬迁保护——以郑韶年老屋为例 [J]. 文物建筑，2009（2）：139–147.

④ 海德格尔．存在与时间（修订本）[M]. 陈嘉映，等，译．上海：商务印书馆，2015：100.

在的操劳活动的开展为逻辑前提。这两者似乎存在逻辑矛盾，但是，先于存在者的人的此在而存在的世界，是逻辑上的先在显现而非时间和空间上的先在。从时间和空间上来说，世界的展开与作为存在者的此在的操劳活动是同步展开而显现彼此的。具体而言，与“物”打交道所展开的即为存在者的人的周围世界，即指“自己的”而且最切近的“家常的”周围世界。周围世界首先是世界，然后是具有时间和空间的世界。因此，所谓世界内，即人在操劳活动中能打交道的范围之内，也即作为存在者的人的周围世界之内。

周围世界由操劳活动而显现出来，此在的操劳活动过程及其情节即为故事。此即意味着此在的周围世界在记忆中，以故事形态而显现出来。操劳活动总是人在周围世界中与器物打交道的活动过程，因此，周围世界的故事内容总是涉及作为存在者的人与器物的关系。由此，在人类历史的长河中，流传下来的故事都凝结于器物当中。我们将这些流传下来的器物当作旅游景观予以展示，其实质还是将其当作符号表达项，以展示凝结于其中的故事。以宋代出土的兮甲盘为例。兮甲盘是周代的一个器物，其价值正如王国维所言，“此种重器，其足羽翼经史，更在毛公诸鼎之上”。[①] 其铭文记录了一个叫兮甲的人的周围世界，因此使得这一段历史得以保存下来。铭文的大意是，在周宣王五年三月，宣王亲自率兵讨伐猃狁，主人公兮甲随王出征，杀敌执俘，荣立战功，宣王赏赐给兮甲马四匹、车一辆；宣王又命令兮甲掌管成周及四方的缴纳粮赋；南淮夷本来就是顺从周王朝的贡纳之臣，不敢不缴纳贡赋，不敢不运送通商货物，否则将兴兵讨伐；凡属南淮夷来的人，必须到指定地方留住；做买卖的商人，必须到政府管理的市场营业，胆敢不服从周王的命令，则受刑罚处置等。[②] 当旅游者看到兮甲盘的时候，其所展示的正是这一段故事。而兮甲盘以其历史文物之合意性而作为景观显现自身，由此成为这一段故事的符号表达项。

7.2.2 文旅融合景观的叙事方式

作为存在者的此在并非与一个物打交道即展开一个周围世界，而是这些

① 王国维．观堂集林・别集 [M]. 北京：中华书局，2015：1206–1209.
② 王健．西周政治地理结构研究 [M]. 郑州：中州古籍出版社，2004：113–114.

“物”作为一个整体在操劳活动中打开，而显现出周围世界。所谓整体，即“作为……用”的整体，即以合用性而形成的器物的整体：

> 钢笔、墨水、纸张、垫板、桌子、灯、家具、窗、门、房间，这些“物件”绝非首先独自显现出来，然后作为实在之物的总和塞满一房间。切近照面的东西——虽然不曾专题加以把握——是房间，而房间却又不是几何空间意义上的“四壁之间”，而是一种居住工具。“家具”是从房间方面显现出来的，“家具”中才显现出各个“零星”器物。器物的整体性一向先于个别器物就被揭示了。①

由上可知，此处，器物作为整体存在形式即房间，由诸多个别器物如书写用的钢笔、墨水、纸张，照明用的灯具，还有门、窗以及各种功能用的家具等房间构件所组成。房间作为器物整体所落实者即作为存在者的此在的生活操劳活动中的书房功能。书房是在存在者的人的操劳活动中，具体而言即书房使用中显现自身。也就是说，书房的显现过程也即它以合用性而使用的过程。整体而言，书房及其使用显现了主人在周围世界的存在状态。书房和对书房的使用都是其存在状态的构成成分。这种关系，正是作为书房的器物在特定条件下转变为主人在周围世界中存在状态符号表达项的逻辑前提。在这种符号关系中，作为器物的书房用以指称主人在周围世界中存在状态的叙事方式即借代。从修辞学来讲，所谓借代，指的是甲乙两事物存在某种关系，便把甲事物藏去不说，借与之相关的乙事物来替代的修辞手法。②在借代的景观叙事方式中，作为器物的书房是主人在周围世界中存在状态的构成性关联，因而在叙事中属于构成性器物。构成性器物以借代建构文旅融合景观符号表达项须具备一个基本条件：即器物作为符号表达项所要表达的内容项之间存在实质性的逻辑关联，而不是属性的相似性，这种实质性关联主要包括以下几种情况。

一种情况是基于构成性关联关系的借代。即作为器物的符号表达项（U）

① 海德格尔．存在与时间（修订本）[M]. 陈嘉映，等，译．上海：商务印书馆，2015：91.
② 谭永祥．汉语修辞美学 [M]. 北京：北京语言学院出版社，1992：434.

属于内容表达项（W）的一部分，在一定条件下，以 U 代替 W。上述案例以房间为器物，代替主人在与该器物打交道过程中周围世界的存在状态。之所以需要这种借代的叙事方式，在于 W 作为周围世界的人的存在方式随着时空的消失而逝去，成为一种作为历史而存在的不在场的事实性存在。在逝去的时空结构中，要重现这种事实性存在，需要借助具有一定空间承载物的器物。而作为构成性关联因素的 U 以物为载体而超越时空留存下来，成为 W 事实性存在的物质性遗存。正是这种特性，使得器物 U 得以成为 W 的事实性存在的提示，因而得以作为景观而成为建构 W 这种事实性存在的符号表达项。作为符号表达项，器物 U 得以成为一个历史记忆的装置，以储存有关主人公周围世界中存在状态 W 的历史景象。如某著名历史人物纪念馆因建构该历史人物的周围世界，选择了几个器物，如书房、卧室灯等进行还原，以其作为其周围世界中存在状态的符号表达项。

另一种情况是基于部分与整体关系的借代。这种景观叙事方式中，部分和整体都是作为存在者的人在各自周围世界中操劳活动中所使用的器物，即作为器物的符号表达项（U_1）属于内容表达项（U）的一部分，在一定条件下，以 U_1 代替 U。作为器物的整体，作为存在者的人在其周围世界中操劳活动中所显示的物，都曾经是存在者的人的周围世界的构成性因素，因而具有以构成性关联关系而指代其周围世界的潜力。作为整体的一部分，个别器物实际上用以指代其周围世界，这种逻辑关联并不充分。如以书房中的笔等书写器物以指代其周围世界中的存在状态似乎并不妥当。实际上，随着时空的变化，器物作为整体已经消失，而部分器物由于各种原因得以保留。这种情况下，文旅融合景观的建构中，只能以部分借代整体，而最终所指称的无疑都是作为存在者的人在其周围世界中的存在状态。也即符号表达项（U_1）属于内容表达项（U），而 U 则是 W 的符号表达项，最终实际上 U_1 作为符号表达项所表达的内容项为 W。

在上述构成性器物以指称存在者的人在周围世界中的存在状态的叙事方式为借代。此外，还存在非构成性器物作为符号表达项以指称所涉及存在者的人其周围世界中存在状态的情况。构成性器物本身就是存在者的人的周围世界的构成成分，随其周围世界的显现而展开自身。非构成性器物则不同，它不是器物所要表达内容项中的主人公周围世界中的打交道所显现的器物，而是景观设计者和塑造者打交道过程中所显现的器物。下面以人民英雄纪念碑为例对景观叙事的形式特征予以说明。

> 庄严的天安门广场上高达37.94米的人民英雄纪念碑巍然矗立。纪念碑的正面是毛泽东题写的“人民英雄永垂不朽”8个镏金大字，背面是毛泽东起草、周恩来题写的碑文……1949年9月30日，开国大典前一天，中国人民政治协商会议第一届全体会议决定建立人民英雄纪念碑。当晚，全体代表来到天安门广场举行人民英雄纪念碑奠基礼。毛泽东主席亲自执锨铲土，奠下纪念碑基石。1952年8月1日，人民英雄纪念碑正式动工。历时近6年，于1958年4月22日建成。“共和国第一碑”的建造共用1.7万块花岗石和汉白玉，其中包括最主要的约15米高的碑心石在内的花岗石材采自青岛浮山，汉白玉则来自北京房山。①

人民英雄纪念碑（以下简称“纪念碑”）作为景观，其主体部分为15米高的碑身，上书“人民英雄永垂不朽”，背面则是毛泽东起草的三段镏金碑文，为周恩来所书。其次，基座占广场3000多平方米，基座四周有汉白玉护栏。碑体四方由反映近代华夏儿女革命历史的八块汉白玉浮雕和两块装饰浮雕组成，依序为虎门销烟、金田起义、武昌起义、五四运动、五卅运动、南昌起义、抗日游击战争和胜利渡长江，而两块装饰性浮雕则是民工支前和欢迎人民解放军。在纪念碑的顶部则选用卷云和重幔搭配具有民族特色的装饰纹样。碑体周侧刻有牡丹、菊花和红旗组合的花圈，在碑体上部的东西两侧亦刻有红星、松柏和国旗组成的浮雕，以此致敬与缅怀那些为解放中华民族而奋勇牺牲的革命先烈。②

① 新华社．致敬！共和国第一碑[DB/OL]. http：//dangshi.people.com.cn/n1/2021/0511/c436975-32100312.html.

② 陈崇辉．主题性雕塑的历史叙事与文本意义研究——以人民英雄纪念碑为例[J]. 雕塑，2023（2）：60-61.

由上可知，纪念碑的材质主要为花岗石和汉白玉。汉白玉石是一种大理石，以色白、晶莹、内含闪光晶体为特征。此特性让它以装饰材料而显现自身，尤其作为古代皇家建筑材料而著称，故宫、天坛、天安门金水桥等中国古代皇家经典建筑都有大量使用。可见，在诸多中国古代皇家建筑中，汉白玉以其色白适合用于装饰而作为器物。同样，花岗岩以其质地坚硬，不易风化而显现为以建筑材料为名的器物。按照海德格尔现象学，与作为工具的器物将材质消失于自身的合用性之中不同，作为景观装饰材料的器物将其有用性显现于景观构件之中。[①] 其中，汉白玉石的色白、晶莹的合用性以庄严肃穆之质感而显现于纪念碑中。也就是说，材质本身也被作为符号表达项而成为景观叙事的工具。

作为器物的汉白玉石并不止于此，还以八块浮雕和两块装饰浮雕，即纪念碑的主要构件之一而显现自身。这些浮雕共计设计了 170 多个普通人物，以代表人民群众，体现人民性。[②] 这些浮雕采用现实主义叙事手法，刻画了近代以来中国革命的十个场景。这些场景在一系列制度宣示行动所建构的象征性时空结构中被视为符号表达项。这些制度宣示行动包括纪念碑的建立由中国人民政治协商会议全体会议决定；它的奠基礼由中国人民政治协商会议全体代表所参与；由共和国领袖亲自执锹铲土，奠下纪念碑基石；“人民英雄永垂不朽”8 个镏金大字由领袖亲自题字；有由不同领袖起草并题写的碑文等。这些制度宣示行动所要表达的是将纪念碑作为表达纪念人民英雄的符号表达项作为一项制度被确立。由这些制度宣示行动所确立的符号表达项所要表达的内容项为近代以来中国人民在面对内外压迫的生存和革命斗争存在状态。这种存在状态由代表性的 170 多人揭示为全国人民共同参与的活动，也即在反抗内外压迫这一点上，全国人民共在于一个世界中，即纪念碑所营造的共在世界。可见，制度宣示作为一种叙事方式是创立纪念碑作为符号表达项及其内容、围绕它以形成象征性意义结构以及全国人民参与的共在世界的重要方式。

① 海德格尔．人，诗意地安居 [M]. 郜元宝，译．上海：上海远东出版社，2022：119.
② 陈崇辉．主题性雕塑的历史叙事与文本意义研究——以人民英雄纪念碑为例 [J]. 雕塑，2023（2）：60–61.

7.2.3 文旅融合景观的叙事特征

7.2.3.1 空间时间化

叙事是一种时间序列的艺术，而文旅融合景观以空间分布显示自身的存在。那么，文旅融合景观叙事何以空间分布展示时间的序列呢？叙事是一组有两个时间的序列，即被讲述的事情的时间和叙事的时间（“所指”时间和“能指”时间）。[①] 研究叙事的时间顺序，就是对照事件或时间段在叙述话语中的排列顺序和这些事件或时间段在故事中的接续顺序，因为叙事的时序已由叙事本身明确指出，或者可从某个间接标志中推论出来。[②] 什么是景观时间序列？景观自身作为物的存在也有其时间序列。建筑景观从建设到完工需要经历一段时间，建成之后，建筑材料随着时间的推移还会老化等。但是，文旅融合景观作为符号，它所表达的时间并非作为符号表达项自身的时间，而是作为器物的时间。景观作为符号表达项的基本单元是器物，而符号内容项所要表达的时间是器物背后所涉及人的周围世界或共在人群的共在世界的发展演变的时间序列。那么，文旅融合景观如何以空间表达时间呢？下面以一个具体案例“癌症幸存者广场”予以分析，下文是作者对该景观的语言描述：

> 那是一位年轻的母亲，我想她是不幸罹患了乳腺癌。她正抬起脚迈入第一道大门，迎接她的将是漫长的治疗和康复过程。身后，她的丈夫怀抱着还在咿呀学语的幼儿，深情地凝望着她。年迈的父母愁容满面，惴惴不安。她经过了常规的手术，失去了女人最美最伟大的乳房，成为身体有残缺的女人。她心怀忐忑地迈入第二道大门，在这里，化疗让她失去了一头秀发，治疗让她的血象一降再降。但是她想到亲爱的丈夫、年幼的儿子和年迈的父母，强忍着恶心，吃了吐，吐了再吃，她相信，吃进去的肯定比吐出来的多。她不能被化疗放疗的副作用压倒，她要尽快地恢复体力，坚持完成治疗。

① 热拉尔·热奈特 . 叙事话语 新叙事话语 [M]. 王文融，译 . 北京：中国社会科学出版社，1990：12.
② 热拉尔·热奈特 . 叙事话语 新叙事话语 [M]. 王文融，译 . 北京：中国社会科学出版社，1990：14.

一年的手术和治疗终于结束了，她迈入第三道大门。这时候，她的胸脯不再高耸，秀发不再如瀑布一般浓密，身材也不再苗条。她暗下决心：我一定要恢复以往的风采，重做一个美丽优雅的女人！她从散步做操开始，慢慢地加大运动量，唱歌、慢跑、瑜伽、普拉提减掉了增加的体重，重塑了凹凸有致的身材，一头秀发过肩。她佩戴了义乳，换上了漂亮的衣裙，脚蹬高跟鞋，终于迈出了第四道大门，迫不及待地奔向迎接她的丈夫和儿子。这时候，儿子已经长大，成为小小少年，丈夫的鬓角已经有了丝丝白发。她和丈夫一人拉起儿子的一只手，敞开怀抱，迎接更加美好的未来！①

这个“癌症幸存者广场”景观由四个场景组成，每个场景包括两部分：一是五个人，女主人公、她的丈夫、她的孩子和她的父母；二是倾斜高过人的方框阵列。方框阵列在这个场景中是一个时间符号表达项，跨过第一个方框的动作和场景作为一个整体也是一个符号表达项，其内容即指称进入治疗的某个阶段。广场一共设置了四个经典场景，第一个即进入之初，第二个即化疗，第三个即手术后的调理，第四个即术后恢复。这四个场景整体作为符号表达项指称的是景观背后的共在人群，即病者及其家属在共在世界中的存在状态。主人公在与“乳腺癌”的操劳活动中显示其作为一个病人的存在，主人公的家人在这个“乳腺癌”治病的操劳活动中共在。每个场景中，女主人公、她丈夫、她父母以及孩子的表情以及动作透露出他们在这个以“乳腺癌”治病为线索的共在世界中的存在状态。这四个场景是一个共时性存在，但是通过不同场景的内容转换形成一个历时性的符号连接顺序，从而实现空间的时间化。这四个场景的连接，就形成了一个历时性故事。所谓故事就是具有一定逻辑关系的处于一定时间序列的系列事件的总和。构成故事的系列事件之间必须有一定逻辑关系，才能被解读和理解。在这个案例中，四个场景就是四个事件，彼此间有时间上先后关系且逻辑上的因果关系。在这个共时存在的历时性景观时间结构中，经历了一个由“乳腺癌”而形成的“向死”的不确定性到面向这个不确定性的斗

① 方婉玲，等 . 癌症幸存者广场 [J]. 癌症康复，2018（3）：78–79.

争，进而重新回到确定性的“向死而生”的生命历程。在这个斗争历程中，主人公显示了生命的顽强和家人的扶持。景观中所揭示的主人公的共在世界在“乳腺癌”这一生命中难以忽视的话题上显现在旅游者的周围世界，引起了情感共鸣。

上述案例为人工塑造的景观，它以共时性场景内容的历时性以展示时间性。所展示的时间序列通过两个景观符号表达项之间的空间排列予以表达。此外，如果景观符号表达项并没有通过不同场景进行时间排序，那么，时间如何表达呢？下面以参观侵华日军南京大屠杀遇难同胞纪念馆的感受为例对此进行分析：

> 在这么一个特别的日子去了侵华日军南京大屠杀遇难同胞纪念馆。一开始看到那个雕像的时候，我以为只是一个痛苦的女人，后来走近才发现，她手中还抱了一个孩子。旁边的朋友和我说，她的肚子被日军刨开了，孩子才掉出来……我了然点头，看了许久……接着才继续往前面领花的地方走。现在后悔捐的钱有些少了……虽然现在的我没有多大的挣钱本领，但我本可以在自己现在的生活水平上给予更多。后来进馆了……在馆内没有拍照……里面有些黑……一进门是一块荧幕……上面白色的遇难者名字，一个一个浮上来……我突然感觉到肺被揪住……好压抑……不能大口大口地呼吸……这股情绪来得太快……自认为平时不算是同理心很强的人，甚至有些自私，但是在那一刻，我的器官反应比我的情绪来得更快。甚至还没有进去看当年是怎样残忍的暴行，还没等我反应过来，眼泪先一步夺出眼眶……在馆内一步一步走，那些历史我看得很仔细，遇难者的悲惨……幸存者的诉说……亲属的哀悼……敌人的兽性……我都把他们努力印在脑海中……我想，任何一个清楚日军侵华战争历史的人，都不会忘记，没有理由更没有资格去替先辈们原谅……有个插曲：其实纪念馆内的小孩比别处已经算是收敛安静，但还是有个别小孩在大声问她的爸爸，“这个是好人还是坏人”（当时在放一个日本女教师采访当年侵华日军的回忆录：一个老人在讲述自己和慰安妇之间的事情，他说每个

人都这么干，因为不确定明天能否活着）等问题。当时在场有不少人看她，很多瞬间我都想出言制止，让这个大人管管孩子……不过，出馆后，我看到了《和平》的那个雕塑。当时的云正好在它的身后，这一刻是如此的有神性……我回想到刚刚那个场景，或许只有生活在和平年代的小孩，才不懂得战争的疾苦，可以大声问出稚嫩而天真的话语。这似乎就是我们期望的，一个没有痛苦，孩子们欢声笑语的世界……那一刻，我选择了原谅……[1]

上述作者的感想中，共有四个场景：

第一个场景，即雕塑《家破人亡》，被侵华日军剖腹的母亲，托着自己无声无息的孩子，仰天长啸，悲痛哀号。第二个场景，即写满遇难者名字的屏幕。第三个场景，即一个小孩大声问她的爸爸关于谁是好人的问题。第四个场景，即《和平》雕像。这四个场景中，《家破人亡》雕塑和遇难者名字两个场景分别选择了侵华日军暴行两个事件中结果出现的那个画面作为符号表达项以指称两类事件。场面所揭示的就在于它所塑造的人物在其周围世界中面对侵华日军暴行的存在状态，正如《家破人亡》雕塑解说词所言："被杀害的儿子永不再生……被活埋的丈夫永不再生……悲苦留给了被恶魔强暴了的妻子……苍天啊……"

第二个场景是遇难者的名字。名字是一个符号，一个名字意味着一个活生生的人的生命及其周围世界的消亡。因此，前两个场景是整个侵华日军暴行的冰山一角，将其中遭受侵华日军暴行的几个小人物的存在状态揭示出来，作为景观，它们代表的是一段历史事件，其所揭示的时间就是那段历史的时间。也就是说，景观所揭示的时间是主人公所经历的时间。对于旅游者所具有的强烈震撼就在于，所揭示的主人公并不是别人，而是"我们"的先人，他们是"我们"的时间之前的存在者，是"我们"得以存在的逻辑前提。在这种人物和时间关系中，周围世界中遭遇苦难的主人公的存在与作为旅游者的"我"建立

① 参观侵华日军南京大屠杀遇难同胞纪念馆有感 [DB/OL].https：//www.xiaohongshu.com/explore/64de46cd0000000003022e6d.

起了时间的连续性，“我”进入了景观所涉及主人公的周围世界。当代的“我”和在历史中的“他们”相遇了，由此，“我”和“他们”形成了共在世界。在这个过程中，“我”感受到了“他们”在侵华日军暴行之下生存的不幸、无奈和万般痛苦。

第三个场景也是一个景观，被作为旅游者的“我”带入的一个景观，一个临时生成的景观。显然，这个孩子大声问的问题及其行为显示她与大人们进入主人公周围世界中的那种状态完全不同。这个孩子，仅仅是个孩子，她并没有领会自己与景观中主人公的时间关系，是个共在世界之外的人，是另外一个世界的人，在空间中她遇见了在历史中的“他们”，但是，她并没有在时间中遇见“他们”。这种反差给作为成人的“我们”带来愤怒，“当时在场有不少人看她，很多瞬间我都想出言制止，让这个大人管管孩子”。

出馆后，看到《和平》雕像，即第四个场景。作者对于这个景观似乎又赋予其新的意涵，即他的行为背后的周围世界是一个和平的世界，一个没有痛苦，孩子们欢声笑语的世界。也就是说，作者将《和平》雕像和孩子问话这两个景观作为符号表达项所表达的内容二者合一。

在作者这里，他通过对景观所涉及人物及其周围世界的时间与自己的时间建立起某种联系，因而将时间序列激活，建立起景观的时间叙事。此外，还有一种被他略写的，即馆内大量的文字介绍、图片展示等。这是属于“大写”的宏大叙事，建构的是整个侵华日军南京大屠杀这一历史事件的大历史图景。这个叙事图景，生于和平时代的“我们”，可以从认知上感知它的存在，也能感知到与“我们”的关联，却实际上难以进入那个世界。

7.2.3.2 开放式叙事

什么是开放式景观叙事？美国学者马修·波泰格等试图以如下例子予以说明：

在洛杉矶的好莱坞山，环球影城再创了一条梦幻主街，它由杰德合伙人事务所设计，起名“环球城步行街”。在车辆入口处设有收费处，参观者付费后可以进入这处私有地产。街上没有人居住，每个人都是开车前来。游客从停车场乘中央电梯到主街。街道建筑，包括广告设施、临街正面和招牌，意指在真实的商业和私有管控的背景下，好莱坞冒险和探索的叙事。街道正面模拟了不同时期的建筑，却用同样的材料在同一时间建起来。街道的弯曲仿造了一条古老的城市街道，但此街的弯曲不是由于地质、水道、时间或文化造成的。①

在马修·波泰格看来，开放式景观叙事把景观所处的空间理解为人与人之间互相连通的故事层面的交叉点。换句话说，他把景观视为不同人创造故事的空间场域。在这个空间中，原本生活于其中的人可以在生活、工作过程中创造故事，而其他人也可以进入这个空间去创造故事。他认为，创造故事在于获得意义。景观的开放式叙事强调读者在生成意义中的重要作用，这是其观念基础。具体而言，他认为封闭式叙事与开放式叙事相比有以下特点，如表 7–1 所示。

表 7–1　封闭式与开放式叙事特征比较汇总②

序号	封闭式叙事	开放式叙事
1	象征性的经历	实际体验过的经历
2	内容已经决定的	内容未决定的、不明确的
3	商品化的	参与的
4	私密的	公共（开）的
5	单独构建的	整合的
6	选择好的时间框架	多种时间的叠加
7	按确定情节的	非确定情节的
8	有意的、加编码的意义	可能的、解码的诠释
9	由作者控制的	由读者解释的
10	故事空间	话语和跨文本交织的空间

① 波泰格，普灵顿．景观叙事——讲故事的设计实践 [M]. 张楠，等，译．北京：中国建筑工业出版社，2012：199.

② 波泰格，普灵顿．景观叙事——讲故事的设计实践 [M]. 张楠，等，译．北京：中国建筑工业出版社，2012：199.

其中，本书比较赞同的有几项，包括第2、6、7、8、9，另外有几点值得讨论。第1项特征，封闭式叙事涉及象征性的经历，而开放式叙事则为实际体验过的经历。所谓象征性的经历主要指的是封闭式景观作为符号表达项所表达的生活经验及其经历。这种经验和经历对于旅游者而言，是象征性的，而非体验过的。马修·波泰格认为开放式景观叙事由于旅游者的参与，其所得经历并非象征性的，而是实际体验过的。对于文旅融合景观而言，叙事是否象征性不取决于开放式或封闭式，而取决于旅游者对于叙事内容的理解。文旅融合景观涉及历史内容，旅游者只能通过符号进行体验，所获得的体验无疑具有象征性。自然景观，一个形状奇特的山峰，可能被旅游者理解为具有仙气的神物，那么，其体验无疑也具有象征性。第3、4、5项内容值得思考的地方就在于双方的不同不取决于景观叙事是否开放，而取决于景观建设方式。另外，还有一些问题需要思考，主要如开放式景观叙事中，旅游者创造的故事与景观原有故事是什么关系？是否会破坏原有叙事结构？

结合马修·波泰格的观点，本书试图从现象学视角对文旅融合景观的开放式叙事进行分析。从现象学视角看，文旅融合景观叙事指的是让旅游者在与它打交道过程中显示自身的方式。所谓“显示自身”指的是将文旅融合景观所涉及的人物个体周围世界或群体的共在世界中的故事显示出来。而开放式叙事则指的是文旅融合景观不但要把自身显现出来，还要在此基础上让旅游者参与故事的创造，即让旅游者进入文旅融合景观所涉及人物的周围世界或人群的共在世界中去，在活动过程中将其自身的周围世界或共在世界予以显现。其中，旅游者所创造的故事与景观叙事所涉及人物的故事有某种内在关联，从而使彼此形成内容联动。下面主要以交换器物为例对景观开放式叙事进行分析。所谓交换器物，即通过作为符号表达项的器物的交换，交换所代表的文化意涵和故事。马修·波泰格介绍了一个关于花园交换故事的小案例：

在一个直接但又具有象征性行为中，艾伦·卡普罗作为一位开创“事件”的艺术家，竭力主张通过用自家花园的一桶土同别人花园的土交换进行有关普通花园的对话。每次泥土交换都引发了一次关于交换、泥土、花园和土壤知识的不同对话。这一过程使他有机会在他从未见过的私家后院里同从未相遇过的人交谈。三年后，他终于将最后一桶交换来的泥土放进他的花园。[①]

在这个案例中，发生了花园之间交换泥土的故事，泥土以其合用性显现为花园的器物。花园景观的叙事涉及泥土与花草的故事，泥土作为符号表达项储存了大量有关故事，彼此泥土的交换为故事的交换提供了机会。这个案例为文旅融合景观的开放式叙事提供了一些启发。一些文旅融合景观主人公（们）往往有一些感人的故事。这些故事的叙事往往通过一些代表性器物予以表达。通过交换表达旅游者发生于他周围世界故事的器物，交换彼此的故事，让旅游者参与到景观叙事的故事表达中，且让故事的叙述得以不断进行，并得以不断丰富。下面以故事商店为例予以说明：

故事商店在愚园路已经存在了几年，它最大的特色就是不管店主和店铺主题怎么变化，店主都要用技能来交换故事。前一阵的店主 Gleam 是一位插画师，他的技能是画猫，所以店里陈列了他创作的 350 只不同猫咪的《猫咪日记》及很多周边产品。如果和他分享一个猫咪的故事，就可能获得店主的亲笔画作。故事商店 2019 年诞生于 101 岁的愚园路上，当时它只是作为城市更新投诉意见收集的一种软性方式。却没想到却因为一群有趣的愚园路店主、艺术家们发起的“一日店主”制度，发生了奇妙的化学反应——负面投诉开始变成了每个人讲自己和愚园路的故事——最后连游客都会来专程打卡，留下自己的故事。[②]

上述案例中，故事商店作为一个旅游景观，吸引了不少全国旅游者打卡，其前身为处理市民投诉意见的一个公共空间。后在一些艺术家支持下，建立

① 波泰格，普灵顿．景观叙事——讲故事的设计实践 [M]. 张楠，等，译．北京：中国建筑工业出版社，2012：201.

② 故事商店：用技能交换故事 [DB/OL].https：//www.xiaohongshu.com/explore/65accbb9000000002d038971.

“一日店主”制度和故事交换制度。店主主要为一些艺术家，包括绘画、艺术设计等领域。他们负责开发与共享文创产品，旅游者与店长分享故事可以得到相应的文创作品。店里面有空白卡片供旅游者书面记录故事。到 2020 年共汇集 2000 多个包括本地社区居民和全国各地旅游者的故事，并计划选编一些经典故事出版成书。①

在这个案例中，居民和旅游者通过故事卡这个器物进行故事交换，与店长交换文创作品，与其他居民或旅游者交换彼此的故事。故事商店之所以吸引人，就在于建立了一个以店铺物理空间为载体的共在世界。在里面，普通人在其中通过故事分享自身的周围世界，而成为故事的创造者和主人。2021 年年底，故事商店荣获“2021 年长三角及全国部分城市最美公共文化空间大赛”“优秀运营案例”等殊荣。②

这个案例对于文旅融合景观开放式叙事方式的建构具有一定启发。如某知青博物馆通过知青捐赠等各种方式收集大量反映知青生活的物件，创设生活场景，展现知青上山下乡时代的生活方式等内容，对曾经在这块土地上生活过、劳动过的知青和他们的故事进行还原和再现。如果仅仅到此为止，一个关于 20 世纪知识青年们的共在世界及其人物的故事通过这些器物显现出来。但是，这些故事还仅仅属于这些知青，其景观叙事还停留于封闭式方式。如果采用开放式景观叙事还需要做一些什么呢？开放式景观叙事并不是完全替代方案，在很大程度上是一种补充措施，以增强旅游者的参与感。基于这样的考虑，此案例中知青博物馆可以增加一些互动空间，如交换故事的互动活动，凡是旅游者向博物馆提供一个与知青有关的小物件及其背后的故事可以获得博物馆赠送的专属知青茶杯等器物等。

① 蒋肖斌.我有故事门市部，你有故事吗？[DB/OL].https：//news.youth.cn/jsxw/202009/t20200908_12484935.htm.

② 艺术愚园：故事商店在“美好生活”公共文化空间创新大赛中脱颖而出[DB/OL]. https：//mp.weixin.qq.com/s?__biz=MzIwMDA2NjAxNA==&mid=2652020963&idx=1&sn=c16ae89dfe8cc60d2bb8dbfcd7c0e2a0&chksm=8d64d652ba135f442ffe80608803821c6331a592a8201ee4327098578fec04ba74e5f6b0dbb8&scene=27.

8 文旅融合景观诠释

8.1 诠释学的旅游研究

8.1.1 诠释学的特点

伽达默尔师承海德格尔，其代表作《真理与方法——哲学诠释学的基本特征》在现象学研究史上具有重要的地位，该书受到海德格尔现象学一定的影响。施皮格伯格在其著名的《现象学运动》的附录 I“德国现象学运动的年表”中专门列出了这本书。[①] 伽达默尔的《真理与方法——哲学诠释学的基本特征》出版于 1960 年，自问世以来，不仅西方哲学和美学受到它的重大影响，而且这种影响迅速地波及西方的文艺批评理论、历史学、法学和神学等各人文科学领域，在当代西方哲学的发展中，这本书可以说是继胡塞尔的《逻辑研究》（1900 年）、海德格尔的《存在与时间》（1927 年）之后的又一部重要的经典哲学著作。[②] 正如副标题所示，《真理与方法——哲学诠释学的基本特征》意在阐明“哲学诠释学的基本特征”。诠释学在西方本是一门研究理解和解释的学科，最初意在正确解释《圣经》中上帝的语言。[③] 通过德国哲学家施莱尔马赫和狄尔泰的努力，诠释学成为一门关于理解和解释的系统理论。[④] 施莱尔马赫根据以往《圣经》诠释学经验提出了有关正确理解和避免误解的普遍诠释学理

① 赫伯特·施皮格伯格．现象学运动 [M]. 王炳文，等，译．北京：商务印书馆，1995：974.

② 汉斯－格奥尔格·伽达默尔．真理与方法——哲学诠释学的基本特征 [M]. 洪汉鼎，译．北京：商务印书馆，2011：1.

③ 汉斯－格奥尔格·伽达默尔．真理与方法——哲学诠释学的基本特征 [M]. 洪汉鼎，译．北京：商务印书馆，2011：1.

④ 汉斯－格奥尔格·伽达默尔．真理与方法——哲学诠释学的基本特征 [M]. 洪汉鼎，译．北京：商务印书馆，2011：1.

论，从而使神学诠释学和法学诠释学成为普遍诠释学理论的具体运用。狄尔泰在施莱尔马赫普遍诠释学理论设想的基础上试图为精神科学方法论奠定诠释学基础，按照他的看法，诠释学应当成为整个精神科学区别于自然科学的普遍方法论。①

诠释学向哲学根本性转变的发动者乃是德国哲学家海德格尔，他的贡献在于将理解视为此在在世的一种存在方式。②他提出现象学描述的方法论意义就是解释，而认识通过领会成为此在。在他看来，认识作为此在的基本建构，是此在通过操劳活动得以显示其存在方式的前结构，即“认识本身先行地奠基于‘已经寓于世界的存在’”中。③由此，海德格尔现象学将理解视为此在存在的本体论结构，而不再局限于方法论或认识论。伽达默尔的诠释学在吸收海德格尔现象学本体论转向的基础上，提出了“前见”概念，由此建立起诠释学的理论体系。伽达默尔诠释学延续了胡塞尔和海德格尔现象学主客合一的基本理论特征。主客合一主要体现在对艺术作品的本体论分析上，具体分析如后文所示。

8.1.2 何谓诠释学

伽达默尔认为，所谓诠释学，即研讨文本理解技术的古典学科。④伽达默尔将诠释学的发展追溯到中世纪的神学诠释学和法学诠释学，并提出这两种诠释学与其说具有科学理论的性质，不如说它们更适应于那些具有科学教养的法官或牧师的实践活动，并且为这种活动服务。⑤也即诠释学在历史上并非科学理论学科，而服务于社会政治和生活的实践活动。因此，他认为诠释学问题从其历史起源开始就超出了现代科学方法论概念所设置的界限。按照近代以来科学理论和方法论的要求，科学在于发现规律。⑥和早期科学相比，现代科学

① 汉斯－格奥尔格·伽达默尔．真理与方法——哲学诠释学的基本特征[M].洪汉鼎，译．北京：商务印书馆，2011：1.

② 海德格尔．存在与时间（修订本）[M].陈嘉映，等，译．上海：商务印书馆，2015：48–61.

③ 海德格尔．存在与时间（修订本）[M].陈嘉映，等，译．上海：商务印书馆，2015：78.

④ 汉斯－格奥尔格·伽达默尔．真理与方法——哲学诠释学的基本特征[M].洪汉鼎，译．北京：商务印书馆，2011：241.

⑤ 汉斯－格奥尔格·伽达默尔．真理与方法——哲学诠释学的基本特征[M].洪汉鼎，译．北京：商务印书馆，2011：3.

⑥ R.卡尔纳普．科学哲学导论[M].张华夏，等，译．北京：中国社会科学出版社，2020：4.

的一个重大的明显的特征，就是它强调所谓“实验的方法”。所谓“实验的方法”，就是“我们对某种东西进行实验，它将产生出比我们在察看自然中所发现的东西更好的观察结果。我们不是等待自然界提供情况给我们观察，而是试图去创造这些情况”。①

与科学关注发现规律不同，伽达默尔认为诠释学关注的内容就是理解和解释文本。他认为，理解文本和解释文本不仅是科学深为关切的事情，而且也属于人类的整个世界经验，理解的现象不仅遍及人类世界的一切方面，而且在科学范围内也有一种独立的有效性。他认为，存在一些不能用科学方法论手段加以证实的经验，这些经验只能通过诠释学的理解予以显现。②那么，哪些经验不能用科学方法予以证实呢？伽达默尔认为主要包括哲学的经验、艺术的经验和历史本身的经验，③伽达默尔将之称为“精神科学”。

伽达默尔诠释学所采用的并非科学方法。那么，是什么方法呢？从对象上看，伽达默尔认为，在精神科学里，各种形式的历史传承物尽管都为探究对象，但同时在它们中真理也得到了表述。④伽达默尔认为，精神科学的真理在历史传承物中得到表述，人们只有通过这些传承物才能获得相应的真理经验。在对传承物的理解中，不仅文本被理解了，而且见解也被获得了，真理也被认识了。如就哲学研究而言，在对柏拉图、亚里士多德、莱布尼茨、康德或黑格尔等伟大思想家的原文理解中，人们确实认识到了那种以其他方式不能获得的真理；通过一部艺术作品所获得的真理是用任何其他方式不能达到的，这一点构成了艺术维护自身而反对任何推理的哲学意义。⑤从内容看，伽达默尔认为，诠释学任务根本不是要发展一种理解的程序，而是要澄清理解得以发生的条件。这些条件其实必须是被给予的，即被传统所给予的。⑥伽达默尔认为，

① R. 卡尔纳普 . 科学哲学导论 [M]. 张华夏，等，译 . 北京：中国社会科学出版社，2020：43.
② 汉斯 – 格奥尔格 · 伽达默尔 . 真理与方法——哲学诠释学的基本特征 [M]. 洪汉鼎，译 . 北京：商务印书馆，2011：4.
③ 汉斯 – 格奥尔格 · 伽达默尔 . 真理与方法——哲学诠释学的基本特征 [M]. 洪汉鼎，译 . 北京：商务印书馆，2011：4.
④ 汉斯 – 格奥尔格 · 伽达默尔 . 真理与方法——哲学诠释学的基本特征 [M]. 洪汉鼎，译 . 北京：商务印书馆，2011：5.
⑤ 汉斯 – 格奥尔格 · 伽达默尔 . 真理与方法——哲学诠释学的基本特征 [M]. 洪汉鼎，译 . 北京：商务印书馆，2011：4–5.
⑥ 汉斯 – 格奥尔格 · 伽达默尔 . 真理与方法——哲学诠释学的基本特征 [M]. 洪汉鼎，译 . 北京：商务印书馆，2011：418.

对精神科学中真理事物的思考，一定不能离开对其具制约性的传统所进行的反思。因此，这种思考必须为自己的活动方式提出这样的要求，即尽可能地去把握历史的自我透明性。[①] 具体而言，这种影响理解的条件就是前见，解释者不可能事先就把那些使理解得以可能的前见与那些阻碍理解并导致误解的前见区分开来。[②]

要理解伽达默尔的诠释学，理解什么是“理解”是关键所在。这个问题的实质在于对理解对象本体的认知。所谓理解，无疑是对文本的理解。伽达默尔对于文本有其不同观念，他认为文本的意义超越它的作者，这并不只是暂时的，而是永远如此，因此理解就不只是一种复制行为，而始终是一种创造性行为。[③] 在伽达默尔之前的施莱尔马赫认为，理解某项艺术作品的实质在于还原作品固有的意义。那么，什么是作品固有的意义呢？从施莱尔马赫的本体论来看，艺术作品不是审美体验的永恒对象，而属于一个完满地规定其意义的“世界”。而艺术作品的真实意义只有从这个“世界”出发才能被理解。施莱尔马赫所谓“理解”，即对艺术作品所属的“世界”的重建，即对原本艺术家所“意指”原来状况的重建，以原本风格进行的表演，所有这些历史重构的手段都要求揭示一部艺术作品的真正意义，并阻止对它的误解和错误的引申。[④] 按照还原论的观点，存在一个由作者所建构的意义世界，而理解就是尽量做到对作者所建构的意义世界的接近甚至还原。由此，诠释学的工作就是要重新获得艺术家精神中的出发点，这个出发点将使一部艺术作品的意义得以完全理解，这正像诠释学通过努力复制作者的原本创作过程工作一样。[⑤]

但是，伽达默尔并不赞同还原论观点。他认为，这种重建是一项无效的工

---

① 汉斯－格奥尔格·伽达默尔．真理与方法——哲学诠释学的基本特征 [M]. 洪汉鼎，译．北京：商务印书馆，2011：7.

② 汉斯－格奥尔格·伽达默尔．真理与方法——哲学诠释学的基本特征 [M]. 洪汉鼎，译．北京：商务印书馆，2011：418.

③ 汉斯－格奥尔格·伽达默尔．真理与方法——哲学诠释学的基本特征 [M]. 洪汉鼎，译．北京：商务印书馆，2011：419–420.

④ 汉斯－格奥尔格·伽达默尔．真理与方法——哲学诠释学的基本特征 [M]. 洪汉鼎，译．北京：商务印书馆，2011：244.

⑤ 汉斯－格奥尔格·伽达默尔．真理与方法——哲学诠释学的基本特征 [M]. 洪汉鼎，译．北京：商务印书馆，2011：244.

作。[①] 因为，对于存在于历史中的人们而言，“被重建的、从疏异化唤回的生命，并不是原来的生命”。[②] 就算是把艺术作品从博物馆中再放回到其规定的本来之处，或者重新给予建筑纪念物以其本来的形式，甚至由博物馆放回到教堂里去的绘画或者按其古老状况重新设立的建筑物，都不是它们原本所是的东西——这些东西只成了旅游观光者的意愿。与此完全一样，这样一种视理解为对原本东西的重建的诠释学工作无非是对一种僵死意义的传达。[③]

基于这种有关理解对象的本体论的观点，伽达默尔认为，对文本的理解，并不需要把解释者置入作者的内心状态中，解释者与作者的关系就在于承认他所创造的作品文本存在的事实性，这是理解的逻辑前提，“如果有人要讲自身置入的话——我们把自己置入那种他人得以形成其意见的透视中。但这无非只是表示，我们试图承认他人所言的东西有事实的正确性”。[④] 伽达默尔举了一个例子予以说明：

> 正如一个收信人理解了信中所包含的消息，并首先以写信人的眼光去看待事情，即把写信人所写的东西认为是真的——但并不是想把这个写信人的特别见解认为是真的。[⑤]

这种对事实性的承认是伽达默尔所谓“完全性的前把握”的内容之一，其核心内容就是解释者对被意指东西真理性的认知。伽达默尔认为，文本所说的东西是圆满真理的条件下理解才有可能发生。此即他所谓“先验的意义预期”。[⑥] 这种理论逻辑无疑与胡塞尔以纯粹直观作为认识的逻辑前提，与海德格

① 汉斯－格奥尔格·伽达默尔．真理与方法——哲学诠释学的基本特征 [M]. 洪汉鼎，译．北京：商务印书馆，2011：245.
② 汉斯－格奥尔格·伽达默尔．真理与方法——哲学诠释学的基本特征 [M]. 洪汉鼎，译．北京：商务印书馆，2011：245.
③ 汉斯－格奥尔格·伽达默尔．真理与方法——哲学诠释学的基本特征 [M]. 洪汉鼎，译．北京：商务印书馆，2011：245.
④ 汉斯－格奥尔格·伽达默尔．真理与方法——哲学诠释学的基本特征 [M]. 洪汉鼎，译．北京：商务印书馆，2011：413.
⑤ 汉斯－格奥尔格·伽达默尔．真理与方法——哲学诠释学的基本特征 [M]. 洪汉鼎，译．北京：商务印书馆，2011：416.
⑥ 汉斯－格奥尔格·伽达默尔．真理与方法——哲学诠释学的基本特征 [M]. 洪汉鼎，译．北京：商务印书馆，2011：416.

尔以将此在领会为"我在"的认识为逻辑前提等一脉相承。此外,"完全性的前把握"还内设了文本内在的意义统一性来指导读者。伽达默尔认为只有那种实际上表现了某种意义完全统一性的东西才是可理解的。[①] 由上述两方面可知,所谓"完全性的前把握"并非解释者对于文本有一种先行理解,而是对于文本理解活动之前的一种形式性前提条件,即与具体理解的内容无关。

基于"完全性的前把握"前提条件下的理解过程,从形式上来看,伽达默尔认为就是从整体到部分,再从部分返回到整体的循环,并在这个循环过程中扩大文本这种被理解的意义统一性。[②] 他认为,一切了解和理解的目的都在于取得对事情的一致性,所以,诠释学始终有这样的任务,即建立那种尚未达到的或被打乱了的一致性,[③] 且一切个别性与整体的一致性就是正确理解的合适标准,未达到这种一致性就意味着理解的失败。[④]

从内容上来看,理解过程还涉及另一项重要条件,即解释者与作者之间不可消除的差异。伽达默尔认为,这种差异由他们之间的历史距离所造成:

> 每一时代都必须按照它自己的方式来理解历史传承下来的文本,因为这文本是属于整个传统的一部分,而每一时代则对这整个传统有一种实际的兴趣,并试图在这传统中理解自身。当某个文本对解释者产生兴趣时,该文本的真实意义并不依赖于作者及其最初的读者所表现的偶然性。至少这种意义不是完全从这里得到的。因为这种意义总是同时由解释者的历史处境所规定的,因而也是由整个客观的历史进程所规定的。[⑤]

---

① 汉斯–格奥尔格·伽达默尔.真理与方法——哲学诠释学的基本特征[M].洪汉鼎,译.北京:商务印书馆,2011:415.

② 汉斯–格奥尔格·伽达默尔.真理与方法——哲学诠释学的基本特征[M].洪汉鼎,译.北京:商务印书馆,2011:412.

③ 汉斯–格奥尔格·伽达默尔.真理与方法——哲学诠释学的基本特征[M].洪汉鼎,译.北京:商务印书馆,2011:413.

④ 汉斯–格奥尔格·伽达默尔.真理与方法——哲学诠释学的基本特征[M].洪汉鼎,译.北京:商务印书馆,2011:412.

⑤ 汉斯–格奥尔格·伽达默尔.真理与方法——哲学诠释学的基本特征[M].洪汉鼎,译.北京:商务印书馆,2011:419.

可见，历史距离的形成在于解释者与作者所处的不同历史时期。每一个历史时期中，人们有不同的兴趣和历史处境，这是影响文本意义的历史因素。因此，文本意义具有历史规定性，并受制于作者和解释者两者的不同历史进程。文本意义并非依赖于作者对于文本意义的构想，作者并不需要知道他所写东西的真实意义。伽达默尔的结论是，文本的意义超越它的作者，不只是暂时，而是永远如此，因而解释者常常能够而且必须比作者理解得更多些。[①] 由此，理解就不只是一种复制行为，而始终是一种创造性行为。[②]

8.1.3 诠释学在旅游研究中的应用

按照伽达默尔的观点，在哲学、艺术和历史等领域存在一些不能用科学方法论手段加以证实的文本，其真理只能通过诠释学理解予以显现。[③] 诠释学适合那种科学方法难以有效解释的一些社会现象，如社会关系。它们与物理现象不同，服从意图、动机、态度、信念、价值观、意义、感官、感觉和情感，这些不能被定量简化的法则，不能完全基于因果关系或以普遍规律来理解。[④]

旅游活动中存在大量难以用科学方法验证的经验以及现象。诠释学是支持旅游研究的一种适当研究方法，因为它承认了时间、空间和文化中背景性的重要性，并认识到研究人员在无形中给他们的研究所带来的主观性。文化元素融入的旅游活动过程中涉及大量艺术和历史文化文本，这些文本内容中的文化元素如何在旅游体验中获得理解？这些文本内容中的文化元素如何在旅游体验中显现自身的意义？这些问题的回答对于提升文化融入的旅游体验无疑具有重要的现实意义。总体而言，诠释学的理解对于其文化意涵以及经验的显现无疑具有重要的意义。

当前，一些学者试图从诠释学角度对文化融入的旅游现象进行分析。1977年，美国学者 Freeman Tilden 发表了《阐释我们的遗产》（*Interpreting Our*

---

① 汉斯－格奥尔格·伽达默尔．真理与方法——哲学诠释学的基本特征 [M]. 洪汉鼎，译．北京：商务印书馆，2011：419.

② 汉斯－格奥尔格·伽达默尔．真理与方法——哲学诠释学的基本特征 [M]. 洪汉鼎，译．北京：商务印书馆，2011：420.

③ 汉斯－格奥尔格·伽达默尔．真理与方法——哲学诠释学的基本特征 [M]. 洪汉鼎，译．北京：商务印书馆，2011：4.

④ Greg Richards，et al.Cultural Tourism Research Methods[M].London：CABI，2010：174.

Heritage），认为遗产的保管功能即解释。[①] 他之所以将其视为一种功能，在于他意识到解释在遗产管理和运营中的重要作用，即遗产不仅仅提供信息，还需要透过器物本身、第一手经验和说明性媒体揭示它所蕴含的意义以及关系，而不是简单地传达事实信息。[②] 在此基础上，他提出六条原则。一是任何不以某种方式将所展示或描述的内容与访问者的个性或体验联系起来的解释都无效。二是信息本身就不是解释，解释是基于信息的启示，但它们是完全不同的东西。然而，所有解释都包括信息。三是解释是一门融合了许多艺术，呈现的文本可能是科学的、历史的或是建筑的等方面的艺术。任何艺术在某种程度上都是可教的。四是解释的目的不是教人而是激发人。五是解释的目的应该是呈现一个整体而不是部分，并且必须针对整个人而不是任何阶段。六是针对儿童（如 12 岁以下）的解释不应是对成年人介绍的稀释，而应采用根本不同的方法。为了达到最佳状态，需要一个单独的程序。[③]

Van Manen 将现象学研究描述为面向生活体验以及解读生命的文本，具体包括六项研究活动之间的动态相互作用。首先，研究者转向这一现象，并反思构成生活体验本质的基本主题，研究人员随后对这一现象进行了描述。对 Van Manen 来说，现象学不仅仅是一种描述，也是一个解释过程，研究者在这个过程中解释和调解经验的不同含义。[④]Freeman Tilden 有关遗产解释的六原则，总的特点是将遗产意义的显现建基于旅游者的个体经验之上，并注重解释文本的完整性以及对儿童的心理适应性。可以说，其解释的方法论更倾向于心理学，与哲学的诠释学还有一定距离。有学者认为，他所提出的六原则对于遗产解释具有不可替代的作用。[⑤] 基于 Freeman Tilden 的成果，波兰学者 Marek Nowacki 在欧盟委员会资助下，依据 Freeman Tilden 的六原则编制

---

① Freeman Tilden .Interpreting Our Heritage[M].Chapel Hill：University of North Carolina Press，1977：4.

② Freeman Tilden.Interpreting Our Heritage[M].Chapel Hill：University of North Carolina Press，1977：8.

③ Freeman Tilden.Interpreting Our Heritage[M].Chapel Hill：University of North Carolina Press，1977：9.

④ Heinonen K.Van Manen's Method and Reduction in a Phenomenological Hermeneutic Study[J]. Nurse Researcher，2015（4）：35–41.

⑤ Daniela Dumbraveanu，et al.Principles of Interpretation，Tourism and Heritage Interpretation – the Experience of Romanian Museums[J].Journal of Studies and Research in Human Geography，2016（1）：59–75.

了《遗产解释》(*Heritage Interpretation*)，主要用于导游讲解、营销等解释活动中。

也有一些学者试图应用诠释学框架分析文旅现象。代表性如 Ruud Welten 认为，解释并不是指揭示真相等单一意义，而是指形成生活的意义，因此，解释主要为自我解释。不能总假设我们在去著名和有趣的地方旅行时学到很多东西——这代表了旅行的客观面——而是要承认我们有自我反思的能力。旅行并不总是意味着能客观地代表世界，而应成为一种构建自我的方式。[①]Ksenia Kirillova 等利用诠释学现象学作为方法论框架，对代表佛教、基督教和伊斯兰教的 30 名参与者进行了深入访谈，并就他们对于"hospitality"(好客)概念的不同理解进行了文献分析。通过研究发现，无论宗教信仰如何，受访者首先将好客理解为他们与自己社区的关系，然后才理解为与局外人的联系。不同宗教对于主客关系的理解并不相同，并由此影响其对"hospitality"的不同理解。[②]

国内主要将伽达默尔的空间艺术理论应用于城市历史建筑的保护、开发和有效利用等实践之中。如王珊珊借助对历史建筑"偶缘性"特征的阐释，让历史建筑与生俱来的原始生活目的延续传承，使之成为城市历史记忆的生成者；借助对历史建筑"装饰性"特征的阐释，让历史建筑"反作用"于当下空间境遇，完成对城市文化品格之当代构建；在哲学诠释学空间艺术理论解读之下，历史建筑就应承担起记忆城市历史文化品格、弘扬城市文化精神价值之重任。[③]梁辰浩提出借助哲学诠释学的方法维度，聚焦历史街区的设计与建设，从"视域融合"的理论入手，站在融合交流的"契合度"视角分析成都宽窄巷子历史街区的设计改造；分析杭州湖滨步行街区的不足；从"历时性""共时性"交互视角对苏州平江历史街区的设计进行阐释和研究。[④]

总体而言，国内外相关研究对伽达默尔诠释学应用于旅游研究进行了初步

---

① Ruud Welten.Stendhal's Gaze：Towards an Hermeneutic Approach of the Tourist[J].Tourist Studies，2014（2）：168–181.

② Ksenia Kirillova，et al.Interpretation of Hospitality Across Religions[J].International Journal of Hospitality Management，2014（43）：23–34.

③ 王姗姗．城市历史文化记忆的生成与当代价值构建：济南历史建筑的哲学诠释学解读 [J]. 民俗研究，2017（1）：131–160.

④ 梁辰浩．历史街区设计中的哲学诠释学应用——"视域融合"理论视角 [J]. 城市观察，2022（3）：103–162.

的尝试，对于进一步研究无疑具有重要的参考价值。

8.2 作为中介的景观游戏活动

8.2.1 伽达默尔的游戏论

伽达默尔将游戏概念作为艺术作品本体论的阐述主线而引入，并以其作为艺术作品本体论分析的起点。伽达默尔认为，如果就与艺术经验的关系谈游戏，那么它并不指态度，甚至不指创造活动或鉴赏活动的情绪状态，更不是指在游戏活动中所实现的某种主体性的自由，而是指艺术作品本身的存在方式。[①]伽达默尔没有对游戏进行直接界定，通过对《真理与方法——哲学诠释学的基本特征》进行梳理，本书试图对此进行分析。

他认为“游戏”这一语词，首先是该语词的多种比喻性的使用。[②]实际上，伽达默尔以游戏指称艺术作品的存在方式。之所以以游戏的比喻性用法指称艺术作品，其方法论上的益处就在于游戏概念带给艺术作品以现象学意涵，即通过表现活动而展现自身的存在。伽达默尔以音乐和宗教膜拜行为为例，“最明显的情况是音乐——我们所遇见的东西才是作品本身，就像在宗教膜拜行为中所遇见的是神性的东西一样”。[③]

从这个意义上说，伽达默尔认为，艺术作品就是游戏，也就是说，艺术作品的真正存在不能与它的表现相脱离，艺术作品的本质就包含对自我表现的依赖性。[④]表现概念从游戏概念中推导而出，因为自我表现是游戏的真正本质——因此也就是艺术作品的真正本质。[⑤]也就是说，通过游戏概念，伽达默尔试图

---

① 汉斯－格奥尔格·伽达默尔．真理与方法——哲学诠释学的基本特征 [M]. 洪汉鼎，译．北京：商务印书馆，2011：158.

② 汉斯－格奥尔格·伽达默尔．真理与方法——哲学诠释学的基本特征 [M]. 洪汉鼎，译．北京：商务印书馆，2011：151.

③ 汉斯－格奥尔格·伽达默尔．真理与方法——哲学诠释学的基本特征 [M]. 洪汉鼎，译．北京：商务印书馆，2011：171.

④ 汉斯－格奥尔格·伽达默尔．真理与方法——哲学诠释学的基本特征 [M]. 洪汉鼎，译．北京：商务印书馆，2011：180.

⑤ 汉斯－格奥尔格·伽达默尔．真理与方法——哲学诠释学的基本特征 [M]. 洪汉鼎，译．北京：商务印书馆，2011：171.

以一种存在论现象学视角审视艺术作品，突出艺术作品的本体地位，以实现对以康德、席勒等为代表的近代美学思想以“创作者”为中心的美学解释学的突破。

伽达默尔认为，游戏依赖于被游戏过程，也即被展现过程。[①]由此，他提出，讲到某种游戏时，指的是说那里或那时有游戏“在玩”，有游戏“在发生”，有游戏“在进行”。[②]也就是说，伽达默尔有关游戏的概念体现了现象学视域，即游戏既是表现活动也是表现活动的结果，是两者的意义统一体，也即游戏在游戏活动过程中展现自身的存在。伽达默尔以戏剧为例予以分析：

> 戏剧的游戏活动不要理解为对某种游戏要求的满足，而要理解为文学作品本身进入此在的活动。所以，对于这样的问题，即这种文学作品的真正存在是什么，我们可以回答说，这种真正存在只在于被展现的过程中，只在于作为戏剧的表现活动中，虽然在其中得以表现的东西乃是它自身的存在。[③]

由上述内容可知，作为游戏的戏剧，既包括戏剧的文学作品形式，也包括游戏活动即戏剧表演活动，戏剧是两者的意义统一体。但是戏剧之所以成为戏剧，就在于它能真实显现此在的存在，即进入此在的生活，也即在真实表现此在生活的活动中，戏剧成为戏剧，它的两种形式合二为一，成为一个意义统一体。

与一般认为游戏是游戏者的活动不同，伽达默尔认为，游戏根本不能理解为一种人的活动。对于语言来说，游戏的真正主体显然不是那个除其他活动外也进行游戏的东西的主体性，而是游戏本身：[④]

---

① 汉斯－格奥尔格·伽达默尔．真理与方法——哲学诠释学的基本特征[M]. 洪汉鼎，译．北京：商务印书馆，2011：172.

② 汉斯－格奥尔格·伽达默尔．真理与方法——哲学诠释学的基本特征[M]. 洪汉鼎，译．北京：商务印书馆，2011：153.

③ 汉斯－格奥尔格·伽达默尔．真理与方法——哲学诠释学的基本特征[M]. 洪汉鼎，译．北京：商务印书馆，2011：172.

④ 汉斯－格奥尔格·伽达默尔．真理与方法——哲学诠释学的基本特征[M]. 洪汉鼎，译．北京：商务印书馆，2011：172.

> 游戏并不是在游戏者的意识或行为中具有其存在，而是相反，它吸引游戏者入它的领域中，并且使游戏者充满了它的精神。游戏者是把游戏作为一种超过他的实在性来感受。这一点在游戏被“认为”是这种实在性本身的地方更为适用——例如，在游戏表现为“为观看者而表现”的地方。①

由上述可知，游戏对于游戏参与者而言，是一种超越他自身的具有实在性的存在。这种超越并不意味着游戏者外在于游戏，而恰恰指的是他是游戏的构成部分，具体体现为他在游戏中表演着。游戏者在表现性行为中最终消失于游戏的表现功能中。② 如果游戏由此真正“表现”了，那么，游戏就真正成为游戏了。从现象学考虑，游戏在游戏的表现活动中显现为游戏。值得进一步思考的问题则是，作为游戏的表现活动何以成为其表现活动呢？伽达默尔认为，在于观赏者的存在，也即观赏者是游戏活动关键构成因素。

> 只是为观赏者——而不是为游戏者，只是在观赏者中——而不是在游戏者中，游戏才起游戏作用。当然，这倒不是说，连游戏者也不可能感受到他于其中起着表现性作用的整体的意义。观赏者只是具有一种方法论上的优先性：由于游戏是为观赏者而存在的。③

由上述可知，从作为活动的游戏来看，它是为观赏者而不是游戏表演者而存在的活动。游戏表演者的存在意义在于消失于表现性行为中，而观赏者的存在意义则在于显现表现性行为的存在。也是从这个角度上说，观赏者相对于表演者具有方法论上的优先性，仅仅为逻辑上而不是时间上的优先性。从存在论现象学看，观赏者以观赏行为而显示自身的存在。由此，所谓观赏者逻辑上的

① 汉斯－格奥尔格·伽达默尔．真理与方法——哲学诠释学的基本特征 [M]. 洪汉鼎，译．北京：商务印书馆，2011：161.

② 汉斯－格奥尔格·伽达默尔．真理与方法——哲学诠释学的基本特征 [M]. 洪汉鼎，译．北京：商务印书馆，2011：169.

③ 汉斯－格奥尔格·伽达默尔．真理与方法——哲学诠释学的基本特征 [M]. 洪汉鼎，译．北京：商务印书馆，2011：162.

优先性实际上即观赏行为的优先性，也即它在游戏活动显现上的逻辑优先性。观赏者的存在在特定情况下是隐匿的，但并不意味着他的缺席。

> 即使在游戏共同体拒绝一切观赏者——这或许是因为游戏共同体反对艺术生活的社会性的团体化——的地方，情况也是如此。例如，在所谓要在某种纯真的意义上去演奏的室内音乐中就是这样。因为这种室内音乐是为演奏者而不是为观众进行的。谁以这种方式演奏音乐，实际上他也就力求使音乐更好地“表现出来”，但这也就是说，他正是力求使音乐为某个想倾听的人存在在那里。艺术的表现按其本质就是这样，即艺术是为某人而存在的，即使没有一个只是在倾听或观看的人存在于那里。[①]

可见，某些艺术形式在特定情境下观赏者似乎是缺失的。但实际上，他只是不在当下表演的“这个”空间显现而已。观赏者的存在是方法论上的优先性，意味着表演从逻辑上而不是当下的表演的空间上必须有观赏者的存在，这一点具有逻辑上的优先性。当然，并非所有人类游戏都是艺术作品。那么，哪些游戏是艺术作品呢？伽达默尔认为，从游戏到艺术作品需经历一个构成物的转化。

> 我把这种促使人类游戏真正完成其作为艺术的转化称之为向构成物的转化。只有通过这种转化，游戏才赢得它的理想性，以致游戏可能被视为和理解为创造物。只有至此，游戏才显示出好像与游戏者的表现性行为相脱离，并且存在于游戏者所游戏之物的纯粹现象之中。作为这种现象的游戏——以及即兴作品的非预定因素——原则上是可重复的，并且就这一点看又是持久的。这样，游戏具有了作品的特质、功能的特质，而不仅是能量的特质。在这种意义上，我就称游戏

① 汉斯－格奥尔格·伽达默尔．真理与方法——哲学诠释学的基本特征 [M]. 洪汉鼎，译．北京：商务印书馆，2011：162.

为一种构成物。[①]

可见，所谓构成物，无疑即艺术作品，它之所以被视为艺术作品的转化就在于具有两方面特征。一是游戏与游戏者的表现性行为的脱离。伽达默尔认为，“游戏脱离游戏者的表现性行为”指的是脱离当下表演者偶尔的表现行为，进而进入游戏的纯粹表现活动中。[②]所谓纯粹的表现活动，即为表现游戏而存在的活动，将自身消失于表现活动中的活动。二是表现活动的可复制性。也就是说，脱离游戏者的表现性行为还需为稳定、持久和可复制的表现活动。通过向构成物的转化，伽达默尔认为，早先存在的东西不再存在。但这也是指，现在存在的东西，在艺术游戏里表现的东西，乃是永远真实的东西。[③]由此，作为构成物的游戏是意义统一体，并能够反复地被表现，并能反复地在其意义中被理解。[④]

作为构成物的游戏所表现者到底为何物？伽达默尔的观点从消失于游戏中的游戏者开始。他认为，在游戏中，游戏者不再存在，所存在的仅仅是被他们所游戏的东西。[⑤]在何种意义上理解“不再存在”？伽达默尔的观点如下：

> 不再存在的东西首先是我们作为我们自己本身所生存于其中的世界。向构成物的转化并不简单地就是转到另一个世界。的确，构成物就是另一个自身封闭的世界，游戏就是在此世界中进行。但是只要游戏是构成物，游戏就仿佛在自身中找到了它的尺度，并且不按照任何外在于它的东西去衡量自身。所以，某种戏剧的行为——完

---

① 汉斯－格奥尔格·伽达默尔．真理与方法——哲学诠释学的基本特征[M].洪汉鼎，译．北京：商务印书馆，2011：163.

② 汉斯－格奥尔格·伽达默尔．真理与方法——哲学诠释学的基本特征[M].洪汉鼎，译．北京：商务印书馆，2011：163.

③ 汉斯－格奥尔格·伽达默尔．真理与方法——哲学诠释学的基本特征[M].洪汉鼎，译．北京：商务印书馆，2011：164.

④ 汉斯－格奥尔格·伽达默尔．真理与方法——哲学诠释学的基本特征[M].洪汉鼎，译．北京：商务印书馆，2011：172.

⑤ 汉斯－格奥尔格·伽达默尔．真理与方法——哲学诠释学的基本特征[M].洪汉鼎，译．北京：商务印书馆，2011：165.

全类似于宗教膜拜行为——简直是作为某种依赖于自身的东西而存在在那里。这种行为不再允许任何与实在的比较作为一切模仿相似性的隐秘标准。这种行为超出所有这类比较——并因此超出了这类行为是否完全真实的问题——因为某种超然的真理正是从这种行为得以表现的。①

可见，在伽达默尔看来，不再存在的东西并不是游戏者时空的消失，而指的是他们原本世界的消失，因转移到游戏所在的世界而导致原有世界的消失。伽达默尔认为，作为游戏的构成物，也即艺术作品有一个封闭的世界，游戏活动就在此世界中进行。伽达默尔这种观点无疑在一定程度上继承了其老师海德格尔现象学的观点，即艺术作品创造了世界。海德格尔现象学中艺术作品所创建的世界是一个存在者真实展现自身存在的周围世界，据此，他提出所谓艺术真理，就是真实之本质。② 伽达默尔所谓转到游戏的世界，实际上就是一个“舍弃了所有那些纯属偶然的非本质的东西，如表演者自身的个别存在”的游戏者个体生活的世界，③ 是一个纯粹的游戏所要表现的世界，一个游戏的真实展示自身的世界。在这个艺术作品的世界里，“因为是对真实事物的认识，所以表现的存在就比所表现的素材的存在要多得多”。④

8.2.2 景观与表演性行为

根据伽达默尔的游戏论，艺术作品的本质就是自我表现，即在表现中显现自身的存在，⑤ 而所谓表现即面对观赏者的表演。由此，伽达默尔的游戏论提出了现象学的关于艺术作品存在的本体论的基本观点。本书试图在此基础上对文旅融合景观理解的本体论结构进行分析。

---

① 汉斯 – 格奥尔格 · 伽达默尔 . 真理与方法——哲学诠释学的基本特征 [M]. 洪汉鼎，译 . 北京：商务印书馆，2011：165.

② 海德格尔 . 林中路 [M]. 孙周兴，译 . 上海：上海译文出版社，2008：31.

③ 汉斯 – 格奥尔格 · 伽达默尔 . 真理与方法——哲学诠释学的基本特征 [M]. 洪汉鼎，译 . 北京：商务印书馆，2011：169.

④ 汉斯 – 格奥尔格 · 伽达默尔 . 真理与方法——哲学诠释学的基本特征 [M]. 洪汉鼎，译 . 北京：商务印书馆，2011：169.

⑤ 汉斯 – 格奥尔格 · 伽达默尔 . 真理与方法——哲学诠释学的基本特征 [M]. 洪汉鼎，译 . 北京：商务印书馆，2011：171.

一般认为，文旅融合景观是人类生活中所形成的无意识自传。[①]“景观”作为一个专业名词，从艺术角度来说，是具有审美价值的景物，是观察者从视觉、听觉和触觉等多方面都能感受到美的存在物；从精神文化的角度来说，景观是能够影响或调节人类精神状态的景物；从生态的角度来说，景观是能够协调人类与自然之间的生态平衡的景物；景观是人所向往的自然，是人类的栖居地，是人造的工艺品，是需要科学分析方能被理解的物质系统；景观是历史、是美。[②] 换句话说，任何一个国家的文化都可能无意中将其反映在其普通景观中。与一般艺术品相同之处在于都是人类的作品，不同之处在于，景观在很大程度上是人类社会生活过程逐渐累积而形成的结果或对这些结果的仿造。由此出发，Meinig 提出了从文化角度理解景观的几个原则：一是景观是文化存在的线索。因为景观是人类现在、过去存在于世的强有力证据。二是文化统一与景观平等。作为文化线索，人类景观中的大多数项目并不比其他物品更重要。三是景观为普通事物，主要表现为房屋、汽车旅馆、加油站、购物中心、广告牌、郊区住宅、教堂、水塔、城市垃圾场、车库等。四是景观是历史的。人类生活中所涉及的物品——“老式的房子”“过时的城市”“低效的交通”或“糟糕的管道”——并没有被制造它们的人认为是“低效的”或“愚蠢的”。要理解这些物品，须努力理解建造它们的人——文化祖先——在他们的文化背景下，而不是在当下文化背景下。[③]

由上述内容可知，景观作为人类自身所创造的器物，无疑是显现人类存在于世的存在者。从现象学出发，这些景观是人在操劳活动过程中所涉及的一切器物，即 Meinig 所谓普通事物，是具有一定合用性而存在的物。器物是此在的周围世界的组建环节，或者说，器物于周围世界内存在。作为器物的景观，由此存在于此在的周围世界。世界在海德格尔看来，并非一个空间概念，而是此在作为存在者向来已在其中的“何所在”，是此在无论怎样转身而去，但纵

① Meinig，et al.The Interpretation of Ordinary Landscapes[M].Oxford：Oxford University Pres，1979：11–32.

② 马克辛．景观设计基础 [M]. 北京：高等教育出版社，2008：4.

③ Meinig，et al.The Interpretation of Ordinary Landscapes[M].Oxford：Oxford University Press，1979：11–32.

到天涯海角也还不过是向之归来的“何所向”。[①] 而周围世界是此在已经展开了的世界。由此，作为器物的景观是此在的周围世界的组建环节，它在此在的操劳活动过程中显现自身的存在。

无疑，景观还是旅游的重要资源。[②] 作为旅游资源的景观从之前此在的周围世界中脱离出来，不再是此在生存论意义上的构成组建，不再是基于合用性而显现自身存在的器物，而还原为“物”。也即随着此在的消失，作为器物的景观将自身消失于“物”中。一件新石器时代的陶器，作为旅游景观被展现于博物馆中。这个场景下，这件陶器在几千年前，在我们某些先祖的操劳活动中显现为某种烹饪器物，即以作为烹饪的器物而存在的物。从这个意义上说，这个陶器将自身消失于物中。在博物馆中，它不再以烹饪器物而显现其存在，正如 Meinig 所言，而以那个时代的文化线索而存在，即以那个时代的符号表达项而存在。也就是说，作为旅游资源，景观尽管不再作为此在周围世界的存在论组建环节而存在，不再作为烹饪器物而存在，却以新的器物形态而存在。那么，在旅游场域中，这种转变是怎么样发生的呢？在博物馆的玻璃柜中躺着的陶器，什么都不是，仅仅是一个物而已，一个被贴上某某文化的新石器时代陶器的标签的物而已。这种转变发生在旅游者面对陶器的那一瞬间，在旅游者的凝视中，陶器从“物”重新转变为器物，即作为新石器时代文化线索的器物而存在。也就是说，旅游者的凝视活动是陶器得以转变的逻辑前提。

换言之，在旅游者的凝视活动中，陶器从一个与旅游者无关的物转变为自己周围世界中的一个器物。进入其周围世界成为构件，这是一切景观获得旅游者理解的关键一步。从现象学看来，一切事物都在与人打交道的操劳活动过程中以其合用性被揭示出来。[③] 一切不在周围世界内的事物都是未经照面的，也即未展开的，尚未具备生存论意义的存在性。

时空的交融无疑有助于景观进入旅游者周围世界。按照海德格尔现象观点，周围世界具有空间性，也即事物摆在“世界空间”中的一个地点与人照

① 海德格尔 . 存在与时间（修订本）[M]. 陈嘉映，等，译 . 上海：商务印书馆，2015：100.
② 王祝根，张青萍 . 景观设计基础理论 [M]. 南京：东南大学出版社，2012：2.
③ 海德格尔 . 存在与时间（修订本）[M]. 陈嘉映，等，译 . 上海：商务印书馆，2015：94.

面，或在场所中上手。[1] 但在数字技术不断发展的时代，空间性已经从物理维度延伸到数字维度，因而周围世界的空间性已经不再意味着照面或上手必须位于特定的空间场所，而可以位于数字空间。旅游活动就是一种空间上的位移，将旅游者的操劳活动扩充到距离上更远的物理空间。但是，并不意味着旅游过程中，人跳出了周围世界，到了另一个不同世界，一个不同的空间。从现象学来看，这个不在周围世界的世界并不具有生存论上的存在性，当然从逻辑上并不存在。旅游活动并不仅仅意味着旅游者与景观在时空上“相遇”了，而是景观以某种合意性在他的操劳活动中显现了自身，因而，景观在旅游者的周围世界中照面或上手了。

在周围世界中照面或上手，意味着景观进入了旅游者的视野中，它显现了自身的存在性而已，距离旅游者理解景观尚有一段距离。下面以一段旅游者的游记为案例予以分析：

> 听到最好笑的冷笑话，今天长城上面的人比古代打仗的时候人还要多；听到最感动的一句话，你往前走，不要怕，后面有我；见过吵架的中年夫妻和在长城上拥吻的情侣；无比佩服坚持抱着或背着自己孩子爬完全程的父母；也感动于陪着爬完全程的闺蜜和兄弟；于我而言，我收获更多的是一种坚持和内心的坚定；当我腿抖得不行爬到北十一楼的时候，听到了旁边游客这样的一句话，要是一个人真爬不到这个地方，我就知道，我已经很厉害了；这个春天做的最酷的一件事，一个人爬完了八达岭全程。[2]

上述例子无疑是对旅游者个人游览八达岭长城的体验所进行的表述。针对这个案例，需要思考的问题就是旅游者是否理解了八达岭长城这个景观文本呢？回到历史来看，八达岭长城是中国古代伟大的防御工程万里长城的重要组成部分，是明长城的一个隘口，其关城为东窄西宽的梯形，建于明弘治十八年

① 海德格尔．存在与时间（修订本）[M]. 陈嘉映，等，译．上海：商务印书馆，2015：134.
② 八达岭长城 [DB/OL]. https：//www.xiaohongshu.com/explore/64421c2c000000000703bc34.

（1505 年），嘉靖、万历年间曾修葺。[①]1953 年对关城和部分城墙进行了局部整修后，辟为游览区，鉴于该处古迹驰名中外，且位于首都附近，经常有外宾到该处游览。[②] 作为中国古代最伟大的防御工程，长城无疑并不存在于旅游者的周围世界内，但公众世界内有相关的民间传说如孟姜女哭长城，有毛主席在《清平乐·六盘山》中的名句"不到长城非好汉"，也有喜峰口长城抗战的故事等。所谓公众世界，在海德格尔看来，即器物承用者和消费者生活于其中的那个世界。[③] 公众世界因与此在的"我"的操劳活动有某种关联，因而对于"我"而言也是通达的，也即同时就是我们的世界，即共在世界。总体而言，长城对于尚未游览过的人而言，它在公众世界中具有多重竞争的形象，为旅游者将其带入自己的周围世界提供了多种可能性。上述案例中，旅游者表示"这个春天做的最酷的一件事，一个人爬完了八达岭全程"，尽管爬到北十一楼的时候"腿抖得不行"，她对朋友全程陪伴爬完的闺蜜和兄弟很感动，对坚持抱着或背着自己孩子爬完全程的父母是"无比佩服"。通过爬完全程，旅游者证明了自己"我收获更多的是一种坚持和内心的坚定"。显然，旅游者将长城作为好汉象征的符号带入了自己的周围世界，并与其建立了联系，即认为它是一个符号，指称的是"不到长城非好汉"的一种精神。而旅游者与这个象征符号建立联系的方式就是行动，即"一个人爬完了八达岭全程"。也就是说，八达岭长城景观在该旅游者的周围世界中所显现的并不是一个军事设施，而是通过提供攀爬机会让人完成自身精神提升的器物。

由上述案例我们发现，旅游者理解文化融入的景观时还涉及了旅游者的表演性行为。上述案例中，该旅游者登八达岭长城的行为从行为本身看，与平时的登山行为并无二致。但作为一种表演性行为，具有不同的特征。一是行为的象征化。即该行为具有象征意义，即对自己坚持做事的确证，也即所谓好汉精神。二是行为的抽象化，按照行为的象征意义所设定的行为要件，如本例中，须走完全程，不能半途而废，须自己走完，不管有多困难等。一般表演性行为都有预设观众。尤其值得注意的是，上例中表演性行为的观众就是自己。其他

① 王轶群 .1957 年八达岭长城的修缮 [J]. 档案天地，2020（8）：16–18.
② 王轶群 .1957 年八达岭长城的修缮 [J]. 档案天地，2020（8）：16–18.
③ 海德格尔 . 存在与时间（修订本）[M]. 陈嘉映，等，译 . 上海：商务印书馆，2015：94.

景观理解中的表演性行为还有很多，诸如到寺庙烧香、跪拜神灵以及打卡、拍照发朋友圈等。

正是由于表演性行为的大量存在，景观的理解过程不再仅仅是凝视，更像是游戏。从这个意义上说，伽达默尔的游戏论观点可以为景观的理解提供重要的理论资源。游戏论的视域有助于重新审视我们对于景观的理解。

当初，索尔提出景观概念时无疑主要指的是其地理学特征。他认为，景观是表征特定的地理事实关联的概念，从某种意义上讲，对等的术语是“地区”“区域”，它可以被定义为一个由物理和文化形式的独特组合组成的区域。① 从地理学视角看，景观无疑是人类与环境互动的结果，是客观的存在。但从现象学视角来看，旅游场域中景观的存在性并非取决于景观塑造者，而取决于旅游者的理解。景观是它所关涉的人所存在之周围世界器物之遗存，用以居住的房屋，交通设施如道路，水利、灌溉、生活设施如河流，放牧的草原以及休闲的公园等。就景观与其所关涉之人的关系而言，景观显现于他们周围世界中，也就是说，其存在性毋庸置疑。进入旅游场域之后，景观所关涉之人已经消失，他们的周围世界已经隐匿，其意涵也随着隐匿，需要旅游者重新将之重新显现。也就是说，旅游场域中的景观，并非自为的存在，它自身并不能根据内容特点而决定自身的意涵，只有在旅游者的理解中，它方才能显现为旅游景观。

从游戏论视角看，旅游景观的理解过程就是游戏过程，游戏过程就是旅游者理解景观的中介。从现象学看，景观只能在它所关涉的人的周围世界中现身，无法直接进入作为陌生人的旅游者的周围世界，因而对于旅游者而言，它是隐匿的。按照海德格尔现象学，事物在人的操劳活动过程中以“为了作”的上手状态从它自身将自身公布出来。② 也即，“为了作”的确是事物进入人的周围世界的逻辑前提。而作为中介的游戏过程，是依托景观的表演性活动，或者就是景观本身。景观在这个表演性活动中将其与旅游意向的一致性关系的意涵显现出来，旅游者通过参与表演性活动而与景观建立与旅游意向的意义关联。

---

① Sauer. The Morphology of Landscape[M].Berkeley and Los Angles：University of California Press，1969：321.

② 海德格尔．存在与时间（修订本）[M]. 陈嘉映，等，译．上海：商务印书馆，2015：92.

在这种关联中，景观从以隐匿状态的外在于周围世界的物转变为周围世界中与旅游意向一致性关系的器物，旅游者由此理解了景观的意涵。下面以参观侵华日军第七三一部队罪证陈列馆为例予以阐述：

> 排了半小时的队，我知道在这排队的都是爱国之士，当进入罪证陈列馆的那一刻，即便是嬉闹的无知的小孩也被家长厉声制止，我想这就是爱国的一种体现吧……结束参观后在留言台，太愤怒，没有过于华丽的辞藻，本来想写“自己之辈，捍卫盛世之华夏”等，但后面写不下去了。历史罪行不容原谅，勿忘国耻，吾辈自强！[①]
>
> 展览馆的建筑庄严肃穆，一进入，就能看到一幅巨大的浮雕墙，上面刻着醒目的红色大字“勿忘国耻”。在讲解员的带领下，我们依次参观了各个展厅，每一件展品都仿佛是一扇打开的历史之门，让我们深入了解了那段令人痛心的岁月……然而，在这座博物馆中，我也看到了许多令人感动和敬佩的画面。有许多没有体验过寒冬的人排长队等待入场，他们非常认真地听取讲解员的介绍，了解那段令人痛心的历史。我还看到了一位年迈的老奶奶，她在参观时流下了眼泪。她说：“我经历过抗日战争，看到这些场景特别感慨。我们要铭记历史，不忘来时路。”这一幕让我深感震撼和感动……[②]

参观侵华日军第七三一部队罪证陈列馆对于中国人而言都是一次难忘的爱国主义教育。上述两篇游记记录了两个旅游者参观后的感受，都对自身参与游戏活动的过程，即旅游者的游戏行为——排队参观进行了描述。参观侵华日军第七三一部队罪证陈列馆的排队作为游戏不同之处在于是表演性行为，他们作为参与者虽然排队时间长达半小时，且有许多没有体验过寒冬的人排长队等待入场，但都无怨言。其中，嬉闹的小孩无疑是表演性行为的破坏者，家长随之

① 731 部队遗址参观后感悟 [DB/OL]. https：//www.xiaohongshu.com/explore/651e61a3000000001e00c642.

② 来听听，我去一趟 731 罪证陈列馆的感受 [DB/OL].https：//www.xiaohongshu.com/explore/65a780bf000000002b015908.

给予“厉声制止”。可见，作为表演性行为，排队本身具有象征意义，其实质即通过营造肃穆、神圣的氛围，以表达理解侵华日军第七三一部队罪证陈列馆与自身关联之心境。其他表演性行为还有一位年迈的老奶奶，她在参观时流下了眼泪。说这位老奶奶流眼泪为表演性行为并不是说她是表演，是假的做作的行为，而是说这种行为是她的当下心境的表演性行为，是她理解了侵华日军第七三一部队罪证陈列馆与自身周围世界之间关联后的行为表达。说到底，侵华日军第七三一部队罪证陈列馆在这种情境中，成为一个中介，即为国人了解日本侵华战争罪行的器物。在这个意义上，尽管里面所有材料都是历时性资料，侵华日军第七三一部队罪证陈列馆进入了每个参观的中国人的周围世界，它显现了它自身的存在性。

当然，还存在一些本身就是表演性行为的景观，如实景剧、礼仪性表演活动等。实景剧的表演很多情况下就是将一定空间中已经流逝的周围世界影像的还原。空间是周围世界中场所所显现的实质内容，“空间的维性还掩藏在上手事物的空间性中”“依场所确定上手东西的形形色色的位置，这就构成了周围性质，构成了周围世界切近照面的存在者环绕我们周围的情况”。[①] 所谓上手的东西即周围世界中各类形形色色的器物，作为居住用的房屋，交通用的道路、桥梁等。从海德格尔现象学看，人类文化是在此在操劳活动过程中显现并累积的成果。从这个意义上说，实景剧实际上就是将一段空间中此在周围世界中的器物及其人的操劳活动的再现。这种再现作为景观将所关涉的人的周围世界所在的空间浓缩并位移至一个旅游场域，为旅游者的参与提供前提。

无疑实景剧作为流动的文本相对于博物馆摆放的器物以及文字的解说等静态的文本对于此在周围世界的揭示更具有吸引力。同样，旅游者的表演性参与行为是一个不可替代的中介。一些实景剧中，将情节放置在不同空间场景中，并将不同的场景按照一定顺序设计成为旅游者参观路线，旅游者跟着情节游走于不同场景中。这种场景下，无疑旅游者在空间上与剧中此在的周围世界以更加切近的距离相遇了，但是否意味着旅游者更加容易进入此在周围世界？以某实景剧的旅游者感受为例予以分析：

① 海德格尔．存在与时间（修订本）[M]．陈嘉映，等，译．上海：商务印书馆，2015：132.

> 剧目采用旁白讲述＋演员在观众身边表演的呈现方式，所谓的体验就是观众能近距离看到演员、能以走路的方式转场，我认为对大多数还需要逛古城的游客不友好，没必要这样，真的很混乱也很累。
>
> 转场的时候大家为了抢位置都走得很急，没有合理的转场方式，也几乎没有工作人员干预，纯靠挤。我一路护着我年过半百的爸妈，我是真怕给老两口挤坏了。
>
> 可能因为要控制人数，每一场的观众都会被分成不同顺序看表演，我看的应该是倒序，很懵。
>
> 整个故事想讲的东西太多了，有忠、有义、有孝、有家国天下。但时长不够，所以不了解背景的人会看不太懂。[①]

总体而言，该剧对于多数旅游者而言产生了较大的震撼，但上述观众的评论对于其不足之处的揭示值得思考。由上述可知，实景剧的优势在于近距离的参与感，不足在于转场快、来不及了解情节；内容多，来不及消化；等等。这些不足的实质就在于它并没有给旅游者表演性行为足够的机会。

8.3 景观诠释的视域融合

旅游过程中经常会出现这种现象，即不同旅游者对于同一旅游景观形成不同的理解，同一旅游者对于同一景观在不同时候也有不同理解。对于文旅融合景观，这种情况还涉及旅游者与景观塑造者对于所涉及文化元素的不同理解。那么，如何从哲学上解释这种现象呢？按照伽达默尔诠释学理论，这属于视域的不同。

8.3.1 伽达默尔的视域融合理论

伽达默尔所谓视域直接意思就是指看或视的区域，这个区域囊括和包容

① https：//www.xiaohongshu.com/explore/654161d1000000001e02b539.

了从某个立足点出发所能看到的一切。[①]“具有视域”意味着，不局限于近在眼前的东西，而能够超出这种东西向外去观看。谁具有视域，谁就知道按照近和远、大和小去正确评价这个视域内的一切东西的意义。[②]视域形成的根源就在于立足点的确立，而视域的实质就是由立足点而形成的视线及其所涉及的范围。就人对社会文化的认识而言，立足点的基础是自我认识，这是由历史所给定的：

> 一切自我认识都是从历史地在先给定的东西开始的，这种在先给定的东西，我们可以用黑格尔的术语称之为“实体”，因为它是一切主观见解和主观态度的基础，从而它也就规定和限定了在传承物的历史他在中去理解传承物的一切可能性。[③]

由上述可知，这种由历史给定的自我认识其作用在于作为一切主观见解和态度的基础，也即立足点，并由此给定了理解历史传承物的潜在可能范围。由这种内容被历史给定的自我认识所形成的观念即前见的重要内容。历史何以“给定”某些特定内容呢？伽达默尔认为，历史会对后续历史发展以及历史研究形成影响，他称之为“效果历史”。所谓效果历史，伽达默尔提出，历史学的兴趣不只是注意历史现象或历史传承下来的作品，而且还在一种附属的意义上注意到这些现象和作品在历史（最后也包括对这些现象和作品研究的历史）上所产生的效果。[④]伽达默尔认为效果历史的影响是客观的：

> 从整个情况来看，效果历史的力量并不依赖于对它的承认。历史高于有限人类意识的力量正在于：凡在人们由于信仰方法而否认自己

---

① 汉斯 – 格奥尔格 · 伽达默尔 . 真理与方法——哲学诠释学的基本特征 [M]. 洪汉鼎，译 . 北京：商务印书馆，2011：427–428.

② 汉斯 – 格奥尔格 · 伽达默尔 . 真理与方法——哲学诠释学的基本特征 [M]. 洪汉鼎，译 . 北京：商务印书馆，2011：428.

③ 汉斯 – 格奥尔格 · 伽达默尔 . 真理与方法——哲学诠释学的基本特征 [M]. 洪汉鼎，译 . 北京：商务印书馆，2011：427.

④ 汉斯 – 格奥尔格 · 伽达默尔 . 真理与方法——哲学诠释学的基本特征 [M]. 洪汉鼎，译 . 北京：商务印书馆，2011：424.

的历史性的地方，效果历史就在那里获得认可。[①]

也就是说，效果历史是由历史所给定的。基于它所形成影响，伽达默尔认为，人必须意识到它的存在，“即我们应当意识到这种效果历史，正是在这里有其迫切性——它是科学意识的一种必不可少的要求”。[②]而一旦被人意识到，那么，效果历史就会被转变为前见，从这个意义可以说，历史“给定”了个体的自我认识。这种被历史给定的自我认识渗透进入对一切事物的认识当中，形成伽达默尔所谓效果历史意识。伽达默尔认为，效果历史意识从诠释学角度看即对诠释学处境的意识，但作为主体的人对这种意识却难以察觉：

> 我们并不处于这种处境的对面，因而也就无从对处境有任何客观性的认识。我们总是处于这种处境中，我们总是发现自己已经处于某个处境里，因而要想阐明这种处境，乃是一项绝不可能彻底完成的任务。[③]

对这种处境意识难以察觉的根源在于“在其中”，即“我”自身以效果历史而存在，“我”存在的本质就在于历史存在。由此出发，伽达默尔认为，对效果历史进行反思并无可能。[④]基于这种效果历史意识的历史，观其特点就在于个体意识与历史对象的统一：

> 一种真正的历史思维必须同时想到它自己的历史性。只有这样，它才不会追求某个历史对象（历史对象乃是我们不断研究的对象）的幽灵，而将学会在对象中认识它自己的他者，并因而认识自己和他

① 汉斯－格奥尔格·伽达默尔．真理与方法——哲学诠释学的基本特征[M]. 洪汉鼎，译．北京：商务印书馆，2011：426.
② 汉斯－格奥尔格·伽达默尔．真理与方法——哲学诠释学的基本特征[M]. 洪汉鼎，译．北京：商务印书馆，2011：426.
③ 汉斯－格奥尔格·伽达默尔．真理与方法——哲学诠释学的基本特征[M]. 洪汉鼎，译．北京：商务印书馆，2011：427.
④ 汉斯－格奥尔格·伽达默尔．真理与方法——哲学诠释学的基本特征[M]. 洪汉鼎，译．北京：商务印书馆，2011：427.

者。真正的历史对象根本就不是对象，而是自己和他者的统一体，或一种关系，在这种关系中同时存在着历史的实在以及历史理解的实在。①

由上述可知，个体与历史统一在历史对象中。作为主体的“我”的自我认识被给定的效果历史所制约，因而形成一定的历史视域。而历史对象的一切事物，也有其给定的历史影响，即效果历史，有不同于“我”的历史视域，即以他者而存在。因而对于处于历史研究中的对象而言，它处在这样一种统一的关系中，即作为主体的研究者的视域和作为对象的物的视域之间各自成为不同的实在，即历史的实在以及历史理解的实在。两者的统一不是一种视域取代另一种视域，而是视域的融合。② 视域融合的结果就是两种视域的消失，消失于统一的视域中。

这两种视域融合过程是如何完成的呢？对于“我”而言，尽管意识不到，但是“我”在其中，效果历史在不知不觉中起到了作用。关键在于作为历史对象的物的视域是如何在对象中与“我”的自我认识统一的。也就是说，“我”如何认知作为对象的历史传承物的视域？伽达默尔提出了一个概念，即自身置入。所谓自身置入，即主体从历史的观点去观看传承物，把自己置入它的处境和历史视域中，也即“从每一过去的自身存在去观看每一过去”。③ 那么，仅仅将自身置入是否就能达成诠释学意义的真正理解呢？

这种情形正如那种只是为了达到了解某人这一目的而与某人进行的谈话一样，因为在这种谈话中，我们只是要知道他的立场和他的视域。这不是一种真正的谈话，也就是说，在这里我们并不谋求对某件事达成一致，而只是把谈话的一切实质内容仅仅作为了解他人视域的

① 汉斯－格奥尔格·伽达默尔．真理与方法——哲学诠释学的基本特征 [M]. 洪汉鼎，译．北京：商务印书馆，2011：424.

② 汉斯－格奥尔格·伽达默尔．真理与方法——哲学诠释学的基本特征 [M]. 洪汉鼎，译．北京：商务印书馆，2011：434.

③ 汉斯－格奥尔格·伽达默尔．真理与方法——哲学诠释学的基本特征 [M]. 洪汉鼎，译．北京：商务印书馆，2011：428.

一种手段。[①]

由上述可知，伽达默尔认为，仅仅“自身置入”只能作为了解他人视域和立场的手段，并没有就某件事达至“自身有效的和可理解的真理”。[②] 按照这种方式理解历史传承物，则无须自己与该传承物相一致，或在该传承物中进行理解，进行理解的人实际上已经从相互了解这一处境中退出来，因而不是一种真正的理解。[③] 自身置入的方式并不能真理理解的关键就在于，它默认“我”所进入的是一个陌生的封闭的视域，而实际上并非如此：

> 人类此在的历史运动在于：它不具有任何绝对的立足点限制，因而它也从不会具有一种真正封闭的视域。视域其实就是我们活动于其中并且与我们一起活动的东西。视域对于活动的人来说总是变化的。所以，一切人类生命由之生存的以及以传统形式而存在于那里的过去视域，总是已经处于运动之中。[④]

可见，尽管效果历史给定一定的立足点，但它也处于变动当中，历史传承物的视域也相应处于变动当中。伽达默尔认为，“我”所置身于其中的并非一个异己他者的视域，而是一个由两种不同视域共同形成的一个自内而运动的大视域，“我们自己的和异己的过去一起构成了这个运动着的视域”。[⑤] 这个大的视域不是一个个性移入另一个个性中，也不是使另一个人受制于我自己的标准，而意味着向一个更高的普遍性的提升，这种普遍性不仅克服了我们自己的个别性，而且也克服了那个他人的个别性。可见，视域融合并非他人之视域融入“我”的视域之中，也非“我”的视域融入他人的视域，而是在自身置身于

① 汉斯－格奥尔格·伽达默尔 . 真理与方法——哲学诠释学的基本特征 [M]. 洪汉鼎，译 . 北京：商务印书馆，2011：429.

② 汉斯－格奥尔格·伽达默尔 . 真理与方法——哲学诠释学的基本特征 [M]. 洪汉鼎，译 . 北京：商务印书馆，2011：429-430.

③ 汉斯－格奥尔格·伽达默尔 . 真理与方法——哲学诠释学的基本特征 [M]. 洪汉鼎，译 . 北京：商务印书馆，2011：429.

④ 汉斯－格奥尔格·伽达默尔 . 真理与方法——哲学诠释学的基本特征 [M]. 洪汉鼎，译 . 北京：商务印书馆，2011：429.

⑤ 汉斯－格奥尔格·伽达默尔 . 真理与方法——哲学诠释学的基本特征 [M]. 洪汉鼎，译 . 北京：商务印书馆，2011：431.

他人视域的当下而形成的一种更加具有普遍性的视域。此外，置身于更大视域的过程，也是原有视域消失的过程。伽达默尔把这种视域融合的被控制过程称为效果历史意识的任务。[①]

8.3.2 景观理解的视域融合

根据伽达默尔的诠释学现象学理论，旅游者对景观的理解以一定视域为逻辑前提。视域的具体内容由各种因素组成，最显著的是世界观，即由各种来源反复灌输的假设、信仰和价值观。[②]视域会影响我们理解现实的方法或方向，它们也受到我们生存的空间和时间情境的影响。[③]旅游者视域的具体内容包括各种来源所形成的审美观念、人生态度、文化观念以及价值观等。伽达默尔认为视域形成于不同的立足点，而立足点往往由个体的历史所给定。这一点对于反思旅游者视域的形成无疑也具有重要的意义。需要深入思考的问题就是个体的历史是如何"给定"旅游者的视域的？

首先，我们需要对个体存在处境的基本情况进行现象学反思。海德格尔认为，此在本质上包含着在世，所以此在的向世之存在本质上就是操劳。[④]而日常在世界的存在我们也称之为在世界中与世界内的存在者打交道，这种打交道的方式就是形形色色的操劳方式。而在操劳活动中打交道的存在者称为器物，即器物。在打交道之际发现的是书写器物、缝纫器物等。[⑤]器物以合用性显现自身的存在。那么，器物的合用性何以显示出来呢？其中，此在的寻视变得非常重要。

> 仅仅对物的具有这种或那种属性的"外观"做一番"观察"，无论这种"观察"多么敏锐，都不能揭示上手的东西。只对物做"理论

---

① 汉斯－格奥尔格·伽达默尔．真理与方法——哲学诠释学的基本特征 [M]. 洪汉鼎，译．北京：商务印书馆，2011：434.

② C Georgia Warnke. Hermeneutics，Ethics，and Politics [M]// Robert J，Dostal. The Cambridge Companion to Gadamer.Cambridge：Cambridge University Press，2002：79–80.

③ C Georgia Warnke. Hermeneutics，Ethics，and Politics [M]// Robert J，Dostal. The Cambridge Companion to Gadamer.Cambridge：Cambridge University Press，2002：79–80.

④ 海德格尔．存在与时间（修订本）[M]. 陈嘉映，等，译．上海：商务印书馆，2015：77.

⑤ 海德格尔．存在与时间（修订本）[M]. 陈嘉映，等，译．上海：商务印书馆，2015：91.

上的”观察的那种眼光缺乏对上手状态的领会。使用着操作着打交道不是盲目的，它有自己的视之方式，这种视之方式引导着操作，并使操作具有自己特殊的把握。同器物打交道的活动使自己从属于那个“为了作”的形形色色的指引。这样一种顺应于事的视乃是寻视。①

可见，寻视不是对事物物理属性的观察或理论的思考，而是对此在操劳活动过程本身以及器物在此在的操劳活动过程中运行状况的指引、把握。这种指引主要为对器物合用性的检视，即发现合用的物，将其上手状态显现出来，将不能用的东西触目之际予以道别等。② 换言之，此在操劳活动方式及其器物在某种程度上规定着寻视的方式及其内容。寻视所能切近的世界即此在的周围世界。③ 从这个意义上说，视域即此在在周围世界的寻视及其结果，即以自身的操劳活动为出发点所看到的一切。此在的操劳活动决定周围世界是否显现出来，因此此在所能决定者在于事物在周围世界中的存在性，但不能决定周围世界中此在操劳活动方式及其器物的结构。从这个意义上说，视域由此在在周围世界的操劳活动方式及其器物所给定。当然，此在的周围世界并非一成不变。在它变化的过程中，视域也随之变化，并在这个过程中，视域被此在的周围世界变化历史所给定。

旅游活动是周围世界中场所的转换，所不同者在于旅游活动过程中周围世界中操劳活动以休闲而不是劳动为主。也即旅游过程中，此在以休闲而显现自身的存在。由上述内容可知，旅游者的视域由旅游活动周围世界中操劳活动及其器物结构所给定。可以说，旅游活动中都带着被给定的视域，这是每个旅游者理解景观的逻辑前提。

那么，旅游者视域的给定到底是如何实现的呢？由于此在的操劳活动包括人的一切生产、生活以及休闲活动，主要为劳动和休闲，因此，旅游者视域主要由旅游者的劳动和休闲的存在状态所给定。在前面内容中，我们讨论到旅游活动激发的前提条件是旅游意向的激发，而旅游意向则取决于此在周围世界中劳动与休闲两者的平衡关系。由此，旅游者视域的出发点就是维系周围世界中

① 海德格尔．存在与时间（修订本）[M]. 陈嘉映，等，译．上海：商务印书馆，2015：92.
② 海德格尔．存在与时间（修订本）[M]. 陈嘉映，等，译．上海：商务印书馆，2015：98.
③ 海德格尔．存在与时间（修订本）[M]. 陈嘉映，等，译．上海：商务印书馆，2015：89.

劳动与休闲两者的平衡状态。当然，旅游者在周围世界中的操劳活动过程中所形成的审美倾向以及对历史文化的认识等都会为给定其旅游的视域提供条件。下面以一篇游记为例予以分析：

> 很突然地对工作失去了兴趣，心情压抑。这些都是源于工作的压力与不满，就有了去旅行的想法。一天早上，工作的烦恼侵袭我的大脑，突然有了裸辞去散心的想法。跟朋友聊天，她说想去西藏，心想有伴就一起去吧，毅然跟领导提出离职……听说风景在路上，决定坐火车去，买不到卧铺就买了硬座，Z264 一共 50 多个小时，一路没睡好。但并不影响欣赏一路美景，虽然路途艰辛，但很幸运认识了一群小伙伴，我们一起在拉萨街头散步，一起去吃藏餐，一起看美景，一起聊人生……一切都值得。在西藏被风景迷住的同时，被他们的信仰震撼……好像一切烦恼都烟消云散。西藏，一个缺氧不缺信仰的地方，值得一去。①

由上述可知，在作者周围世界中，是一种“工作的压力与不满”“工作的烦恼”的生活。也就是说，休闲，尤其是精神生活，明显得不到满足，由此形成换一种生活方式的想法。作者作为一个旅游者的视域由他周围世界中操劳活动所给定，其出发点即摆脱“失去兴趣”的生活。这一点为其旅游过程提供了基本逻辑前提和认知结构。当然，旅游者旅游过程的完成并非仅仅依靠自身的视域，而是将自身视域与景观视域甚至他人视域的融合。这个融合过程，在伽达默尔看来是一个动态发展过程。② 他人无疑也有其视域。上述游记中，作者还有友人相伴，彼此通过共同行动显现其视域融合，“一群小伙伴，我们一起在拉萨街头散步，一起去吃藏餐，一起看美景，一起聊人生”。一起进行活动，而且进行的是同样的活动，意味着“你”“我”所打交道的物，旅游过程中也即景观，在共同的

---

① 西藏之旅感想 [DB/OL]. https：//zhuanlan.zhihu.com/p/541919900.

② 汉斯－格奥尔格·伽达默尔 . 真理与方法——哲学诠释学的基本特征 [M]. 洪汉鼎，译 . 北京：商务印书馆，2011：429.

操劳活动过程中显现出来，意味着彼此之间的周围世界在共同的活动过程中进行了融合，在共同活动的当下，“你”“我”实际上处于一个共在世界之中。

景观也有自身的视域，景观视域由景观所关涉的人的周围世界所给定。旅游场域中，景观所关涉的人主要包括景观建造者和景观作为器物所关涉的人，即主人公。景观往往经过一定的设计，在一定程度上体现了建造者的视域。而景观的主人公则指的是景观作为器物所涉及的主要人物，景观所建构的周围世界实际上即他的周围世界。如一幢名人故居的古建筑景观，其主人公即在该古建筑留下大量历史遗迹的曾经屋主，景观建造者所建构的周围世界即在一定程度上对屋主周围世界的还原或仿造。有没有完全没有人类涉及的景观呢？当然它在人类的周围世界中并不具有存在性，因为景观本身就是人类与环境交互的结果。就旅游者而言，景观就是作品文本。海德格尔认为艺术作品都有其建立的世界。[①] 由此，本书认为，任何景观都有其世界，即主人公的周围世界。景观建造者的视域融合于景观主人公的周围世界中，景观周围世界显现出来，意味着建造者的视域的消失。那么，景观的视域的出发点到底是什么呢？一幢房屋的视域是什么呢？房屋以其合用性而显现于主人公之周围世界中，合乎合用性则是其检视自身的基本出发点。因而，我们认为，房屋的视域的出发点在于合用性。在合用性视域下，适合于居住的房屋就是美的。

景观的视域与旅游者的视域会有差异，根本原因在于周围世界操劳活动的不同。一片油菜花，它自身视域的出发点即产油量，花开得盛，花粉传播得好，产籽率高就是好的。因而对于油菜花田的杂草、形状、颜色的协调等不是关注重点。旅游者视域出发点在于与自身的合意性，即是否与旅游意向的一致性关系，具体可能更关注花开的颜色、花开的形状等。纯粹符合景观视域的景观并不一定能进入旅游者的视域。所以视域融合并不是视域的植入，首先不是景观的视域取代旅游者的视域。这样的话，旅游者就不以旅游者而存在了。即旅游者进入景观视域中，以自身的视域取代景观视域。这种视域下的景观失去真实性，成为假的景观，因为给定视域的并非真实的周围世界。而纯粹的景观

① 海德格尔．林中路 [M]. 孙周兴，译．上海：上海译文出版社，2008：27.

的视域并不一定能够符合旅游者的旅游意向，因而旅游审美、愉悦、文化等旅游体验难以实现。视域的融合就是给定这两者视域的周围世界的融合，而实际上就是两者视域所涉及视野范围的交集而形成的新视域。

当然，上述内容讨论的主要是一般意义上的视域融合，即作为普遍的一般意义存在的旅游者和景观的视域，其内容涉及的是纯粹的普遍的视域融合的一般性原理。所谓纯粹的，即旅游者或景观仅仅作为一个旅游者或景观，一个被抽象为只有单纯的旅游者身份或景观作为器物的身份，旅游者其他特征诸如年龄、性别甚至由自身历史而被给定的非旅游的视域，以及各种基于个体历史境遇的前见及景观的其他功能等都被搁置，即旅游者和景观仅仅因为旅游活动而被给定的视域。旅游过程中的视域融合首先是作为纯粹的旅游者和景观两者的视域融合。作为纯粹的景观视域而言，景观本身的合用性是其出发点，而旅游者的视域即物的合意性。

实际上，旅游者的视域以旅游者的身份为基本出发点，其核心内容即与旅游意向的一致性关系，并与其他特征诸如年龄、性别甚至由自身历史所给定的视域等一起融合形成的一个新的视域，即彼此视域的交集。这就是实际旅游活动过程中旅游者视域的复杂性之根源所在。在旅游过程中，同样的景观，同样的旅游者，在不同的时间可能会有不同的视域，这就意味着两者的视域中，相同的因素在不同的时间或其他因素的刺激下会发生不同的作用，这正是旅游活动体验的丰富性之所在。